中国顶尖学科
出版工程

复旦大学
历史地理学科

主编
葛剑雄

副主编
张晓虹

学术传记

谭其骧学术传记

葛剑雄 著

上海教育出版社
SHANGHAI EDUCATIONAL
PUBLISHING HOUSE

　　顶尖学科的创新和发展,一直是全社会关心的热点议题。国家的发展需要顶尖学科的支撑,高端人才的培养体现了顶尖学科的传承。为我国学科建设发展注入人文关怀和强化历史厚度,探索学科发生发展的规律,有助于推动我国的学科建设,使我国顶尖学科实力更加饱满、更具国际化和人性化、更适应未来社会融合发展的趋势。

　　"中国顶尖学科出版工程"缘起于2018年10月杭州电子科技大学融媒体与主题出版研究院院长韩建民教授和上海教育出版社缪宏才社长在飞往西安的飞机上的一席谈话。二位谈到,作为出版人,不仅要运营好出版社,更重要的是担负起出版人的职责,服务社会,传承文化。作为高校教师、教育出版社社长,他们的关注点不约而同地聚集在了高等教育上。近年来,教育部等国家有关部门对高等教育尤其是顶尖人才的培养格外重视。人才培养离不开学科建设,国家建设需要学科支持。学科发展水平是高校和科研机构的核心竞争力,是全社会关注的焦点。一个好的学科首先应该讲历史、讲积淀、讲传承、讲学科建设史,而目前我国大部分顶尖学科没有系统建设自己的学科史,更没有建构自己学科的学术文化传统。世界上一些著名的大学科研机构,如剑桥大学卡文迪许实验室,恰恰是高度重视科学与人文的结合,所以才产生了享誉世界的科研成果。

　　英国物理学博士C.P.斯诺曾经提出了两种文化,一种是人文文化,一种是科学文化。随着科学技术与社会的发展,两者之间的鸿沟越来越明显。这两种文化对社会发展都有利有弊,只有做好融合,才能健康推动社会全面进步。学科建设是两种文化融合的重要阵地,因此亟需在学科建设与发展中注入人文和历史,以起到健康发展的带动作用。

　　"中国顶尖学科出版工程"的出版理念就是要更重视学科史的建设,为学科发展注入历史文脉,为社会打通文理,对理工学科来说,尤其需要人文传统建设。一个没有历史和文化的理工学科是偏激片面的、没有温度的,也

1

不会产生树干的成果。重大的成果肯定是融合升华后的成就，是在历史和文化融合的基础上铸造的果实，而枝节过细的成果往往不能产生学术根本的跃升。当下我们的人文学科也需要学科史、人物史和传统史的建设，只有这样，才是真正的学科发展，才更具国际竞争力，才更不可超越。这是我们这套书选取学科的指导思想，也是这套书不同于一般学术著作系列的特点。

这一出版工程将分辑推出我国各顶尖学科的学科史、学术经典和重要前沿成果等。对于其中的学术经典，需要说明的是，由于此前它们出版或发表于不同时期，所以格式、表述不统一之处甚多，有些字沿用了旧时写法，有些书名等是出于作者本人的书写习惯。为尊重作者的行文风格，本次出版除作必要的改动外，原则上予以保留。

第一辑是复旦大学历史地理学科系列，由我国著名历史地理学家葛剑雄先生担任主编。葛先生是我们的老作者、老朋友，他非常肯定并支持我们的理念和做法，并且身体力行。几年来大家精诚合作，在葛先生的影响、带动下，在全体作者辛苦努力下，这个项目不仅获得了国家出版基金立项支持、入选国家"十四五"出版规划，还带动了同济大学建筑学科等后续项目的启动。

希望通过这一出版工程，为我国更多的高校和科研机构带来示范性效应，推动学科发展与进步，增强学科竞争力，引领学科建设新趋势。

上海教育出版社

2022 年 10 月

　　上海教育出版社策划出版"中国顶尖学科出版工程",将复旦大学历史地理学科系列作为第一辑。复旦大学中国历史地理研究所欣然合作,组成编委会,我受命主编。

　　本所之所以乐意合作,并且动员同仁全力以赴,因为这是一项非常有价值、有意义并具有紧迫性的工作,也是我们这个学科点自己的需要。通过这套书的编撰,可以写出学科的历史,汇聚已有成果,总结学术经验,公布经典性论著,展示学术前沿,供国内外学术界和公众全面了解,让大家知道这个学科点是怎样造就的,评价一下它究竟是否够得上顶尖。

　　复旦大学历史地理学科的起点,是以谭其骧先生1950年由浙江大学移席复旦大学历史系为标志的。而谭先生与历史地理学科的渊源,还可追溯至1931年秋他与导师顾颉刚先生在燕京大学研究生课程的课堂外有关两汉州制的学术争论。1955年2月,谭先生赴京主持重编、改绘杨守敬《历代舆地图》。1957年,"杨图"编绘工作移师上海。1959年,复旦大学在历史系成立历史地理研究室。1982年,经教育部批准,成立中国历史地理研究所。1999年组建的复旦大学历史地理研究中心,成为教育部首批全国重点研究基地之一。

　　这一过程约长达70年,没有一个人全部经历。学科创始人谭先生已于1992年逝世,1957年起参加"杨图"编绘并曾担任中国历史地理研究所所长10年的邹逸麟先生已于2020年逝世,与邹先生同时参加"杨图"编绘的王文楚先生已退休多年。现有同仁中,周振鹤教授与我是经历时间最长的。我与他同时于1978年10月成为复旦大学历史系的研究生,由谭先生指导。我于1981年入职历史地理研究室,1996年至2007年任中国历史地理研究所所长,1999年至2007年任历史地理研究中心主任。由于自1980年起就担任谭先生的学术助手,又因整理谭先生的日记,撰写谭先生的传记,对谭先生的个人经历、学术贡献以及1978年前的情况有了一定了解。但70年的往事还留下不少空白,就是我亲历的事也未必能保持准确的记忆。

一年多来,同仁曾遍搜相关档案资料,在上海市档案馆和复旦大学档案馆发现了不少重要文件和原始资料,同时还向同仁广泛征集。但由于种种原因,有些重要的事并未留下本应有的记录,或者未能归入档案,早已散失。

本系列第一部分是学科学术史和学科论著目录。希望通过学术史的编撰,为这70年留下尽可能全面准确的记载。学科论著目录实际上是学术史中学术成果的具体化。要收全这70年来的论著同样有一定难度,因为在电子文档普遍使用和年度成果申报制度实施之前,有些个人论著从一开始就未被记录或列入索引,所以除了请同仁尽可能详细汇总外,还通过各种检索系统作了全面搜集。从谭先生开始,个人的论著中都包括一些非本学科或历史学科的论著,还有些是普及性的。考虑到一个学科点对学术的贡献和影响并不限于本学科,所以对前者全部收录;而一个学科点还有服务社会的功能,所以对具有学术性的普及论著也同样收录,非学术性的普及论著则视其重要性和影响力酌情选录。

在复旦大学其他院系,尤其是历史系,也有一些历史地理研究者,其中有的一直是我们的合作者,或者就是从这里调出的,他们的历史地理论著应视为本学科点的成果,自然应全部收录,但不收录他们离开复旦大学后的论著。本博士、硕士学科点所招收的研究生在学期间发表的论著,与本单位导师合作研究的博士后在流动站期间完成的论著,均予收录。本学科点人员离开复旦大学后的论著不再收录。历史地理研究中心所外聘的研究人员在应聘期间按合同规定完成的论著,按本中心人员标准收录。

第二部分是学术传记和相应的学术经典。考虑到学术经验需要长期积累,学术成果必须经受时间的检验,所以在首批我们按年资选定了四位,即谭其骧先生、邹逸麟先生、周振鹤教授和我。本来我们还选了姚大力教授,但他一再坚辞,我们只能尊重他本人的意见,留在下一批。

我们确定"经典"的标准,是本人论著中最高水平和最有代表性的部分,具体内容由本人选定。谭先生那本只能由我选,但我自信大致能符合谭先生的意愿。谭先生在1987年出版自选论文集《长水集》时,我曾协助编辑;他的《长水集续编》虽出版于他身后,但他生前我已在他指导下选定篇目,我大致了解谭先生对自己的论著的评价。

除谭先生的学术传记不得不由我撰写外,其他三本都由本人自撰。当时邹逸麟先生已重病在身，但为了学术传承，他以超人的毅力，不顾晚期癌症的痛苦与极度虚弱，在病床上完成了口述，将由他的学生段伟整理成文。

第三部分是青年教师或研究生的新著。之所以称为"学术前沿"，是因为它们在选题、研究方法、表达方式上都有一定新意，反映了年轻一代的学术旨趣和学术水平。其中有的或许能成为作者与本学科的经典，有的会被自己或他人的同类著作所取代，这是所有被称为"前沿"的事物的必然结果。

由于没有先例可循，这三部分是否足以反映复旦大学历史地理学科的全貌和水平，我们没有把握，只能请学术界方家和广大读者鉴定。我们将在可能条件下，争取修订再版。这套书反映的是我们的过去，如果未来的同仁们能够保持并发展历史地理学科的现有水准，那么若干年后肯定能出版本系列的续编和新版。我与大家共同期待。

葛剑雄

2022 年 6 月

目录

第一章

家世和童年

谭氏出于春秋时的谭国（在今山东济南市章丘区）。据谭氏族谱记载：嘉兴谭氏的先人是明初从湖南迁至浙江山阴县（今浙江绍兴市）的，大约在明朝弘治（1488—1505 年）、正德（1506—1521 年）年间，谭仲斌迁至嘉兴，成为嘉兴谭氏的始迁祖。谭其骧在 1987 年 5 月 18 日所写谭氏世系称："山阴谭氏于南宋初迁自河南西平，传七世有讳定者，避兵役移居嘉兴，是为嘉兴谭氏之始迁祖。西平以前无考。"看来，谭氏自山阴迁至嘉兴，时间在明中叶是没有问题的。

嘉兴谭氏的第六代是可贤、可教两兄弟，可贤一支到万历年间出了一位进士谭昌言（八世），官至常熟知县、山东莱登道副使。其子贞默（九世）于崇祯年间中进士。十世有谭吉璁，官至山东登州府知府，康熙年间举博学鸿词。这是谭氏最辉煌的几代，使谭氏成为嘉兴的望族。谭昌言时还确定了此后子孙按"贞吉有孚，君子之光，日新其德，衍泽维长"16 字排行（《谭氏宗谱》所载 16 字的前八字为"文章华国，诗礼传家"，但从实际名字看，显然没有采用此八字）。但从此以后，谭氏长期衰败，"百年之中几无一人青其衿者"，连秀才、举人都没有再出现。经济上的拮据更使族人外出谋生者增加，往往就此失去联系，在族谱上只能注上"失考"。还有好几支"不娶无嗣"，看来主要也是因贫困所致。到太平天国时期，可贤一支在嘉兴的族人只剩下三十多人。

盛极而衰的家庭

可教一支则一直默默无闻。在谭昌言中进士时，这一支的八世祖谭正言却已弃学从商，只是因经营不善，屡屡亏本，以致家业凋零。其子贞谅在商场一度得手，但由此招致族人疏远和反对，最终仍归失败。以后屡世务农，生活贫穷，直到第十四世谭子铨又"弃儒服贾"。谭子铨的经营本小利微，临终时仅给年少的之松兄弟三人留下一家京货铺，家产总共才值 600 串钱。道光八年（1828 年），谭之松（声扬）将京货铺交给弟弟，自己创办成衣铺，但第二年嘉兴大灾，粮食歉收，市面萧条，成衣生意清淡。谭之松死后，20 岁的长子光熙率兄弟四人全力经营，经过 20 年努力，终于事业有成，不仅在嘉兴站稳脚跟，还将业务扩大到苏州一带。咸丰十年（1860 年），太平军逼近嘉兴，正在苏州经商的谭光熙星夜赶回嘉兴，集合族人，外出避难。谭氏家族先后避居桐乡晏城、平湖新仓，最后到达上海。当时上海已聚集大批江浙富室巨商,谭光熙感到发展余地有限。当他得知汉口局势已趋稳定,与战地的物价有很大差额时,当机立断,包租一艘外国轮船,兄弟五人迁往汉口。他们到汉口后就开设了估衣铺,买卖旧衣物。由于在战乱中富户抛弃变卖和军队盗匪劫掠到的衣物饰品极多,无不急于脱手。他们低价收进,高价售出;或者在汉口购进,运往上海出卖,获利丰厚,数年间资产猛增。同治三年(1864年)战争结束,谭光熙兄弟衣锦还乡,举家东归。谭氏兄弟分别在嘉兴、上海、松江设店,合力经营,成为嘉兴首屈一指的富商。光绪五年(1879年),谭氏兄弟以15800两白银的巨资建成谭氏祠堂和慎远义庄,是当时嘉兴城内最大的建筑。他们又在平湖县购置义田1020亩,用以维持祠堂和义庄的日常开支,如祭祀祖宗、祭扫祖坟、修造家谱、赡养贫困族人、资助子弟教育等。兄弟五人又在杭州灵隐寺后购置坟地,死后合葬于此。谭氏家业鼎盛,社会地位也显著提高,如谭光熙的侄儿日休(光勋之子)娶晚清官员许景澄之五妹为妻。潘光旦先生著《明清两代嘉兴的望族》一书,将谭氏也列为其中之一,谭其骧却不以为然。他生前曾对我说:"潘先生写此书时,我曾送他《谭氏宗谱》一套,这或许是他将谭氏列为望族的原因。其实我们谭家是算不上的,与嘉兴的其他大族不能比。"他认为谭氏这两支,一支自康熙以后就没有出过什么人物,另一支只是在同治间暴发,但很快衰落,所以并不是真正的望族。

据说谭氏兄弟当初选定灵隐寺后这块"吉地"时,风水先生看后连连说好,但又说万一今后灵隐寺的屋脊超过了坟地的高度就会败了谭家的势头。为了此事,谭家专门请人到灵隐寺大殿内观察,见屋柱所用木料已经十分高大,大家认为即使今后再造大殿也找不到更高的木料,屋脊无论如何不会超过坟地。岂料以后灵隐寺大殿因失火重建时,竟从美国进口了高大的洋松,重建成的大殿屋脊居然超过了坟地。这使谭氏族人产生了不祥的预感,不久家道果然中落。到了"文化大革命"时期,这块与谭家兴衰攸关的坟地已被夷为平地,荡然无存了。1983年5月27日,谭其骧在主持杭州大学地理系研究生答辩后游灵隐寺,顺便寻访曾祖父的墓地,见坟地上已建为自动化研究所。询问故老,则仍称此处为"五坟台",尽管他们已不知道墓主是谁了。

其实,使谭家的产业受到最沉重打击的是火灾,汉口和上海的估衣铺都曾被大火烧得一干二净,嘉兴的店铺也曾遭受火灾。而使谭其骧家这一支败落的祸首却是他祖父谭日森。

光字辈五兄弟共有十个儿子,即日字辈十房。长房、三房定居上海,二房曾居上海,但不久就迁回嘉兴,其余各房大多在嘉兴。

　　谭日森是日字辈第八房,字蔼如,号爱萱,生于清同治壬戌(1862年)八月,光绪甲午(1894年)中了举人,成为谭家弃商入学的成功者。历任清朝驻欧洲各国公使、总理各国事务衙门大臣的许景澄曾请谭日森担任他的私人秘书,代拟书翰,但时间不长。谭日森娶比他年长七个月的平湖朱氏,生有一子二女。光绪庚子(1900年)闰八月朱氏卒后,谭日森又娶继室钟氏。钟氏生于同治丁卯(1867年),生一女。后又娶侧室汪氏。谭日森讲究排场,又好赌。父辈创下的一份产业,在谭日森手中已挥霍殆尽。当时嘉兴城内的几位举人都是有名的赌客,所以城里人称举人为"赌鬼"(嘉兴方言"鬼"读如"举")。

　　谭日森的独子新润生于光绪辛巳(1881年),字公泽,号步声,又名蒲生、蒲僧,别署谭天、天风。谭新润于光绪己亥(1899年)娶王文毓为妻,次年二月生下长子其玉。王文毓是江苏吴江县平望镇人,她的大姐嫁给盛泽郑家(世泽堂),生下郑之藩(桐苏)和郑之瑛(佩宜),郑桐苏是著名数学家陈省身的岳父,而郑佩宜是柳亚子的夫人。与上一辈一样,王文毓也长谭新润一岁。就在谭新润考取秀才不久,清朝宣布废除科举,一时间浙江士人纷纷东渡寻找出路。谭日森和谭新润父子都加入了留学日本的行列,谭日森不愿意学日语,好在日本为吸引中国留学生,设有不需要讲日语的学校,谭日森选择了这类学校学习警察事务,不久就返国。他回国后并没有当警察,却凭着举人和留学生的双重身份当了嘉兴府学堂监督。以后退休在家,1918年病故。谭新润入东亚铁道学校攻读铁道管理,毕业回国后应聘任京奉铁路皇姑屯车站站长。

　　谭日森的三个女儿,长女家璜和次女家骥都是朱氏所出,家璜适海盐大族、富商三乐堂冯氏季侯,家骥嫁嘉善监生孙家;三女为钟氏所出(一说系领养),名不详,字馥芝,适本地世代业医的金诵盘。金诵盘先在嘉兴开诊所,以后到上海行医,与戴季陶私交甚深,经戴的介绍而为蒋介石治病,以后在南京国民政府军医署任职。金诵盘的儿子就是前些年因被蒋纬国称为结拜兄弟而名噪一时的金定国。但谭其骧第一次在《团结报》上见到这条消息时,着实吃了一惊,因为他以往只知道这位姑父为蒋介石治花柳病,却从未听说过他与孙中山有如此深的关系,更不是什么"四大干部"之一。谭其骧生前多次告诉我,他这位表弟的"回忆"和由此产生的大量报道只能当小说看待。

　　皇姑屯车站本来只是奉天(今沈阳)城郊的一个普通小站,以后因张作霖在此被日本特务炸死而成为中国近代史上的重要地点。宣统三年正月二十六日（1911年2月25日），谭其骧就出生在皇姑屯车站站长宿舍。当时，谭新润已有三子二女，谭其骧在儿子中排行第四，按家族大排行取名其骧，以"虎步龙骧"之义，字季龙。因生在奉天，号奉甫。但第二年谭新润因突发脑血栓而无法工作，只能辞职携眷南归，所以奉天和皇姑屯车站没有给谭其骧留下任何印象。直到1983年9月出席东北民族史讨论会时，谭其骧才第二次来到沈阳，但当年的皇姑屯车站早已成为历史陈迹，车站一带也已融入沈阳市区。当在沈阳农学院任教授的弟弟谭其猛与他见面时，兄弟不胜感慨，谭其猛说："你是生于斯，我是死于斯。"谭其猛是1952年院系调整时由复旦大学农学系北调沈阳的，三十年后已不作南归的打算，此话自然是实情。但兄弟俩都没有料到，这次见面竟是永诀，一年多后谭其猛就病逝于沈阳。

谭新润回嘉兴后，在家养病多年才逐渐痊愈，但已落下了半身不遂的残疾。他在嘉兴县公署当了几年科员，又担任了一年多由嘉兴商界主办的《嘉兴日报》的主笔，1924年江浙齐卢战事起，报纸停办，就一直赋闲在家。谭家住在嘉兴城内芝桥街24号，是谭日森置下的一幢二层楼房，有二三百平方米的面积，加上谭家人口多，给外界的印象依然是世家大族。当年在谭家后门外住着一位青年"郎中"（中医），他就是以后著名的古文字学家、考古学家唐兰。唐兰对这家高邻就有这样的印象，所以中华人民共和国成立后谈及谭其骧家时还说："我怎么能与他家比呀！他家摆出来的马桶都有一长排。"实际上，由于谭新润长期患病，又没有固定收入，坐吃山空，谭家已只剩下这座房子的外壳了。谭其骧幼时听得父母发生争吵时，父亲常说的一句话是："一家人家已经败完了，还吵点啥？"

谭新润善诗词，曾参加南社，《南社丛刊》载有其作品。自定有诗文集《弯弧庐集》（因中风后言语不清，家人以嘉兴方言戏称之为"弯葫芦"，遂以其谐音为室名），姨甥婿柳亚子为之作序，但未刊印，在抗日战争中散佚。

谭新润学贯新旧，兼通文理，谭其骧自幼耳濡目染，获益不小。例如，他们兄弟之间常以全国地名互相考问，某地应在某省，某县周围是哪几个县，然后以地图或书籍核对，确定胜负，这自然与当过火车站站长的父亲有关，但无形中使谭其骧增加了对地理的兴趣。由于谭新润当报纸主笔，使他家成了嘉兴第一批电话用户，给少年的谭其骧打开了一扇现代文明的窗户。

发蒙海盐　求学秀州

谭其骧 5 岁时,家里已有兄弟姐妹 8 个:谭其骧的大哥其玉(麟伯,号迦甫,生于 1900 年)、大姐其端(淑庄,生于 1901 年)、二姐其昙(优华,生于 1903 年)、二哥其来(斌甫,生于 1905 年)、三哥其翔(勉之,号勉甫,生于 1908 年)、大弟其猛(啸甫,生于 1914 年)、二弟其飞(忌飞,盛甫,生于 1916 年)和他本人,母亲难以照料。海盐的姑母只有一个女儿,遂将他接至海盐冯家寄养,第二年随表姊入家馆识字。冯家为海盐巨室,又是开酱园的富商,所居绮园,俗称冯家花园,擅名浙中。谭其骧在冯家住了三年,姑母因自己无子,想立他为嗣,姑父也赞成,但遭到族人反对,只得作罢。六十年后的 1985 年 10 月,谭其骧应海盐县县志办之邀参加学术会议,其间曾重游绮园,题词勒石园中,记下了他这段经历和感想:

> 海盐城中旧有朱氏、徐氏、冯氏三巨室,宅后皆附有园林,池沼亭榭,各有佳致,而冯氏园尤以巨石乔木见胜。自抗日战争以来,迭经世变,朱徐二园已归夷灭,独冯氏园幸免于难,解放后遂辟为公园,以绮园之名驰誉江南。余幼年曾寄养于适冯氏姑母家中,自一九一五年春至一九一八年春凡历三载。六十余年来,园中景物,时萦梦怀。今蒙海盐县政协、文化局、博物馆之邀,得重游旧地。睹兹胜迹依然,既不胜怀旧之感,又见于旧构破损处多所增饰,对当地领导维护文物之功,尤深钦佩。

2001 年,绮园被列为全国重点保护文物。

姑父母虽未能立他为嗣,但对谭家的资助一直没有减少,特别是在谭其骧上大学期间。另外,谭新润对冯家立嗣一事仍未绝望。1933 年 7 月,姑父冯季侯突然病故,生前所留遗嘱没有提及立嗣,谭家的一线希望才最后破灭。

谭其骧回嘉兴后,即进谭氏义庄所设私立谭氏慎远小学,仍从一年级读起。在读完三年级时,谭新润嫌他上学太迟,让他跳班进入县立第一高等小学。1923 年秋,谭其骧由高小毕业,考入基督教会所办的秀州中学。当时嘉兴城内只有两所中学,一所是省立第二中学,离谭家相当远;另一所就是秀

7

州中学,就在谭家后门附近,步行仅两三分钟,所以就考了秀州。入学后第一年读的是旧制,是不分初高中的四年制。第二年改行新制,即初中、高中分段,各三年。学校采取考试分班的办法,读过旧制一年级的学生经考试,按成绩高低分入高一或初三,这使谭其骧在读了一年中学后就成了高中一年级的学生。

第二章

短暂的革命和大学生活

1925 年 5 月 30 日，上海发生震惊中外的"五卅惨案"，引起了全国各地的反帝高潮。离上海不远的嘉兴很快受到影响，在一向平静的秀州中学里，开始出现反对学校当局的言行。当时，谭其骧的大哥其玉在上海工厂当职员，常将《新青年》《向导》等进步刊物带回家，使他从这些刊物中接触到了革命思潮，更激起了对帝国主义列强的仇恨。1926 年夏，在高二下学期即将结束时，为了抗议学校对学生的压制，谭其骧和班里一些同学同盟退学。后来有的同学在学校和家长的劝诱胁迫下复学了，但谭其骧和另几位同学仍坚持退学。就这样，他在不满 15 岁时就结束了中学生活。

当时谭新润已失业在家，全部家产只有一所房屋和一两千元股票，就靠一半房屋出租的租金和股票的红利维持全家十多人的生活，处境相当窘迫。谭其骧的大哥毕业于中等工业专科学校，二哥、三哥连中学也未毕业，大姐、二姐只读完小学。在谭其骧退学后，正好上海一家无线电公司招收练习生，家里就要他去报考，但他对无线电毫无兴趣，就故意不认真考试，结果自然没有被录取。他不愿再上其他中学，就到上海，考了上海大学社会学系。

按照家里的经济条件，谭其骧无论如何是上不起大学的。但就在前一年，谭氏宗族义庄作出了一项新的规定：凡族中子弟就读中学、大学者，每年均给予一百元的补助。他的两位姑母也答应每年资助一百元，加上家里挤出几十元钱，才凑足了学杂费和食宿费，使他成为兄弟姐妹中第一位大学生。以后他的两个弟弟其猛、其飞也这样读上了大学。

革命大学中的革命生涯

上海大学由共产党人恽代英、萧楚女等人创办，是当时上海一个传播马克思主义的堡垒，也是共产党人培养进步青年的基地。但上海大学在社会上的名声自然不能与其他名牌大学相比，在守旧者的眼中更是一所很不正规的"野鸡大学"，因此谭其骧的许多亲戚长辈都反对他报考。好在谭新润毕竟受过新式教育，对新事物并不反对，对子女的兴趣爱好一贯采取听其自然的态度，从不干预他们上什么学校、选什么专业，以至在谭其骧读大学二年级时，他还不知道儿子学什么专业。因此尽管反对者居多，谭其骧还是自作主张进了上海大学。

当时上海大学已在郊区江湾建新校舍，临时校舍和学生宿舍则还分散设在闸北青云路宝山路口的几幢民房里。谭其骧住在宝山路西一条弄堂里的宿舍内,在他内室住着来自江苏南通的中文系同学于绍杰。由于房间小,于绍杰每次进出时都要从谭其骧的铺前挤过。于绍杰是谭其骧生前所知唯一一位健在的上海大学同学,离休前是广东省农业科学院的干部。20 世纪 80 年代上海大学重建时,曾在上海寻找当年上海大学旧人,据说在上海仅找到谭其骧与施蛰存二人,而施是上海大学的教师。当时主持校务的是陈望道,教授主要有李季、施复亮(存统)、郑振铎、沈雁冰(茅盾)等,曾经担任过教授的瞿秋白等已经离校。上海大学有共产党和共青团组织,谭其骧进校不久就参加了共青团。除了开会、讨论等活动外,共青团员经常在闸北一带张贴标语,散发传单,在马路上和茶馆中向群众演说。孙传芳的"大刀队"不时出没,团员们得随时注意,一有动静就散入小路,或从弄堂中溜走。

1927 年春新学期开学,学校迁至江湾,但北伐军已逼近上海,时局紧张,没有开课。谭其骧和同学们成了职业革命家,天天在闸北街头作宣传。3 月 21 日,上海工人配合北伐军,举行第三次武装起义,上海大学同学跟随队伍呐喊助威,并参加救护伤员。在攻打北火车站时,一位指挥员让谭其骧随同,临时发给他手枪一支,但到达不久车站就已攻克,他的手枪还没有使用就交回了。北伐军进入上海后,谭其骧和同学们又多次参加群众大会,他们沉浸在胜利的喜悦和振奋之中,革命热情更加高涨,对即将到来的反革命风暴完全没有思想准备。

每年清明,谭氏合族老小都要去杭州扫墓,往返费用和在杭州的食宿都是由义庄负担。17 岁的谭其骧舍不得放弃这个免费游玩杭州的机会,作为一名普通团员他也不了解局势的严重性,就在 4 月初向团组织请假去了杭州。他和家人在杭州住了一个星期,归途中又在家乡嘉兴停留了几天,回到上海已是"四一二"政变以后,上海大学已被蒋介石当局封闭。谭其骧从学校取出行李寄存在大哥处,带上随身用具,过上了革命流浪生活。为了与组织保持联系,也为了躲避敌人的追捕,他们几乎每天换一个住处。最后,他和一位姓康的宁波籍同学住进了一位负责同志租的公寓,这位负责同志因风声很紧已事先撤离。两三天后的黎明时分,一伙拿着手枪的便衣闯进屋来,当发现他们要逮捕的人已经不在时,就抓走了谭其骧和康某。他们被押送到设在引翔港一所停办的医院里的宪兵司令部,分别囚禁,被提审了几次。由于所有的文件事先都已销毁,敌人没有找到任何证据,他们又不是搜捕的对象,所以每次提审时只是恐吓诱骗。他俩自然不会上当,一口咬定是因为学校被封,没有住的地方,才住到那人的空房中去的。一星期后,同学陈广云得到他们被捕的消息后,立即通知了谭其骧的大嫂。大哥闻讯后赶到宪兵司令部营救,经办人大概觉得这两个十七八岁的小伙子没有什么油水,在收了一百块钱后就同意了保释。

出狱后,康某回了宁波,谭其骧暂住在曹家渡他大哥工作的工厂里。他两次到闸北寻找组织,但所有认识的同志都已转移,没有得到什么线索。这时,家里得知他的消息,来信催他立即回嘉兴。在上海没有工作,大哥厂里也不便久住,他只得返回故乡。

暨南三年

两星期后就到了暑假,谭其骧决定重新报考大学,结果考上了上海暨南大学中文系。在此前的 6 月,南京国民政府教育行政委员会派郑洪年接管设在真如的国立暨南学校,后任命郑为校长。郑主持编订《国立暨南大学计划大纲》,准备用六年时间,分三期将该校改组、扩充为"三院鼎立、六部具备的华侨最高学府"。谭其骧之所以选择暨南,是考虑到自己高中少读了一年多,大学一年又没有上过多少课,要考名牌大学把握不大,而暨南大学虽是国立,却新组建,并以招收归国华侨子弟为主,录取要求相对较低。当年暨南大学招生两次,谭其骧参加了第二次,于 8 月 4—18 日报名,19、20 两天考试。25 日,上海《申报》刊出录取名单,谭其骧的名字出现在文哲学院中国文学系录取的九人之中。

开学到暨南大学报到后,谭其骧仍然没有放弃与组织接上关系的念头。有一次偶然打听到上海大学一位同学的地址,他估计此人与组织有联系,就给他写了信,却如石沉大海,杳无音讯。几个月下来,连熟人都遇不到一个,他绝望了,给短暂的革命生活画上了句号,走上了另一条道路。谭其骧晚年曾与我谈及这段经历,我问他:"要是当时与组织接上了头,你会不会再干下去?"他说:"当然要干。""'四一二'后,蒋介石镇压共产党很厉害,共产党人被抓被杀那么多,你就不怕吗?""当时一点也没有想过。"我说:"如果你那时找到了组织,继续参加革命,现在大概是党和国家领导人、无产阶级革命家了,至少也应该是部长级干部了。"他想了想,笑着说:"但也许早就死了,或者成了党内的反革命。"是的,历史是无法假定的,无论如何,历史使他错过了革命的机会,却给中国造就了一位杰出的历史地理学家。

开学后第一学期,中文系主任是夏丏尊,教一年级国文。余上沅教英文,沈端先(夏衍)教第二外语日文,开课的教师还有林语堂、张凤等。夏丏尊一贯提倡新文艺,上课讲的也是新文学,因而深受谭其骧的尊敬和欢迎。直到晚年,他还清楚地记得,夏丏尊上第一课时首先声明自己的名字是丏尊,不是丐尊,丏读音缅,意思是被遮蔽,看不见;但没有说他为什么要以这个字为名。谭其骧对新文学的兴趣很大,假日常到福州路书店买小说和文学期刊,还尝试写过小说,其中一篇《给我的小弟弟》发表在《国立暨南大学中国语文学系期刊》。夏丏尊对青年学生十分热情,谭其骧也乐意和他亲近,常在课后找些问题请教。夏丏尊对谭其骧的习作很赞赏,学期中间曾带领他和班上同学到市区一家餐馆与鲁迅见面,聚餐前进行了座谈。中华人民共和国成立后,曾经参加过座谈的中文系同学黄永标还清楚地记得鲁迅谈话的内容,接受过不少次采访。或许是因为以后的兴趣已不在文学,谭其骧对鲁迅当时说了什么话已完全没有印象,甚至无法判断黄永标说的对不对。

林语堂上的课给他印象最深的并不是讲的内容,而是烟瘾:由于林语堂的烟瘾极大,在课堂上往往忍不住,但又不便在讲台上面对学生抽烟,常常讲着讲着突然停止,不声不响地躲到教室角落对着角落抽上几口,待过足了瘾再捺灭烟头,重上讲台继续讲课。

以谭其骧的激进思想和对新文学的热情,加上他出众的才华,当时完全可能在夏丏尊的引导下走上文学创作的道路,成为一名新文艺的斗士,但半年后的变化又改变了他的方向。第二学期开学,夏丏尊因故去职,中文系主任换了陈锺凡。谭其骧当时的看法,陈锺凡是崇尚旧学的,擅写古文,请来的教授如陈柱、龙沐勋等也是比较守旧的,他们上课都是讲旧学,深为谭其骧所厌恶。于是他串联了班上同学,联名上书校长郑洪年,要求撤换"顽固派"陈锺凡,还在饭厅前张贴大字报,攻击这些"冬烘"教授,大字报都是由他一手起草的。校方自然不为所动,他们换来的只是教务长的召见和一顿训斥,系主任依然是陈锺凡。

到 1928 年秋季开学,谭其骧再也不愿在中文系读下去了,好在学校允许转系,他就转入了外文系。外文系主任是叶公超(崇智),加上当时普遍重视外文,在一般人看来,能转入外文系自然是幸运的。谁知才上了两星期课,谭其骧又转系了。

原来学校新成立了历史社会学系,贴出布告招生。不过这一次谭其骧却寝食不安地思考了好几天,究竟要不要转? 当时不少人对他的转系打算不以为然,劝他慎重考虑,最后他还是决定转入历史社会学系,主修历史,兼修社会学。或许是书香门第的潜在影响,但主要还是他对自身能力的估计。

原来经过一年的学习,他发现自己形象思维的能力有限,却长于逻辑推理,搞文学创作未必会有成绩,研究历史倒相当合适,因此他作出了决定他未来的关键选择。就在这一年,谭其骧写下了这样的话:"其骧十五以前浑浑噩噩,十六十七献身革命,十八而志于学,从今而后,矢志不移。"

他的选择是认真的,以后的事实也证明,他的选择是正确的。

历史社会学系第一任主任是黄凌霜,1928 年秋由程憬(仰之)[1]代理,1930 年春以后又换了许德珩(楚生),教师有孙本文、邓初民、潘光旦、周传儒、王庸(以中)、徐中舒、方壮猷等人。程憬教中国古代史,传播的是当时风靡一时的以顾颉刚为代表的疑古学派观点,使谭其骧感到很新鲜,对顾颉刚十分向往。程憬还经常邀谭其骧去他家,谈疑古学派,谈做学问的方法。在他的鼓励下,谭其骧开始翻线装书,他到福州路买书时也逐渐转而选购史学书籍了。徐中舒、王庸、方壮猷都出身于清华大学国学研究所,深受王国维、梁启超的学术思想和学风的熏陶,他们的课又使谭其骧受到考据方法和史学理论方面的训练。

另一位对谭其骧有重要影响的教师是潘光旦。潘光旦是著名的社会学和人类学家,他开的两门课——社会学基础和种族问题,谭其骧都选了。潘光旦讲课非常动听,对学生极有吸引力。尽管谭其骧没有完全接受他的优生学理论,对他的很多见解却完全赞同,经常提出一些问题求教,潘光旦也很乐意作指点和讨论。他们讨论的范围很广,如移民问题、血统与人口素质的关系、汉族与少数民族的交流和同化、江南的宗族、一些民族和地方人口的来源等。虽然限于谭其骧当时的知识,这些讨论不可能很深入,但给谭其骧留下了深刻的印象,以后他一些重要论文的观点就是在这些讨论

潘光旦(1899—1967)

的启发下产生的。谭其骧将一套《谭氏宗谱》送给潘光旦,成为潘光旦写《明清两代嘉兴的望族》一书的资料来源之一。谭其骧的毕业论文就以"中国移

1　我曾据先师遗稿作"陈憬",后承顾潮女士指正,并承北京大学中文系陈泳超教授查阅相关史料予以证实,特此说明,并致谢忱。

民史要"为题,由潘光旦指导完成,并得到潘的激赏。他一直保存着这两册论文原稿,上面留着潘光旦用红笔写下的批语。1988 年,他得知我开始撰写中国移民史,就将这两册文稿赠给了我。2015 年,我将文稿捐赠给复旦大学档案馆,2021 年由复旦大学出版社影印出版。

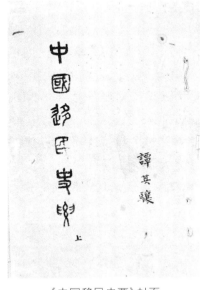

《中国移民史要》封面

对另一些教师的课,谭其骧却不欢迎,如孙本文的文化社会学,他感到只有空洞的理论,没有实际内容。1929 年秋季开学,许德珩请来了马哲民和一位姓牟的教社会学,谭其骧觉得更讨厌,就施展出反陈锤凡的本领,带头哄赶,结果把姓牟的教师气走。当时学生赶走教师的现象并不少见,但像他这样三年中两次带头闹事的学生也不多,所以给许德珩留下很深的印象。以后许德珩当了暨南大学的教务长,历史社会学系又发生哄教师的事,他马上就问:"是不是又是谭其骧带的头?"其实,谭其骧已提前毕业离校了。

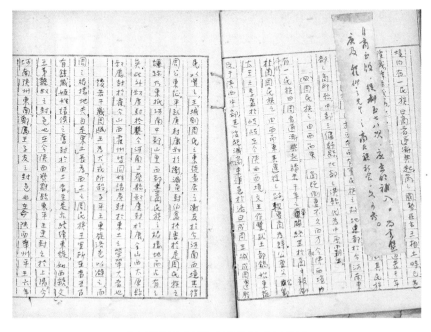

《中国移民史要》内页及潘光旦批注

那时暨南大学的风气相当自由,学校对学生没有什么管理,上课一般不点名,不上课也没有人管,课外的生活和活动更完全自由。许多选修课都不考试,只要交一篇论文就可以作为修毕该课的成绩,而论文是否由学生自己撰写无人检查。谭其骧在期终时总要为几门选修课同时写上几篇论文,除了用一篇作为自己的成绩外,其余就供因病、因事或写不出论文的同学署上自己的名字上交。

暨南大学的体育运动相当有名,尤其是足球,拥有名将陈镇和等人,但谭其骧对体育没有兴趣,课余生活一般是聊天、散步、上咖啡馆。晚饭后外出散步,经常是向西至杨家桥折回,假日还到较远的大场镇、南翔古猗园、江湾叶家花园游玩。他也很少看电影,因为学校在真如火车站铁路以北,电影院在四川路,往返路程太远。不过如有南国社的话剧和京剧名角的演出,他还会跑到市中心去看。散戏后到北火车站旁宝山路坐"野鸡汽车"(无营业执照)回学校,每人只收小洋二角,坐满就开,相当方便。学校虽有食堂,但多数学生喜欢到铁路以南小街上的小饭馆吃包饭,每月花十元钱多一点就够了。

1930 年夏,谭其骧暨南大学毕业照(左起史猛、谭其骧、黄永标)

谭其骧能够提前毕业,得益于暨南大学的学分制。学生读满规定的学分就能毕业,不仅在中文系的学分算数,连他在上海大学一学期的学分也得到承认,加上他选课较多,所以在历史社会学系实际读了两年,到 1930 年夏天就符合毕业条件了。他的班级有五名学生,其余四位是江应樑、陈源远、

17

许震球、刁焕国,都是下一年毕业的。江应樑毕业后留校当了助教,1937 年去广州中山大学读研究生,后即在该校任教,1948 年后一直在云南大学当教授,是一位著名的西南民族史专家和人类学家,1988 年逝世。陈源远毕业后进了燕京大学研究院,毕业后任职于苏州江苏第二图书馆,1934 年 2 月《禹贡》半月刊首发时,封面上所列代售处中就有他的单位和名字,显然是作为两位编辑之一的谭其骧所联络。以后陈长期在江苏水利机构任职,又改名陈从天,退休后住在南京,1981 年谭其骧曾与他在南京会面。许、刁二位在毕业后不久就失去联系。

毕业时的谭其骧已经选定了治学的目标,决定到故都北平攻读史学。程憬将他推荐给燕京大学研究院。燕京大学研究院录取研究生不通过考试,只审查大学成绩单和推荐书。谭其骧很快收到了录取通知,在 1930 年 9 月登上了北行的火车。

第三章

『应列第一』的燕大研究院毕业生

当时，首都虽已南迁，但故都北平依然是人文荟萃的文化中心，不仅文物典籍极其丰富，而且清末和五四以来的著名文史学者大多在北平的大学中执教，清华、北大等校更是名流如云，极一时之盛。谭其骧对顾颉刚仰慕已久，又得到程憬的介绍，自然就以燕京大学为首选。燕京大学在北平西郊的海淀，校址就是今天的北京大学。

谭其骧一到燕京大学，就拿了程憬的介绍信到学校附近成府蒋家胡同9号顾颉刚家中拜谒。那时顾颉刚虽才38岁，已是声望很高的学术领袖，除任历史系教授外，还兼任国学研究所研究员和学术会议委员、中央研究院历史语言研究所特约研究员，并在北京大学历史系兼课。出乎谭其骧意料的是，顾颉刚这样一位名教授对一位素不相识的学生的态度竟如此诚恳而热情。

师生之争：步入学术之始

新学期开始，谭其骧选了顾颉刚开的课中国上古史研究，内容是《史记》本纪和世家的研究实习，同时听课的有国学研究所、历史系、中文系的二十余人。与他流畅的文笔相反，顾颉刚上课的口才很差，有时还有些口吃，以后他讲《尚书》中"若稽古帝尧"一句的口气甚至被俞大纲在背后模仿，引起同学大笑。但顾颉刚经常与学生个别谈话，无论学生成绩优劣、水平高低，他都能循循善诱，提出努力方向。对程度较好的学生，更是热情鼓励他们大胆探索和研究问题，所以学生们既钦佩他的学问，也感激他的知遇，感到收获很大。

1931年9月，顾颉刚新开《尚书》研究课，听课学生有冯家昇（伯平）、叶国庆、邓嗣禹（持宇）、翁独健等22人；谭其骧因学分已满，是三位旁听生之一。顾颉刚当时正准备作《王制考》，所以准备将《尚书》一篇篇地教读，编了《尚书研究讲义》两册，这只是他计划写的讲义的三

顾颉刚（1893—1980）

分之一。讲义的第二册包括四个问题,第一个就是"《尧典》著作之时代"。顾颉刚认为《尚书·尧典》写作时代应在西汉武帝以后,一条主要的证据就是《尧典》中说虞舜时"肇十有二州";而先秦著作称述上古州制的只有九分制(分为九州),却没有十二分制(分为十二州),到汉武帝时置十三刺史部,其中十二部都是以某州为名,自此才有十二州之名,所以《尧典》中所载十二州应是汉武帝时的制度。为了让同学们了解汉代的制度,顾颉刚还将《汉书·地理志》印发给每位同学,作为讲义的附录。

谭其骧在读了这段讲义后,又把《汉书·地理志》仔细翻阅了一遍,觉得顾颉刚在讲义中所列举的十三部并不是西汉时的制度,而是东汉的制度。一天下课,他就向顾颉刚提出了自己的看法。听到学生的不同意见后,顾颉刚非常高兴,鼓励他写成书面意见。原来谭其骧只是想口头说一下,由于老师要他写成书面意见,促使他又查了《汉书》《后汉书》《晋书》等有关篇章,结果更加坚定了自己的看法,在10月2日将三点意见写成一封信。

在信的一开始,谭其骧就直截了当地指出:"先生《尚书研究讲义》中所列之十三部,非西汉之十三部(不但非武帝时之制,亦且非平帝时之制),兹已证实。"接着他列举了三条理由:一、西汉的十三部刺史是在元封五年(公元前106年)设置的,而司隶校尉部要到十七年后的征和四年(前89年)才设置,可见十三部中并不包括司隶校尉部;二、根据《汉书·地理志》和《晋书·地理志》的记载,西汉同时存在着朔方郡和朔方刺史部,前者是元朔二年(前127年)新建的一个行政区域,后者则是元封五年从雍州分置的,名称虽一样,却是两个完全不同的概念;三、整个西汉只有交趾刺史部,没有交州刺史部,交州这个名称不见于《汉书·地理志》,只见于颜师古的注解,而颜的注解恰恰是错误的,这从《晋书·地理志》的记载可以得到证明。他进一步发现,《后汉书·百官志》载明,将司隶校尉部列为十三部之一,是东汉建武年间(公元25—56年)的事;而据《后汉书·光武帝纪》的记载,将朔方刺史部并入并州刺史部也在建武年间。至于交趾立为刺史,更在东汉末的建安八年(203年),见《晋书·地理志》。谭其骧认为,由于西汉和东汉的建置正好都是十三部,《汉书·地理志》又没有具体说明这十三部的名称,后人就误以为东汉的制度就是西汉的制度了。"此不特先生为然,即号称地学专家之白眉初氏,以及各种坊间发行之地理沿革图,亦莫不有此误也。"最后他建议,"先生所谓'《尧典》之十二州系袭诸汉武之制'一义应有所改正"。不过他认为,"推翻此点,殊无伤于全文之大旨;不但无伤,且益可证实之"。因为西汉虽抚有朔方、交趾而不设州,与《尧典》中所载尧抚有朔方、南交之地而不设州是一致的。至于西汉实际只有十一州,《尧典》却要凑成十二州,是因为作者有意要凑成"天之大数"的缘故。

就在收到谭其骧来信的当天,顾颉刚就复了一封五千多字的长信,首先肯定了他的努力:"西汉的十三州久已成为一个谜,现在经你这样一整理,觉得大有弄清楚的可能了。"接着又详细讨论了与意见有关的史料,在学术问题上,师生之间没有什么客气了。

首先,顾颉刚指出,他认为《汉书·地理志》中没有人称的注文是班固的原注,而不是出于颜师古。但他在编讲义时也注意到了《汉书·地理志》自身的矛盾,"现在接读你的来信,使我更相信注文所云不是汉武帝时的制度。你说武帝置十三部刺史在元封五年,而其置司隶校尉在征和四年,后了十七年,当然司隶校尉不在十三部之内。……这是极确切的论断。""可是十三州不仅是一个数目问题,而尚有事实问题在后面"。在列举了有关事实后,顾颉刚说:"所以我对你的话赞成一半,反对一半。赞成的,是武帝时朔方不名州;反对的,是朔方刺史部与并州刺史部同时存在。……我尤其反对的,是你讲的朔方郡属并州,朔方刺史部分自雍州,两不相关之说。朔方既已属于并州,何必再设一朔方刺史部呢?朔方刺史部既分自雍州,朔方郡又何以属于并州呢?"顾颉刚认为,谭其骧致误的原因是《晋书·地理志》的说法,而《晋书·地理志》致误的根源是《汉书·地理志》中记载的自相矛盾。但这样一来,元封五年"置刺史部十三州"就少了一州,这少的一州是什么?顾颉刚承认,由于原始史料太少,"我对于这个问题,也不能作满意的答复"。他试着作了两种解释:一是汉武帝元封五年只置了十二部刺史,因为后来增加了司隶校尉,才有十三部,但史官把这件事倒记在元封五年了。二是司隶校尉本来就不在十三部之内,所以设置司隶校尉前称十三部,设置后还是称十三部。"以上两个解释似都有可能性,虽则都没有充分的证据,只好存疑。"但他倾向于第二种解释。

但他不同意建安八年前没有交州的名称的看法:"至于你说交趾改为交州是汉献帝建安八年的事,以前无称交州的,这下未免过于信任《晋志》。建安八年固然有表立交州的事,但在没有证明《汉书·地理志》注文不是班固原注之前,我们不能说班固时无'交州'之名。在没有证明扬雄的《交州箴》(见《艺文类聚》州郡)是伪作以前,我们也不能说扬雄时无'交州'之名。我以为这一名大概是王莽立的,故即为扬雄所用,到东汉初还未废,故又为班固所用,不知何时废弃了,故至建安八年而又上表立之。"

顾颉刚的结论是,赞成他的三点意见,即:一、元封五年之十三部内无司隶校尉一部;二、元封五年之十三部内有朔方刺史部,不属并州;三、元封五年之十三部内有交趾刺史部,不称交州。不赞成他另外三点:一、朔方刺史部与并州刺史部同时存在;二、朔方郡属并州,朔方刺史部分自雍州,两不相关;三、交州之名始于东汉建安八年。认为取得了三点收获:一、汉武帝时的十三州,究竟如何,我们已不可知。二、平帝时王莽所定的十二州,大约就是现在《汉书·地理志》注文中所举的某郡属某州之文(除了司隶校尉部)。其时朔方为并州,交趾为交州,合之《禹贡》九州及幽州正是十二。三、东汉建武中设司隶校尉,领一州,合之于王莽时十二州则为"十三部"。这即是《汉书·地理志》注文中所载的。后人因后汉的制度而载于前汉的史书,遂错认为前汉的制度。这个错误,班固不能不负责任。还有两个问题因缺乏材料,只能存疑。一、并州之名似非武帝时原有的,若是有了就不必再置朔方刺史部了。王莽时,可能是为了将州名统一,将此刺史部改为并州,再将朔方郡划归它管辖。到东汉光武帝即位,再正式予以承认。二、汉武帝时新设置的西南夷七郡,完全有设置一个刺史部的资格,可能武帝时曾以梁州和益州并列,到王莽时加以合并。班固不了解真相,就以为武帝改梁州为益州。

根据这些意见,顾颉刚重新排列出汉武帝所立之十三州、王莽所更定之十三州和光武帝所列之十三州,"不知尊见以为如何,敬待商榷"。最后他又鼓励谭其骧继续努力钻研:"但我们不要怕,只要肯找,总有新材料可以发现!"

这封回信进一步激发了谭其骧钻研的兴趣和辩论的勇气,六天以后果然找到了新材料,于是他又写了一封信,对被顾颉刚反对的三点提出异议。一、据《汉书》,朱博曾在哀帝建平二年(公元前 5 年)任并州刺史,而王莽更定十二州名在此后十余年的平帝元始年间(公元 1—5 年),所以并州的名称不是从王莽时才开始的。翟方进在成帝时曾任朔方刺史,说明并州刺史部与朔方刺史部实际上是同时存在的。梁州与益州分立的可能性,在情理上可以理解,却没有事实根据。《汉书》所载当过益州刺史的有王尊、孙宝、任安、王吉、王襄等,却没有记载一位梁州刺史。如果真是益、梁并存,王莽才合而为一,王莽一贯标榜自己崇尚儒家经典,为什么他反而不用见于经书的梁州而采用不见于经书的益州呢? 二、顾先生因为不承认并州与朔方二部同时并存,所以将朔方、五原、西河、上郡、云中、定襄、雁门七郡划归朔方,太原、上党二郡划归冀州。现在既然证明并州、朔方确实同时存在,那就应该采用钱大昕《廿二史考异》卷十四的考证，《汉书》注文中所谓并州九郡，其中一半当属朔方，一半属并州。三、《后汉书·岑彭传》称建武四年时有交趾牧邓让，当时光武帝势力尚未达到荆湘以南，所以这个交趾牧显然是王莽所任命的，说明王莽时亦称交趾，难道只有在扬雄作《交州箴》时称为交州吗？《后汉书·南蛮传》在"建武十六年，交趾女子征侧及其妹征贰反"一事下也载有"交趾刺史及诸太守"。即使王莽时真的有"交州"，那时也改称交趾了，班固作《汉书》又在此后，怎么会还称"交州"呢？东汉不是十六国或五代，总不见得翻来覆去改了多次吧！

所以他认为顾先生的三点收获应有所改正：

> （一）汉武帝时之十三州，当仍以第一信表中所列者为是，并州与朔方同时存在，无梁州。《汉志》注中并州九郡当分隶于朔、并二部。（二）平帝时，王莽所更定之十二州已不可知。据《后汉书》建武初年有并朔方入并州之记载，又叠见交趾刺史之称，则王莽之制一仍西汉之制也，何改之有？（三）光武建武十一年省朔方并并州，在未尝证明此言不确之前，未有确证可证明王莽时已曾合并之前，东汉司隶而外之十二州当仍以"就西汉十三部并省改称而成"之说为是。

> 仍然不明白者为二事：（一）交州之称究竟是否在建安八年以前已有之？（二）《汉书·地理志》注文非师古所注，亦不似班固所注，究竟系何人何时所注？

在认真研究后，顾颉刚于 10 月 24 日再次复信，表示对谭其骧的来信"佩甚"。"你既寻出了朱博在成帝绥和元年前曾为并州刺史，又寻出了翟方进在成帝世曾为朔方刺史，那么，并州自是先于王莽的更定州名而存在，且确是与朔方刺史部同时存在。"接着顾颉刚主动为谭其骧提供了一条证据，即根据扬雄《益州箴》的内容，"益州确是梁州所扩大的而不是与梁州并峙的"，益州不与梁州同时存在，"证明我上次猜测的失败"。"并州既与朔方刺史部同时存在，益州又不与梁州同时存在，则武帝所设的十三部刺史的事实可定，且足证明《汉书·地理志》叙论中的话是不错的。"随后他考订了十三部的具体名称和来源。

但顾颉刚不赞成谭其骧对交趾改交州时间的结论，他认为，单看谭其骧的证据固然相当充足，但同样可以找到相反的证据，如《汉书·平帝纪》中有"更十二州名"的记载，《王莽传》中有"谨以经义正十二州名分界。以应正始,奏可"的话,说明王莽的建议得到了正式批准。扬雄的《十二州箴》和班固的《汉书》自注,更明确说王莽改西汉之制,将交趾之名改为交州。"所以关于这个问题,你和我的主张各有理由,亦各有证据;我固不能掩没你的证据,你也不能抹杀我的证据。只恨古书太多抵牾,古人不可复生,无法作根本解决耳。"正因为如此,顾颉刚还是认为他是对的,因为他的主要依据扬雄的《十二州箴》毕竟是一件王莽时代的史料,比谭其骧所根据的史料要早。扬雄的《十二州箴》作于元始四年至王莽始建国(公元4—9年)之间,扬雄为新定的十二州作十二箴,是完全可能的。"所以我以为扬雄作箴的十二州即是王莽更定的十二州,王莽更定的十二州并非不可知。"

至于王莽时有交趾牧,光武帝时有交趾刺史的原因,顾颉刚认为或许是沿用习惯上的名称而不是当时的正式名称的缘故。

顾颉刚不同意的另一点,是谭其骧证明朔方与并州合并是在光武帝时而不是王莽时代。他以为扬雄的《并州箴》已经说明了这一点,就不能不说是王莽时的事。一种可能的解释,是光武帝即位后要完全推翻王莽的政令,所以将已经合并的朔方与并州分开,但到建武六年六月,因户口少官员多而并省了四百余个县,又将朔方部撤销了。

尽管还有不同意见,顾颉刚认为主要问题已经得到解决。更加难能可贵的是,顾颉刚不仅如此虚心地接受了学生的意见,还将往返讨论的这四封信加上附说,作为讲义的一部分印发给全班。顾先生在附说中写道:

> 这几封通信都是讨论汉代的州制的,为什么要印了发与诸位同学,占据《尚书》研究一课的时间呢?这有两个原因:一是借此可以明白古人治学方法的不正确,使得我们从此不要再上他们的当;二是借此可以对于以前注解《尧典》"肇十有二州"一语的各家说作一个总评判,使得这些妄意的猜测从此失掉它们存在的地位……

> 临了,敬致感谢于谭其骧先生。要不是他提出质问,我们一定循着传统的见解,习用班固在《汉书·地理志》注文中的说法。现在经过这样的辩论之后,不但汉武帝的十三州弄清楚,就是王莽的十二州也弄清楚,连带把虞舜的十二州也弄清楚了。对于这时期中的分州制度,二千年来的学者再没有像我们这样的清楚了。庄子说"知出乎争",这是极确切的一句话。希望诸位同学更能在他处提出问题,让我们永远的争下去,让我们常常的得到新知,无愧于这一个"研究"的课目。

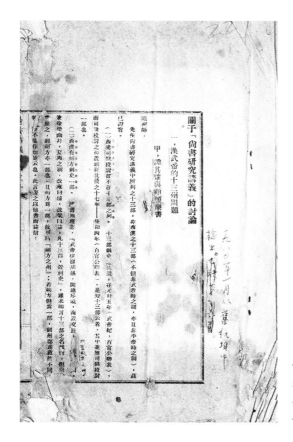

1931 年顾颉刚《尚书》研究课印发的《关于"尚书研究讲义"的讨论》

这场讨论决定了谭其骧此后 61 年的学术方向,也给他留下了终生难忘的印象。50 年后,谭其骧检出这份珍藏在书箱中的讲义,将四封信发表于《复旦学报(社会科学版)》(1980 年第三期),又写了一篇后记,深情地忆及往事:

> 我两次去信,他两次回信,都肯定了我一部分意见,又否定了我另一部分意见。同意时就直率地承认自己原来的看法错了,不同意时就详尽地陈述自己的论据,指出我的错误。信中的措辞是那么谦虚诚恳,绝不以权威自居,完全把我当作一个平等的讨论对手看待。这是何等真挚动人的气度!他不仅对我这个讨论对手承认自己有一部分看法是错误的,并且还要在通信结束之后把来往信件全部印发给全班同学,公之于众,这又是何等宽宏博大的胸襟!正是在顾先生这种胸襟气度的感召之下,才促使我对这个问题努力深入钻研下去,勇于独立思考,提出了一些合理的见解,对这个问题的解决作出了一定的贡献。而顾先

生后来之所以会写出《两汉州制考》这篇名著,我的这两封信当然是起了推动作用的。

……当年这场讨论,不仅像顾先生在附记里所说的那样把一个二千年来多少学者没搞清楚的问题基本上搞清楚了,还有一点顾先生没有提到而同样很重要的,那就是:通过这场讨论,使我这个青年对历史地理发生了浓厚的兴趣,又提高了我做研究工作的能力。这对于我后来能够在大学里当一名还算称职的教师,在学术上多少能够取得一些成就,是起了很大的作用的。

顾颉刚说要"让我们永远的争下去,让我们常常的得到新知",并不是说大话,更不是一般的客套。1934年,当他为庆祝蔡元培先生65岁生日而撰写的长篇论文《两汉州制考》排出校样后,他果然将它寄给谭其骧,让他提意见。谭其骧也毫不客气地写了一篇《〈两汉州制考〉跋》,说:"我觉得文中尚有几处论断颇有商量的余地,又有几处误引了不可靠的史文,应该加以考证。"他提出了六条具体的意见,大多是上次讨论的继续。这篇《跋》与《两汉州制考》同时收入论文集,自然是出于顾颉刚的主张。

邓之诚——另一位恩师

除了顾颉刚,邓之诚(文如)教授是与谭其骧关系最密切的老师。

邓之诚比谭其骧年长24岁,完全是一位上一辈的旧式文人,不仅做的是旧学问,连穿戴也是旧的,一直是瓜皮帽、长袍、布鞋,与燕京大学另一些西装革履的洋派教授适成对比。他博闻强识,文史兼通,谙熟历代典章制度和明清掌故,常常以明朝人自居,对同辈的新派、洋派人物很不以为然,常常加以批评,课堂上"城里头那个胡适,老是胡说"的话至今还留在当年学生的记忆之中。但对他认为学问好、人品好的人,邓之诚就十分器重,乐意交往。他刚与洪业(煨莲)相识时,常讥笑他只懂英文,不懂中文,背后称为"那个洪业",以后见洪业诚心相待,又刻苦研习古文和唐诗,就刮目相看,与他合作得很好,连称呼也改为"煨莲先生"了。邓之诚对谭其骧的才识极为赞赏,所以尽管对顾颉刚的学风和观点也不时有所批评,对深受顾颉刚影响的谭其骧却关怀备至,还说:"我搞的是明朝人的学问,你可以搞你清朝人的考据。"

邓之诚
（1887—1960）

　　当时北平的大学教授月薪有 300 多元,燕京大学更是待遇优渥,学校为邓之诚备了一所有十多间屋的住宅。但邓在城内另有公馆,夫人、姨太太和子女都住在城里,只有一个儿子与他同住学校。邓养着一名为他编讲义、抄文稿兼陪他下围棋、聊天的"清客",雇了一名厨师做饭,一名拳师教他儿子打拳,有时自己也练上几下,还包了一名洋车夫。他每星期有课时在学校住上三四天,就坐洋车回城里住了。邓之诚还有一位二弟,也长期由他供养,视他如严父。邓之诚当时能过如此宽绰的生活,还有一个特殊原因:由于他参与过护国战争的活动,与滇军、川军一些将领有交情,一度做过范石生的私人代表,还代表范石生出席过善后会议。

　　邓之诚喜欢谈话,一谈就是几个钟头。他嫌一个人寂寞,就邀谭其骧住在家里,食宿都由他供给。在他进城时,谭其骧和这位清客就成了邓宅的主人。直到 1932 年春,谭其骧才搬到北平图书馆职工宿舍。与邓之诚共同生活,耳濡目染,使谭其骧对魏晋南北朝、隋唐五代史有了更深的见解,对典章制度和掌故也饶有兴趣。以后他的朋友谢兴尧(揖唐)办《逸经》杂志,他曾写过几篇《张宸与董鄂妃》，偶尔还写些小考证，只是由于专业研究太忙，没有能花更多的功夫。邓之诚与谭其骧的师生情谊极深，以后谭其骧能以研究生的身份登上大学讲台，也是出于邓的大力举荐。

在研究生期间，谭其骧还选修过张星烺（亮尘）的课，旁听过陈垣（援庵）的课，写过中西交通史方面的学期论文。历史系的主任是一位外国人，实际负责人是洪业。谭其骧没有听过洪业的课，在研究生期间与洪也没有什么接触，所以以后洪业一直不把谭其骧当作自己的学生。

第一篇论文——《湖南人由来考》

燕京大学的研究生期限一般是两年，也可以延长到三年或四年，但规定的学分是 18 个，修满学分就能写毕业论文。谭其骧第一年就读完了 18 个学分，第二年开始写毕业论文。

虽然在与顾颉刚讨论两汉州制后，谭其骧已经立志以沿革地理为研究方向，又受到邓之诚治学方法的影响，但他的毕业论文依然是暨南大学潘光旦指导下的题目——中国移民史。原来在他写完六万多字的《中国移民史要》后，潘光旦认为很有价值，希望他稍作增补，准备介绍到商务印书馆去出版。读研究生后，谭其骧觉得在未作深入研究之前不可能写好综述性的"史要"，一个一个地区或一个一个时代逐步进行，搞清楚当前各地人民的来历才是研究移民史的首要课题。于是他决定主要根据地方志中的材料，按今省区逐个开展研究，先从材料较易收集的湖南省着手。至 1931 年底，谭其骧完成了毕业论文《中国内地移民史·湖南篇》，学期结束时通过答辩，结束了在研究院的学业。论文的指导教师是顾颉刚，但实际上从确定题目到搜集资料，顾颉刚都没有过问。半年后的 1932 年 6 月，此文刊载于燕京大学历史系主办的《史学年报》上，这是谭其骧第一篇公开发表的学术论文，当时他还没有正式毕业。1933 年，南京中央大学所办《方志月刊》要求转载，此时谭其骧已放弃了一省一省写下去的打算，便将题目改为《湖南人由来考》。

此文的上篇题为"历史上之陈迹——当时记载之一鳞半爪"，主要根据史料记载，对隋唐以前迁入湖南的移民状况作了概括。下篇是本文的重点和精华所在，题为"今日湖南人之由来——后世追述之整理与统计"。第一部分的根据是道光《宝庆府志》、光绪《邵阳县乡土志》、光绪《武冈州乡土

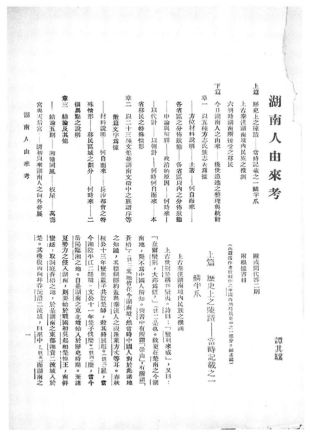

《方志月刊》转载的《湖南人由来考》

志》、光绪《湘阴县图志》和光绪《靖州乡土志》这五种方志中的氏族志，这些氏族志包括邵阳、新化、武冈、新宁、城步、靖州和湘阴七州县共七百余族，基本代表了湖南全省的情况。通过对各族的原籍（迁出地）、迁入地和迁入时间的分类统计，对隋唐以后湖南吸收移民的过程作了详细的论述。从这项研究的结果发现：迁入统计地区的人口中，江西省最多，占总数近三分之二，湖南本省其次；江西以外省份的移民合计不过百分之二十六，其中又以江苏、河南、湖北、福建、安徽诸省为较多。

谭其骧认为，江西移民在湖南占绝大多数，并不是偶然的，完全符合汉民族在长江流域由东而西的开发过程。"故江西人之开发湖南，鲜有政治的背景，乃纯为自动的经济发展。其时代，则两宋、元、明江西人口超越一般平衡线之时，正湖南省草莱初辟之际也。""江西而外，外省人之移入湖南，则经济的原因之地位较低，另有政治的原因在焉。"在对移民迁入年代具体分析

31

的基础上作出的结论是:"自五代以至于明,六七百年间,是为'如此今日'之湖南构成时期。微此六七百年间吾先民之经营奋斗,则湖南至今盖犹为榛莽地带,安得比于'中原'哉!"

下篇的第二部分,是以23种文集及《湖南文征》中的族谱序等文字为依据的。这些文集所载有关文章中统计到的族姓,长沙府有95族,岳州府20族,衡、永、郴、桂、湘南诸郡合计22族。统计的结果,也是来自江西的最多,其次是湖南本省,江苏第三,与第一部分的结论完全相同。江西省中又以吉安府为最多,南昌府次之,与前面的论证结果也完全相同。

至此,他得出了五点结论:

一、湖南人来自天下,但"什九"(十分之九,绝大多数)来自江苏、浙江、安徽、福建、江西等东部各省,其中江西人占什九,而庐陵一道(相当清吉安府,今除新干县外的吉安市和莲花县)、南昌一府(今南昌市和修水、铜鼓、武宁、靖安、奉新、丰城等县市)又占江西的什九。

二、江西人迁入湖南后大多从事农业,江苏、安徽、河南、山东人大多当官吏或经商。长沙是都会之地,五方杂处,来自长江下游江、浙、皖的移民最为集中。

三、江西南部人大多迁入湖南南部,江西北部人大多迁入湖南北部,湖南南北部的划分以湘阴、平江为界。

四、自古以来就有移民迁入湖南,但五代、两宋、元、明时期迁入的居其什九,在这四时期中元、明又占什九,而元末明初这六七十年间又占元、明二期的什九。

五、五代以前的湖南人多来自北方,此后则多来自东方。南宋以前,移民的来源单纯,几乎都是江西人;此后逐渐复杂,苏、豫、闽、皖等人增加。清代以前,江西移民占绝对优势;至清代,湖北、福建移民急剧增加,与江西移民有并驾齐驱之势。清代以前,本省内部移民的数量远低于外省移民,至清代,本省移民激增,逐渐超过了外省移民。

这是近代中国第一篇深入研究一个省区移民历史过程的专题论文,也是第一篇成功地运用抽样调查和计量方法作移民史研究的论文。就湖南省而言,这项研究可以说是前无古人的,而来者出现在近60年以后,即谭其骧指导的博士生、与我一起撰写《简明中国移民史》的同人曹树基发表的《湖南人由来新考》。

在研究过程中,谭其骧还注意到了移民对物质文化和精神文化的影响,如江西人的刻苦耐劳、重宗祠、重先人庐墓的风尚,随着他们的迁入而传入湖南;湖南人原来大多住板屋,江西人迁入后逐渐以砖屋取代;江西人崇祀许真君,在他们迁入湖南后,许真君庙(万寿宫)遍及湖南各地,其他如福建的天后宫(妈祖)、湖北的封哲宫(鲁班)和外省、外县的庙宇、会馆等也随着移民迁入湖南各地。尽管这些只是作为正论外的"琐事"而载入,实际已开了历史文化地理研究的先河。

由于这篇论文的基本资料和数据来自族谱,谭其骧还就族谱作为史料价值的可靠性作了论述。他指出:"谱牒之不可靠者,官阶也,爵秩也,帝皇作之祖,名人作之宗也。而内地移民史所需求于谱牒者,则并不在乎此,在乎其族姓之何时自何地转徙而来。时与地既不能损其族之令望,亦不能增其家之荣誉,故谱牒不可靠,然惟此种材料则为可靠也。"他还以湖南安化田头萧氏等几族的迁移史为例,《萧氏族谱·序》称:"萧氏之先,出于宋大夫萧叔大心,以采邑为氏。至汉文终侯何以功第一封以酂。……其居吾邑之田头,盖昭明太子之后,有讳俭者,观察湖南遂家焉。后因马氏之乱,迁于江西。宋神宗时开梅山,置安化县,其孙国清乃由泰和转徙于此。"前面自萧叔大心至昭明太子这部分自然并不可靠,但萧家是萧国清之后、宋神宗时从江西泰和迁来这一点却没有怀疑的理由,因为萧国清并非名人,江西泰和也不是萧氏郡望所著之地。如果真要作假,那么作为"昭明太子之后"的观察使萧俭已在湖南安了家,又何必造出宋神宗时又从江西迁回来这一段呢?

以后以研究客家史知名的罗香林,对谭其骧的观点非常赞成,他在研究客家史时就是以大量族谱资料为主要依据的。可惜罗香林忽略了谭其骧事先提出的警告,将族谱中所载的早期迁移,即涉及"官阶""爵秩""帝皇作之祖,名人作之宗"的内容,也当作信史看待,影响了其结论的可靠性。

丰收的两年

在撰写毕业论文、搜集材料的过程中,谭其骧已发现了近代湖南的"汉人"中有相当多一部分出于少数民族血统,因而在1933年又写了一篇《近代湖南人中之蛮族血统》,也发表于《史学年报》。此文运用了大量方志中的资料,而主要的线索则是姓氏的来历。他认为:"姓氏本身虽无从辨别民族,然但须区以地域,证以古今望族、蛮酋姓氏之因缘迁变,则蛛丝马迹,未始无线索可寻也。"具体说,在一个相对封闭的地域范围,后期的"汉族"大姓,几乎都能在早期找到当地少数民族的来源,这类"汉族"其实都是少数民族的后裔。根据这一方法,他对湖南近代的数十个"大姓"如向、舒、田、彭、覃、符、扶、苏、杨等的来历逐一分析,发现都是出自汉代之后就见于记载的当地少数民族,而不是他们精心编撰的汉族世系。

《史学年报》刊登的《近代湖南人中之蛮族血统》

针对当时存在的民族偏见,他指出:"然则蛮汉之不同,不过因其开化有先后之别耳,在种族本质上固无优劣之可言也。"相反,正是由于大量少数民族成分给湖南人口增加了新的活力,使近代湖南人口中人才辈出。这篇论文涉及的虽仅湖南一省,但这种现象在南方具有普遍意义。由于历来封建统治者宣扬大汉族主义和推行民族歧视政策,大量少数民族人口不仅不断被汉族同化,而且自觉或不自觉地割断了与本民族的关系,用"征蛮""谪居""流寓"等种种理由将历史上的汉族名人望族同本族祖先联系起来。而一般学者既没有从本质上认识封建社会的民族关系,又不能从史料的辨析中发现问题,因而对这些"汉族"世系深信不疑。正因为如此,此文的结论受到学术界的注目。他的好友向达(觉明)出身溆浦大族,当年就十分赞成这一结论,以后就取消了祖先冒用的汉族,恢复了真实的土家族身份。这篇论文充分肯定少数民族血统对汉族人才辈出的作用,很明显是受到潘光旦优生理论的正面影响。

"九一八事变"后,日本帝国主义出于长期侵占东北、内蒙古的罪恶目的,通过其御用文人和汉奸伪造历史。"盛倡满(东北三省)蒙(内蒙古)非中华旧有之说,以为侵略东北之借口。""然国人所习知者仅为秦、汉、隋、唐历朝之抚有东北土地而已;至于近百年以前此东北土地曾与吾中夏民族发生何种关系,则知之者甚少,为文以阐述之者更未之闻也。"针对这一情况,谭其骧于1934年初在《国闻周报》发表了《辽代"东蒙""南满"境内之民族杂处——满蒙民族史之一页》一文,以大量史实证明,"东北土地,初不仅曾为吾中华朝廷所有,亦且曾为吾中华民众所有;不仅在汉族统治下为属于吾中国之土地,即在其他民族统治之下,亦曾为吾中华人民生息繁衍之地"。这无疑也是一篇声讨日本帝国主义和汉奸卖国贼的檄文。

同年6月,谭其骧《晋永嘉丧乱后之民族迁徙》一文在《燕京学报》第十五期上发表。永嘉之乱后的南迁是中国历史上的一件大事,也是中华民族发展史上的一件大事。"盖南方长江流域之日渐开发,北方黄河流域之日就衰落,比较纯粹之华夏血统之南徙,胥由于此也。"但由于正史中本来就没有具体记载,年代久远后更无史料可觅,对这次大规模的移民运动的研究无由开展。谭其骧却在有限的史料中找到了一把"钥匙"——侨州郡县的记载。这是因为当时南迁的人口,大多依照他们原来的籍贯,在南方的定居地按原来的名称设置了侨州郡县,而这类侨州郡县在沈约的《宋书·州郡志》、萧子显的《南齐书·州郡志》和唐人所修的《晋书·地理志》中都有较详细的记录,所以只要将这些资料整理排比,就不难考证出这些单位的设置年代、地点和变迁,从而了解移民的迁出地、迁移时间、迁入地点,并进而推算出移民的数量。

按照这一思路,果然获得了成功,此文对永嘉乱后的人口南迁的具体过程和结局得出了具体的结论。

就迁出地和迁入地而言,可分为东西二区。东区包括长江下游和淮河流域,以黄河流域下游今山东、河北及河南东部的移民为主体,迁入今江苏大江南北的以山东及本省北部人为主,其次为河北、皖北人;迁入今安徽、河南的淮河以南地区、湖北东部、江西北边的以今河南、皖北移民为主,其次为河北、苏北移民;来自今河北的山东黄河以北的移民主要迁入今黄河以南的山东。西区包括今长江上游及汉水流域,迁入者以黄河上游今甘肃、陕西、山西及河南西部的移民为主,其中湖北长江上游及湖南北边以接纳来自今山西省的移民为主,其次为河南人;迁入四川与陕西汉中地区的,以甘肃和陕西北部的移民为主,其次为四川北部移民;迁入今河南、湖北二省的汉水流域的移民主要来自陕西及河南西北部。

如果以侨州郡县的户口数为南迁人口的约数,那么到刘宋时为止,南迁人口约有90万,占当时全国总人口的六分之一,约占西晋淮河以北地区总人口的八分之一强。江苏、山东、安徽接纳的移民最多,分别达到26万、21万和17万,说明移民主要定居地在长江下游,对中上游的影响较小。位于今江苏省境的南徐州有侨口22万余,几乎占全省侨口的十分之九,并且超过了当地人口。"所接受之移民最杂、最多,而其后南朝杰出人才,亦多产于是区,则品质又最精。"南徐州的人才又集中于京口(今镇江市)。

移民迁移的路线,西区的汉水是陕甘人东南下的通途,因而南郑(今陕西汉中市)和襄阳(今湖北襄阳市)这两个汉水流域的大都会也成了移民的集合地。陕甘人西南下的通途是金牛道(南栈道),所以今四川省境内的侨郡县都分布在此道附近。东区则以淮河水路为主,由淮河经邗沟进入长江而至江南,所以邗沟南端的江都和江南的镇江、武进(今常州市)一带成为山东及苏北移民的集合地。由于淮河的支流都作东南流向,所以河南人大多东南迁入安徽,而不由正南迁往湖北。

南迁持续了一百多年,其间有四次高潮。第一次,永嘉初乱,河北、山东、山西、河南及苏、皖的淮北流民,相继过江、淮。第二次,东晋成帝初的内乱引起外患,江淮间大乱,淮南人及侨居在淮南的北方人渡江南迁。第三次,后赵亡后,中原大乱,陕西、甘肃流民南下汉中,或迁入四川。第四次,宋文帝时北魏南侵,至明帝时淮北沦于北魏,百姓南渡。氐人的战乱使关陇流民南走梁益。此后北魏军屡下江淮,当地人被俘北迁的很多。到孝文帝汉化,又有不少南迁的中原士族北迁,至此,南迁基本结束。

这篇论文在中国移民史研究、地名学研究和定量分析方面都具有开创意义,发表后即受到学术界高度重视,近60年来一直被视为该领域的经典。1990年,我在撰写《简明中国移民史》时发现,采用侨州郡县户口数统计到的是永嘉之乱后150年的数字,是南迁移民经过数代繁衍后的人口数,并不能代表始迁移民(或第一代移民)的数量,因而不能用这个数字来计算它占西晋北方人口总数的比例。我向谭其骧提出后,他完全接受了我的意见,并且执意要在他的最后一篇论文《历史人文地理研究发凡与举例》（载《历史地理》第十辑，上海人民出版社 1992 年）中加上了这样一段话：

> 我在 1934 年发表了《晋永嘉丧乱后之民族迁徙》一文，根据晋、宋、南齐三书的《地理志》和《州郡志》所载侨州郡县的地域分布和户口数，得出了截至宋世止，南渡人口约共有九十万，占当时刘宋境内人口六分之一，而这个数字又相当于西晋北方人口约八分之一的结论。半个世纪以来，这篇文章经常为有关学术界所引用，这是由于在那个时代，还没有别人做这方面的研究之故。其次这绝不是一篇完善的论文。永嘉丧乱后引起的民族迁徙是多方面的，岂只有北人南渡而已？至少还有不少中原人或东徙辽左，或西走凉州。即就南渡遗黎而言，也不仅移居于设有侨州郡县之地。实际上不设侨州郡县之地，亦多侨姓高门栖止。……再者，见于《宋书·州郡志》的州郡户口是宋大明八年（464）的数字，其时上距永嘉丧乱已百五十年，该文以大明侨州郡县的户口数为南渡人口的约数，从而得出南渡人口占当时南朝人口百分之几，又占西晋时北方人口百分之几这样的结论，实在很不严谨。还有一点必须指出的是：这个时代乃是西晋境内与近边塞外汉族和各少数民族的大迁移时代，入居塞内的匈奴、氏、羌、鲜卑、乌桓、丁零等各族的迁徙尤为频繁而错综复杂。此文内容只讲到境内汉族的南迁而题为"民族迁徙"更属名实不相符。所以若欲将这个时代的人口移动作出较完备的论述，显然还有待于今后有志于此者的成十倍的努力。

但这一名篇在学术史上的历史地位是不会改变的，谭其骧的自我批评只能增加它的光彩。

同期所刊《新莽职方考》是谭其骧研究沿革地理的第一篇力作，却与讨论两汉州制一样，涉及一个近两千年前政区地理的重要领域。两汉之际王莽改制的若干真相，历来无人问津。清初万斯同写过《新莽大臣年表》，但慑于封建正统观念的压力，未敢刊行。到了"五四"以后，当然不再存在政治观念上的障碍了，但由于留下的史料极其有限，要复原出王莽时代的政区制度和具体内容，依然是相当困难的。谭其骧以散见于《汉书》《后汉书》和《水经注》中的史料为主，"旁及汉魏杂著，博稽先儒考证，参以私见，写为是编"，填补了这一时期政区地理的空白。

此文仿正史地理志例，将王莽时的政区按州、郡、县的序列一一考订列出,是迄今最完整的该时期的政区表。但传统典籍中的史料毕竟有限,所以谭其骧一直在注意新史料的出现。1983 年,他在改定收入《长水集》上册的文稿时,又根据日本《东方学报》所载梅原末治《汉代漆器铭文集录补遗》第二,得知汉代漆器铭文证明新莽时有子同、成都二郡,特意写了校后记,肯定此二郡的存在,认为"子同当分自广汉,成都当分自蜀郡"。

此文不仅比较完整地复原了新莽政权的政区建置,还通过三篇附考,总结出王莽设置政区和命名地名的规律,其地方行政系统是州、郡、县、都、部,十二州制和卒正、连率、属长、六队、六乡、六州等制度主要采自《尧典》《王制》《周官》等典籍,而更改汉郡县名称的通例有音义通、义同或近似、音通、义相反及郡县互换、改字、加字等形式。王伯祥先生读后,盛赞此文"例严体精,深造自得""附考三则,尤征覃思",立即补入了由他主编的《廿五史补编》。一位刚毕业的研究生能在同一期《燕京学报》上发表两篇重要论文,这是谭其骧开的先例。

谭其骧在燕京大学研究院期间取得的成绩,使顾颉刚作出了他在毕业生中"应列第一"的评价。他刚毕业就发表的一些论文,更证明了顾颉刚的评价,也使他在学术界崭露头角,声誉鹊起。

燕京大学规定,研究生可以提前答辩,但毕业时间仍须满两年,所以直到 1932 年暑假前才通知谭其骧去领取学位证书。根据燕京大学和美国哈佛大学的协定,凡燕京大学研究院的毕业生,都可同时获得哈佛大学硕士学位。但此时谭其骧已在北平图书馆工作,认为学位证书可有可无,居然始终没有领取这张含金量不低的硕士学位证书,也从未使用过这个硕士头衔。直到 1985 年,美国、英国的名人录编撰单位要他填写表格,其中有学位一项,我才征得他同意填上了这个学衔。

1930 年研究院招收的研究生只有两名,与谭其骧同班的一位是叶国庆,他来自厦门大学,毕业后又回厦门大学工作,中华人民共和国成立后以厦门大学历史系教授退休,长住漳州市土改街。但前后一二班和国学研究所的同学不少,与谭其骧关系密切或长期交往的有俞大纲、姚家积、邓嗣禹、翁独健、朱士嘉(蓉江)、冯家昇、齐思和(致中)、聂崇岐(筱珊)、牟润孙等,以后都成为著名的学者。

谭其骧在燕京大学结识的另一位至交是周一良(太初)。当时周一良就读于燕京大学国文专修科,与毕业于暨南大学中文系的黄焕文住在一个宿舍,谭其骧去看黄焕文时与周相识,彼此意气相投,很快成为莫逆之交。周一良以后与邓嗣禹同住一室,三人来往更加密切。

燕京大学研究院的学制是两年，谭其骧完成答辩时离毕业还有一个学期，按燕京大学的规定虽不能提前毕业，却可以离校工作。他的从伯父谭新嘉（志贤）先生是国立北平图书馆的元老，时任中文编目组组长。经新嘉先生向馆长袁同礼（守和）推荐，谭其骧于1932年初被录用为馆员，负责汇编馆藏方志目录，月薪60元。北平图书馆坐落在北海公园西南，环境优美。当时，宫殿式新楼落成仅半年，谭其骧的办公室在主楼楼下东首向南一间，室内就他与助手二人，相当安静。但因他每天平均要查阅六七部方志，将这些书从书库借出搬到办公室翻阅仍嫌费事，所以他就在书架前摆一小桌工作，在办公室的时间反而不多。图书馆在景山西门陟山门大街备有宿舍，为上班方便，谭其骧住进了宿舍。

登上大学讲台

就在谭其骧到北平图书馆报到上班后一星期，一个偶然的机会使他登上了大学讲台。当时在辅仁大学教中国地理沿革史的是柯昌泗（燕舲），可是就在春季开学前不久，却突然不辞而别。原来柯在北平搞了一个"伪组织"（当时对婚外恋的俗称），太太发觉后兴问罪之师。这门课是一学年的，不能就此停上，辅仁大学代校长沈兼士十分焦急，只得四处找人代课，邓之诚先生极力举荐谭其骧应聘。沈兼士对初出茅庐的谭其骧自然一无所知，但一则卖邓之诚的面子，二则临时实在找不到代课教师，只能同意一试。一学期后，学生对谭其骧的课相当满意，辅仁大学就续聘下去了，结果连续上了三个班。当时谭其骧刚满21岁，而这门课是为高年级开的，学生中不乏比他年长的，仗着初生之犊的锐气，他以严密的条理、充实的内容和洪亮的声音使学生折服。正巧谭其骧在燕京大学结识的好友周一良在上一年考入了辅仁大学历史系，是一年级学生，他觉得沿革地理重要，谭其骧也希望他来听课，以便作为"坐探"了解学生的反应。因此周一良放弃了必修的谌亚达先生的"中国地理概论"，成为谭其骧课堂中的一名学生，这使他能不断根据学生们的要求改进教学。第二年听他课的学生中有一位来自山西平陆的史念海（筱苏），比谭其骧小一岁，他大学毕业不久就成为禹贡学会的驻会研究人员，中华人民共和国成立后长期任教于陕西师范大学，曾任副校长，历史地理研究所所长、教授，是著名的历史地理学家。史念海同班还有赵一匡，山西平鲁人，20世纪80年代还在兰州师专任教。

辅仁大学的课每周才两个钟点(二节),第二年邓之诚先生又向燕京大学推荐,让谭其骧来校兼同样的课。在燕京大学听课的学生中有侯仁之、张家驹。侯仁之毕业后留校任教,并成为顾颉刚的系主任助理,以后又赴英国留学,归国后长期任北京大学教授、地理系主任,是著名的历史地理学家、中国科学院院士。张家驹20世纪60年代曾参加《中国历史地图集》的编绘工作,是上海师范学院历史系教授,"文革"中病逝。1934年8月,顾颉刚先生因继母在杭州逝世,奔丧南归,请假数月,开学后顾先生在北京大学史学系兼的中国古代地理沿革史一课委托他代上。当年11月底顾先生回到北平,但仍由他将这一班的课上完。当时北大规定选课满五人的课才能开,顾颉刚为了保证谭其骧能开课,特别动员了高年级学生杨向奎(拱辰)选这门课。谭其骧还在辅仁大学上过魏晋南北朝史和隋唐五代史,是代邓之诚上的,因为邓家已从城里搬到了燕京大学,那年他身体不好,不愿再城里城外来回奔波。

当时把在大学兼任讲师上钟点课称为"拉散车",就像拉洋车的不拉宅门里的包月车,而是停放在街头拉零星散客一样。上零钟点的待遇是每小时5元,一门每周两小时的课每月可得40元。但每年从6月中旬至9月初放假,7、8两月就拿不到钱。由于北平城内外大学很多,有些教零钟点的每周可上到十几、二十小时。曾经有一位只顾挣钱,贪多务得,每周上到40多小时,结果累死在洋车上。1935年初谭其骧辞去了北平图书馆馆员之职,专教零钟点。他上的课并不多,钟点费不够,就靠不定期的稿费收入补充。当时的稿费一般也是每千字5元,与上一堂课相等。

编纂馆藏方志目录:北图三年

其实,谭其骧在北平图书馆的工作是比较轻松的,主要是汇编馆藏方志目录,有时为馆里举办的展览起草一些介绍和说明,偶尔也为袁同礼馆长代笔写点应酬文字。

在这以前,馆藏方志分载于六种书目之中,六种书目的体例又互有出入,查阅不便;谭其骧的任务是将六种书目中的方志按同一体例汇总,编成目录,并对原目进行核对,改正其疏谬不当之处。

目录的凡例,除沿用旧例外,也有创新,主要为其中第七条:

> 凡省志、府志、直隶州志及领有属县之直隶厅志用黑体排印，散州及厅县用普通字排印。志有名为直隶州志而实际但志本州一邑者，亦用普通字排印。有不标直隶之名而所志兼及全郡者，亦用黑字排印。

这样编排的目的，在使读者对一部方志所记载的地域范围能一目了然，因为有一些方志仅从书名是无法辨别究竟是一郡（相当一府）还是一邑（相当一县）的。如明代有些州隶于府而有属县，这种州志有的但志本州，有的却兼及属县；清朝的直隶州都有属县，但这些州志有的名为"某某直隶州志"却不及属县，有的不标"直隶"二字内容却包括属县。

另一特点是凡例中的第十二条：

> 金石目录之学，时人重之，本编为切应此种需求起见，凡各志之有此二类者并标出之。

此条虽并不复杂，但为划一体例，必须逐一查对，增加的工作量不少。

因袁同礼馆长急于出书，从1933年5月起先把已编好的几省付印，其余则编好一省付印一省，至1934年下半年全部完成。收入方志以1932年以前入藏者为限，共5200余部，除去重复计3899余种，印为《国立北平图书馆方志目录》初编四册。序文署名"徐水袁同礼"，实际是由谭其骧代笔。

由于在当馆员的同时，谭其骧先后在辅仁大学、北京大学、燕京大学兼课，1934年协助顾颉刚创办学会和主编《禹贡》半月刊后所用时间更多，自然不免占用办公时间。袁馆长虽未公开批评，谭其骧也自觉不妥，加上他嫌当馆员得按时上下班不自由，因此在目录编完后即递上辞呈。袁馆长自然求之不得，立即欣然照准。

在谭其骧离馆后，谭新嘉先生又把从1933年至1936年6月间陆续入藏的862部方志编成《国立北平图书馆方志目录二编》一册。由于谭新嘉作为中文编目组组长，不可能在编方志目录上花很多时间，所以尽管二编的体例与初编大致相同，用字体分别郡志邑志这一条就没有能采用。

北平图书馆办有《图书季刊》，《大公报》也专门辟有《图书副刊》，谭其骧任馆职期间写了不少书刊评论，这是业余工作，由报刊社支付稿费。当时正有续编《四库全书》之举，那是用日本退还的庚子赔款，由遗老杨钟羲、柯劭忞等组成的东方文化事业委员会主持的。谭其骧也写过几篇提要，但现存的提要中署他之名的并不都出于他之手，而是他的友人谢兴尧等所写，因

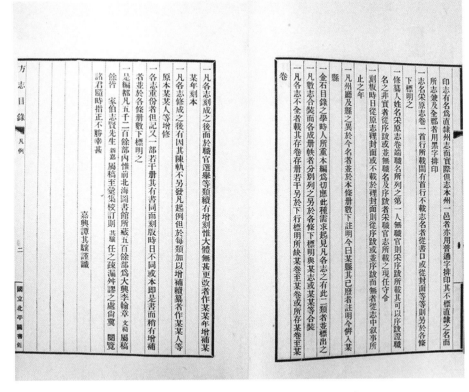

谭其骧撰写的《国立北平图书馆方志目录凡例》

为他们不是北图的职员，不能参加撰写，谭其骧让他们以自己的名义写，以便获得一些稿费。谢兴尧对此事的回忆稍有不同："先作地方史，季龙分得山东省，合计省府县志约一百多部，每篇提要约两千字，我与季龙合作，我作的多，季龙作的少。后来我作史部杂史类，及子部天文算法类，季龙又作什么，我不清楚。"（《记大高殿和御史衙门》，《读书》1996年第五期）从已经影印出版的《续修四库全书提要》看，谢兴尧的说法可信。估计谭其骧记住的是该项目开始时的情况，以后随着撰写量的增加，非馆员的谢兴尧已有撰写和署名的资格。

北平图书馆的中文藏书已超过20万册，谭其骧进书库的主要目的虽然是查阅方志，实际却不限于方志，看到书名觉得值得看就随意翻阅，三年间读到了不少好书和稀见书，眼界大开。

北平图书馆不仅是一个专门进行采购、编目、收藏、借阅图书的机构，也是一个学术研究单位。除了各部的主任、馆员外，馆中还专门设有编纂委员，从事与图书整理有关的研究工作，向达、贺昌群（藏云）、刘节（子植）、王庸、谢国桢(刚主)、赵万里(斐云)、王重民(有三)、孙楷第(子书)等中年学者都是委员,可谓极一时之盛。他们比谭其骧都要大十来岁,在学术上已卓然成家,谭其骧与他们亦师亦友相游处,关系日益密切,学问方面也受益匪浅。比谭其骧稍年长的还有张秀民(涤澹)、萧璋(仲圭),但他们是同辈人,交往更无拘束。图书馆宿舍中的住客并不限于本馆人员,只要是文化界中人,经人介绍都可入住,谭其骧在宿舍中又结识了女子文理学院教师谢兴尧、从事翻译的刘国平等人。

第四章

编《禹贡》始末

1934 年 2 月 4 日,顾颉刚约谭其骧在他寓所附近的斌泰饭店吃饭,席间邀他共同发起筹组一个以研究中国沿革地理和相关学科为宗旨的学会,商定以我国最早的一篇系统描述全国自然、人文地理的著作——《禹贡》作为名称,还决定创办《禹贡》半月刊,作为未来学会的机关刊物。当时,他们正在北京大学、燕京大学、辅仁大学讲授中国地理沿革史,所以准备以三校学生为基本成员,并以学生们的习作为主要稿源。

从顾颉刚当天的日记看,他是预先作了准备的,所以先与谭其骧去了学校的印刷所。而到斌泰饭店用餐是邓嗣禹约的,餐后他们还到邓的住处小坐。但邓始终未参与《禹贡》,所以席间未必是以讨论《禹贡》为主。当晚十时,谭其骧又到顾家并留宿,相关事项均已商定。

学会发轫 《禹贡》出版

学会的筹备处和刊物的编辑部就设在燕京大学旁成府蒋家胡同 3 号顾颉刚家中,全部人员就是他和谭其骧这两位主编,由顾的女儿顾自明担任刊物的发行人。经费主要靠顾、谭月捐二十元,有时捐四十元维持;一部分来自会费:他们广泛邀约班上的学生及平、津、沪、宁、杭、穗等地的熟人参加学会,会员每月收会费一元(学生会员收五角)。刊物不设稿酬,写稿、审稿、编辑和全部工作都是义务的。就在这样的条件下,《禹贡》半月刊的创刊号在 3 月 1 日问世,16 开本,连封面、封底在内共 24 页。此后基本每半月正常出版,到当年 8 月已出了 12 期,约 40 万字,每期的发行量也增加到数千册。那时,顾颉刚对谭其骧的才华和能力都极为赞赏,在给胡适的一封信中写道:"谭君实在是将来极有希望的人,他对于地理的熟悉,真可使人咋舌。任何一省,问他有几县,县名什么,位置怎样,都能不假思索地背出。对于地理沿革史,夙有兴趣,且眼光亦甚锐利,看《禹贡》半月刊、《史学年报》、《燕京学报》诸刊物所载可知,他在燕大研究院毕业生中应列第一。今年我所以敢办《禹贡》半月刊,就为有了他,否则我一个人是吃不住的。"

关于建立学会的条件和具体出发点,《禹贡学会募集基金启》指出:"是时燕京大学中,郑德坤先生研究《水经注》,重绘《水经注图》;朱士嘉先生研究地方志,编《中国地方志综录》;冯家昇先生研究辽金史,作《契丹名义考释》等论文;张维华先生研究中西交通史,注释《明史》佛郎机、吕宋、和兰、意大利四传;从事于历史的地理之研究者日多。而燕京大学以外,北平学界之

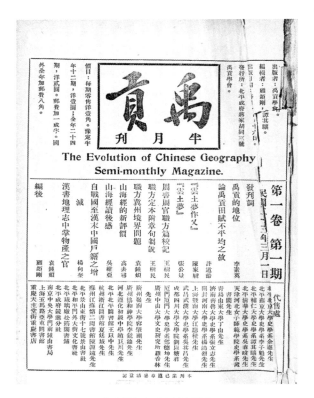

《禹贡》半月刊创刊号

研究甲骨文及金文中之地名与其地方制度者有董作宾、于省吾、吴其昌、唐兰、刘节诸先生;研究古文籍中之地名及民族演进史者有傅斯年、徐炳昶、钱穆(宾四)、蒙文通、黄文弼、徐中舒诸先生;研究地方志者有张国淦、瞿宣颖、傅振伦诸先生;研究中西交通史者有陈垣、陈寅恪、冯承钧、张星烺、向达、贺昌群诸先生;研究地图史者有翁文灏、王庸诸先生;是诸家者,时有考辨之文揭载于各定期刊物中;风气所被,引起后生之奋发随从者不少。顾谭二君担任此课,于学生课卷中屡睹佳文,而惜其无出版之机会,不获公诸同好。"

《禹贡》第一期所刊发刊词由谭其骧撰写,顾颉刚作过修改。这篇文章对于了解和研究他们当时的学术思想和研究计划十分重要,也是《禹贡》杂志和以后成立的禹贡学会的纲领,全文如下:

　　历史是最艰难的学问,各种科学的知识它全部需要。因为历史是记载人类社会过去的活动的,而人类社会的活动无一不在大地之上,所以尤其密切的是地理。历史好比演剧,地理就是舞台;如果找不到舞台,哪里看得到戏剧! 所以不明白地理的人是无由了解历史的,他只会记得许多可佐谈助的故事而已。

自然地理有变迁，政治区划也有变迁。如果不明白这些变迁，就到处都成了"张冠李戴"的笑柄。例如认现在的黄河即是古代的黄河，济水将安排何处？认近代的兖州即是古代的兖州，其如那边并无沇水！打开"二十四史"一看，满纸累累的都是地名。要是一名限于一地，那就硬记好了；无奈同名异实的既很多，异名同实的也不少，倘使不把地理沿革史痛下一番功夫，真将开口便错。我们好意思让它永远错下去吗？

这数十年中，我们受帝国主义者的压迫真够受了，因此，民族意识激发得非常高。在这种意识之下，大家希望有一部《中国通史》出来，好看看我们民族的成分究竟怎样，到底有哪些地方是应当归我们的。但这件工作的困难实在远出于一般人的想象。民族与地理是不可分割的两件事，我们的地理学既不发达，民族史的研究又怎样可以取得根据呢？不必说别的，试看我们的东邻蓄意侵略我们，造了"本部"一名来称呼我们的十八省，暗示我们边陲之地不是原有的；我们这群傻子居然承受了他们的麻醉，任何地理教科书上都这样地叫起来了。这不是我们的耻辱？然而推究这个观念的来源，和《禹贡》一篇也有关系。《禹贡》首列在《书经》，人所共读，但是没有幽州，东北只尽于碣石，那些读圣贤书的人就以为中国的东北境确是如此的了。不搜集材料作实际的查勘，单读几篇极简单的经书，就注定了他的毕生的地理观念，这又不是我们的耻辱？

研究地理沿革在前清曾经盛行过一时。可是最近十数年来此风衰落已到了极点。各种文史学报上找不到这一类的论文，大学历史系里也找不到这一类的课程，而一般学历史的人，往往不知《禹贡》九州，汉十三部为何物，唐十道、宋十五路又是什么。这真是我们现代中国人的极端的耻辱！在这种现象之下，我们还配讲什么文化史、宗教史，又配讲什么经济史、社会史，更配讲什么唯心史观、唯物史观！

我们是一群学历史的人，也是对于地理很有兴趣的人，为了不忍坐视这样有悠久历史的民族没有一部像样的历史书，所以立志要从根本做起。《禹贡》是中国地理沿革史的第一篇，用来表现我们工作的意义最简单而清楚，所以就借了这个题目来称呼我们的学会和这个刊物。我们要使一般学历史的人，转换一部分注意力到地理沿革这方面去，使我们的史学逐渐建筑在稳固的基础之上。我们一不偷懒，二不取巧务名，因为地理是事实并且是琐碎的事实，不能但凭一二冷僻怪书，便在发议论。我们一方面要恢复清代学者治《禹贡》《汉志》《水经》等书的刻苦耐劳而谨严的精神,一方面要利用今日更进步的方法——科学的方法,以求博得更广大的效果。

至于具体的工作计划,大致有下列几个方面。

一、现在我们还没有一部可以供给一般史学者阅读的中国地理沿革史。王应麟的《通鉴地理通释》太古老了,又很简陋。顾祖禹的《读史方舆纪要》卷帙太繁冗,非普通读史者所宜读,且顾氏多承明人之蔽,好空谈形势,于历史地理之实际考证,往往未尽精确。此外近年来坊间也曾出了二三本标着这一类名目的小册子,益发是杂糅胡抄,不值一顾。本来中国地理沿革史不是一部容易编的书,因为其中还有许多重要的问题,至今没有解决,又如:上古传说中的"州"与"服",东晋南朝的侨州郡县,北魏六镇和唐代六都护府的建置沿革,明朝都司卫所的制度等等。在这许多问题没有解决之前,中国地理沿革史是没有法子可以写得好的,所以我们的第一件工作,便是想把沿革史中间的几个重要问题研究清楚;从散漫而杂乱的故纸堆中整理出一部中国地理沿革史来。

二、我们也还没有一种可用的地理沿革图。税安礼的《历代地理指掌图》早已成了古董,成了地图学史中的材料了。近三十年来中国、日本两方面所出版中国地理沿革图虽然很多,不下二三十种,可是要详备精确而合用的却一部也没有。日本人箭内亘所编的《东洋读史地图》很负盛名,销行甚广,实际错误百出,除了印刷精良之外一无足取。中国亚新地学社所出版的《历代战争疆域合图》还比箭内氏图稍高一筹。至于上海商务印书馆等所出版的童世亨、苏甲荣二人的《中国地理沿革图》,最为通行,但其讹谬可怪尤有甚于《东洋读史地图》者。比较可以称述的,只有清末杨守敬所编绘的《历代舆地图》。此图以绘录地名之多寡言,不为不详备,以考证地名之方位言,虽未能完全无误,亦可以十得七八,可是它有一种最大的缺点,就是不合用。一代疆域分割成数十方块,骤视之下,既不能见其大势,检查之际,又有翻前翻后之苦。所以我们第二件工作是要把我们研究的结果,用最新式的绘制法,绘成若干种详备精确而又合用的地理沿革图。

三、我们也还没有一部可以够用的历史地名大辞典。李兆洛的《历代地理志韵编》太简略了,检索也不方便。北平研究院所出版的《中国地名大辞典》和商务印书馆所出版的《中国古今地名大辞典》虽然都以"大"字命名,实际可是连正史地理志和《一统志》所载的地名也没有完全搜录进去。而且此等辞典皆不过抄掇旧籍,对于每一个历史地名很少有详密的考证。所以我们第三件工作是要广事搜罗所有中国历史上的地名,一一加以考证,用以编成一部可用、够用,又精确而又详备的中国历史地名辞典。

四、考订校补历代正史地理志是有清一代学者对于地理沿革学最大的贡献。名著有全祖望的《汉志稽疑》、吴卓信的《汉志补注》、钱坫的《新斠注汉志》、汪远孙的《汉志校本》、洪颐煊的《汉志水道疏证》、陈澧的《汉志水道图说》、毕沅的《晋志新校正》、方恺的《新校晋志》、温曰鉴的《魏志校录》、成蓉镜的《宋志校勘记》、杨守敬的《隋志考证》,等等。可是除了《汉志》一部分的成绩尚可称述而外,其他部分都还粗浅得很。《晋志》、《魏志》、两《唐志》最为芜乱难读,但上述几部书实际上并没有把它们考订清楚。《明史·地理志》讹谬脱漏的地方也很多,却并不曾有人去理会过它。所以我们的第四件工作是要完成清人未竟之业,把每一代的地理志都加以一番详密的整理。

以上所述都是对于地理沿革本身的研究工作计划。再者,地理书籍中往往具有各种文化史料,例如,各正史地理志什九皆载有州郡户口物产,那岂不是最好的经济史料? 州郡间有详其民户所自来者,那岂不是最好的移民史料? 所以我们的第五件工作是要把这些史料辑录出来,作各种专题的研究。

除此之外,我们还要提出若干关系自然地理而为我们自己所不能解决的问题,征求科学家的解答。例如,自汉以后,言河源者都以为是发源于昆仑,其上流即今塔里木河,既潴为罗布泊,复伏流至积石出而为中国河。伏流之说是否可通,这完全有待于自然地理学者的研究。不但是自然地理方面的问题,我们要请教那些专家,就是社会和政治方面,我们需要专家的解答正同样的迫切。例如《禹贡》五服,《王制》的封国,《山海经》的原始宗教,《职方》中的男女人数比例,都不是我们自己所能研究出最终的结论来的。

以前研究学问,总要承认几个权威者作他的信仰的对象,好像研究《毛诗》的,就自居于毛老爷的奴仆。在这种观念之下,自然会得分门别户,成就了许多家派。我们现在,要彻底破除这种英雄思想,既不承认别人有绝对之是,也不承认自己有绝对之是。我们不希望出来几个天才,把所有的问题都解决了,而只希望能聚集若干肯作苦工的人,穷年累月去钻研,用平凡的力量,合作的精神,造成伟大的事业,因为惟有这样才有切实的结果,正如砖石建筑的胜于蜃气楼台。我们确实承认,在这个团体中的个人是平等的,我们的团体和其他的团体也是平等的。我们大家站在学术之神的前面,为她而工作,而辩论,而庆贺新境界的开展,而纠正自己一时的错误。我们绝对不需要"是丹非素"的成见,更无所谓"独树一帜"的虚声。愿本刊的读者能这样的认识我们,同情我们。

(民国)二十三,二,二十二

《禹贡》的第一、二期是由顾颉刚编的,第三期由谭其骧编。他毕竟缺乏编杂志的经验,稿子排出来后是 26 页半,装印不便,临时由顾颉刚补了三个短篇和校记,凑满 32 页。

8 月中旬,顾先生因母丧南归,请假期间《禹贡》的编务及燕京大学、北京大学的课程均由谭其骧负责。11 月下旬,顾先生回北平。次年 1 月底至 5 月初,顾先生南归度假及葬母,谭其骧单独编了《禹贡》第三卷第一至五期。

和而不同:顾谭之争

在离平前的 1935 年 1 月 8 日,顾颉刚向谭其骧提出合编一本《中国地理沿革史》,谭答应先试写一部分。但顾颉刚到上海后即与商务印书馆签订了出版《中国地理沿革史》的合同,希望尽快写出,致函催促谭其骧。谭其骧复函顾颉刚,答应不久将先寄出一部分。虽然谭其骧已经开了三年的沿革地理课,又写过一些专题论文,但动笔后却发现写沿革史并非如此简单;加上独自编《禹贡》和三校的课程,深感力不从心,《禹贡》第三卷第一期也迟出了一星期。3 月 6 日,顾颉刚得知后十分不满,在日记中写道:"季龙编《禹贡》太不上劲,三卷一期,予送他多少稿件,而尚须迟一星期出版,真有'才难'之叹!"次日他向谭发出一函,除催促沿革史外,又提出《禹贡》务必不能脱期,信中对谭颇有责难。13 日,顾颉刚收到第一期《禹贡》,又生"才难"之叹:"《禹贡》第三卷一期寄到,错字满目。甚欲想一能任校对之人,而竟无之,不胜'才难'之叹。季龙为何如此不中用?"(当日日记)正在此时,谭其骧的回信也到,针对顾的诘难诉说了自己积郁已久的烦闷,谈到"自己不能安心写一篇比较像样的文章,不能好好儿看一点不为做文章而看的书"。

3 月 18 日,顾颉刚给谭其骧写了一封三千多字的长信,告诉他《沿革史》"书肆之约已定,不可愆期","请将大作已成者及其他必要之参考书"寄来,

"当急遽写成,寄沪而后回平也"。接着又就谭对自己烦闷和繁忙的诉说,谈了他的看法:"这个愁闷不是某人某人加给你的,乃是这时代、这国家加给你的。""兄之忙,从表面看来都是我给你的……但你须知道……乃是我想帮助你。"他力劝谭应面对现实:"最苦的一件事,就是做了现代的中国人,无论你学问怎样好,无论你将来的学问可有多大的成就,而依然不能不顾生计问题,依然不能不受生计问题的压迫。""所以,你固然忙得没办法,但这忙是在社会上奋斗所不得不经过的难关;而且这忙的性质是一贯的,并不是乱忙。……所以,我劝你尚友古人固是要'论世',评论今人和为自己计划也应'论世'。须知今日绝不是乾嘉承平之世……我们的不成熟的作品,并不是我们自己的罪过,乃是受了时势的压迫,不得不然。只要我们不存心欺世,发见了自己的错误就肯改正,那就对得起这时代。若一味希望'水到渠成'的作品,这仿佛责乞儿以鱼翅席,得无望之太奢乎!"

顾颉刚说:"我深知和你性情学问有很不同之点。龚定庵诗云'但开风气不为师',拿适之先生的话来说,开风气者是敢作大胆的假设的,而为师者是能作小心的考证的。这两种精神固然最好合于一个,但各人的才性不同,不得不有所偏畸。我是偏于开风气,你是偏于为师,这是没法强同的事情;但正有此不同,故得彼此救弊。这半月刊由我们二人办,以你的郑重合上我的勇往,以相反而相成,事就做得好……不幸你不甚热心,弄得偏重到我的肩上。"

对《禹贡》的办刊方针和方法,顾颉刚重申了他的看法:"我说《食货》篇幅多,《禹贡》不应少,为的是有了比较。你说东西好坏在质不在量,不必计较这个。你的话固然很对,但你的经验实在不够。试问懂得质的美恶的,世上能有几个? 大多数人是只懂得量的多少而已。你将说,办这刊物何须取悦于大多数人! 学问之道何必妥洽于一班庸众! 话说得自然对,但试问《禹贡》半月刊的基础建设在哪里? 如果定户与零售减少,我们能不能存在?""去年我奔丧时,曾请你收一部分软性的作品,例如地方风俗之类。这种事很易,只要出一题目,叫学生每人写一篇,就可挑出十余篇应用。但你似乎没有照办。单靠沿革史,固有永久的价值,但必不能得群众点头。""说到分量的凑足,并非坏事,亦并非难事。要胡乱发议论,增多篇幅,固然不对。但以中国历史之长,地域之广,多的是材料。我们于议论文重其质,而材料文重其量,这就没有缺稿之虑了。(例如柳彭龄君一文,你所删去的,仍可另立一题而发表。)"

信写完后,顾颉刚意犹未尽,在日记中写道:"季龙纯粹为一读书人,自不能耐烦作事。但要生在这世上,又何能奚落此事。《禹贡》半月刊原是他自己事业,乃予在平,他丝毫不管,予走后他编了一两期就起怨恨。此等人看谁能与之合作? 予处处提拔之而反被埋怨,其可气也。"

但顾颉刚的信并没有说服谭其骧,他于 23 日复信,说本来没有能力编辑《禹贡》,也不可能在短期内写出一部沿革史,所以勉强从事只是遵顾先生之命;对顾的其他批评也申述了自己的看法。因此顾颉刚在 28 日又给他写了一封三千余言的长信。

顾颉刚写道:"一个人的才性不能勉强,我没有认清你的才性,徒然加给你工作,这诚然是我的不是;但这不是我勉强加给你的,而是我请求了你,你自己答应的。我此来携有日记,在日记上一查,知你答应同发起禹贡学会,出版半月刊,是廿三年二月四日在斌泰吃饭时事,你答应编地理沿革小史,是廿四年一月八日在我寓里的事。我固然没有认清你的才性,而你自己却也没有认清自己的才性,否则那会乱答应呢!"

接着,顾颉刚对"中国知识阶级的不济事"大发感慨,联系到自己参与过的新潮社、朴社、景山书社、技术观摩社等都不能善终,感到"真是使我伤心极了"。他说:"中国人为什么竟不能合作? 我为什么永远找不到一个合作的伴侣?"又谈到他之所以要个人出版《禹贡》,而不在一个机关,是因为以前在北大编《歌谣周刊》《国学周刊》,在广州中大编《语言历史研究所周刊》《民俗周刊》,都是人一走就烟消云散。"我办《禹贡》,就是要避免机关中的厄运,让我用一个人的能力维持下去。"他表示下学年决计不离开北平,把《禹贡》办下去。"但是这个刊物,终究有一半为了你而创办的",所以,他与谭约定:"此后你应当担负下列两个责任:一、你常做小篇的考据文章。二、凡属于汉以后的沿革文字,我把排样寄给你看;如有大笑话,请你改后寄我,免得又有'唐三十六道'等语句出现。此外都由我来做,好吗?"

顾颉刚认为他们的分歧,首先是创办刊物的胸怀太不相同。"我办这刊物,因要使你成名,但世界上埋没了的人才何限,可以造就的青年又何限,我们纵不能博施济众,但也应就力之所及,提拔几个,才无负于天之生才。"他举钟凤年、孙海波、马培棠三人为例,说明通过《禹贡》,"使许多有志有为的人都得到他的适当的名誉和地位"。"所以我们若为自己成名计,自可专做文章,不办刊物;若知天地生才之不易,与国家社会之不爱重人才,而欲弥补这个缺憾,我们便不得不办刊物。我们不能单为自己打算,而要为某一项学术的全部打算。"

其次是治学方法的差异:"现在研究学问,已不是一个人目不窥园可以独立成就的,分工合作乃是避免不了的方式。你要一个人编一部《中国地理沿革史》，而实际上是无数人帮着你编。一个人精神有限，对于一种学问，无论怎样用心，必有看不到的材料，想不到的问题。几个人一讨论，就都看到了，想到了。你说你不赞成编《禹贡》，试问你将来编纂沿革史时能否不看《禹贡》？"

再次是工作精神的不同："你说我的笔头快，也是当编辑的便利，这话也可商量。诚然我写字快，写议论文章也快……但考据文字，你要查书，我也要查书；你要整理材料，我也要整理材料；彼此便没有大差异。实告诉你，我的作文是拼了命的。"在叙述了他因写作致病的经过后说："所以常对我妻说：'别人只知道顾颉刚以作文成名，解决了生计问题，谁知顾颉刚的奋斗生涯是这样艰苦的！'"他告诫谭："你如不欲解决生计问题则已，如果打不破这现实的需要，而犹欲解决之，那么，照你这样慢吞吞地干去是不成的。一个人有一个人的才性，我固然绝不该希望谭季龙也成了顾颉刚，作同样的艰苦奋斗，但至少也须把精神紧张起来，才可在社会上打出一个自己的地位。"

最后，顾颉刚批评了谭其骧的骄傲，指出对人对己要全面看："这三四年中，我在燕大里，或在城里，很听得人家批评你的话，归结起来不外'骄傲'二字。你这次来信说，许多人不给你稿子。我看，这二字就是一个重要的理由。""你的骄傲，是瞧不起人，觉得人家是浮薄，是平庸，是孤陋。实则一个人总是多方面的，有坏处也必有好处。从坏处看，但觉得可厌，而从好处看，则又觉得可亲。就把你来说，你在学问上很不苟且，不肯随便写作，这是好处；你在办事上十分马虎，以致答应了的事情不做，定期刊物变成了不定期，这是坏处。如果我的眼睛只看见你的坏处，那么，我真不值得把你做朋友。但我不是这样的人，我也见到你的好处，所以要写这样的长信来给你，希望你前途可以减少不幸的遭遇。你如此，别人当然也如此。"

顾颉刚在信的结尾写道："不知你能受我这'尽言'否？但无论能与不能，总希望你把我这两封信保存起来，到将来受到别方面挫折时候，再拿来一看，我想你必可在这两封信上找到些橄榄味儿。"在当天日记中他记下这样的话："写季龙信，心中一畅快。他如见我此信而犹不动心，则予亦未知之何也已矣！"

南下广州 告别《禹贡》

1935 年 5 月初顾颉刚回北平，《禹贡》从第六期起仍由他主编，谭协助。至暑假，谭其骧决定应广州学海书院之聘，正式向顾颉刚辞去《禹贡》编务和学会事务。顾无法挽留,心中却十分惋惜和遗憾,在谭其骧向他辞行的当天又在日记上写下了"才难"之感。《禹贡》改由顾颉刚和冯家昇主编。

谭其骧之所以要应学海书院之聘,一方面是经济原因。他的家庭早已没落,父亲长期抱病在家,唯一的固定收入就是出租房屋的租金,所以他每月要寄一笔钱回家奉养双亲。这年春天辞去了北平图书馆馆员之职后又缺了一份固定收入,靠在北平"拉散车"的薪水往往入不敷出。当时禹贡学会还没有获得张国淦的捐赠和中英庚款的资助,《禹贡》半月刊到第三卷开始才收支相抵、略有余存,在此前他与顾颉刚经常在月捐20元之外再作临时捐助,编《禹贡》及为《禹贡》写稿都是尽义务,经济上自然只有损失。就在此前不久,谢国桢已介绍他认识了李永藩,他自然不得不考虑未来结婚的费用。到学海书院当导师可以得到相当于在北平当教授的工资,经济上不会再有问题。

另一个原因是其他老师的作用。邓之诚先生对他相当器重和关怀,曾以一联相赠:"释地正堪师两顾,怀才端欲赋三都。"("两顾"指明末清初学者、地理学家顾炎武和顾祖禹,前者著有《天下郡国利病书》《肇域志》等,后者著有《读史方舆纪要》。三都指西晋左思所作《三都赋》,曾引起洛阳纸贵。)足见期望之殷。学海书院是广东军阀陈济棠委托张君劢办的,张自己忙于搞政治活动,无暇办学,就推荐张东荪当院长。张东荪本是燕京大学哲学系教授,与邓之诚熟悉,就向邓要两个教历史的,邓推荐了谭其骧和姚家积。谭其骧在犹豫之际征求过洪业的意见,洪也力劝他离开北平。邓之诚和洪业都认为谭其骧学术上前途无量,应该集中精力做学问,跟顾颉刚搞学会、编《禹贡》只会荒废学业。

不过最重要的原因似乎还是他与顾颉刚在治学、处世、为人方面的歧见。顾颉刚在信中将自己称为"开风气"者,而把谭当作"为师"者,实在是一语中的。如果真能做到"以你的郑重合上我的勇往,以相反而相成",无疑是最佳组合,但实际上办不到。

顾颉刚做学问倾向于大胆假设,想到的观点就要见诸文字,立论恢宏而不计小疵。谭其骧则善于小心求证,非有十分把握不发议论,非有十分证据不写文章。顾颉刚认为新的观点要赶紧发表,学术文章能多写快写的,也不能为求成熟而拖延。在《禹贡》第二期的"编后"中,他说:"谨慎的前辈常常警诫我们:发表文字不可太早,为的是青年作品总多草率和幼稚,年长后重看要懊悔。这话固然有一部分理由,但我敢切劝青年不要受他们的麻醉。在学术上,本没有'十成之见',个人也必没有及身的成功。学术的见解与成就,就全体言是一条长途。古人走到那里停下了,后人就从他停止的地方走下去;这样一代一代往前走,自然永有新境界。就个人言也是一条长途,你要进步,就得向前走。"谭其骧则以为文章千古事,自己都不满意如何能发表?学术研究不能赶时间。如在学术争论中,他们可以相得益彰,但要合作完成一项事业,又没有第三者来协调,就只能南辕北辙。

如对《中国地理沿革史》,顾认为谭既然已讲了几年沿革地理,有现成的讲稿,据以成书又有何难?只要不拖拉,有个把月时间就够了。谭却觉得自己对沿革地理尚缺乏研究,讲稿可以采用前人成说,或重复旧说,写书就不能马虎,非经过研究,有自己见解不可,因而不愿从命。实际上顾颉刚早有写一部《中国古代地理沿革史讲义》的打算,在《禹贡》创刊号"编后"中曾写道:"预计这几年中,只作食桑的蚕,努力搜集材料,随时提出问题;希望过几年后,可以吐出丝来,成就一部比较可靠的《中国古代地理沿革史讲义》来(我只敢说讲义,不敢说真正的沿革史,因为要做一部像样的史是数十年后的成就),让愿意得到常识的人有地方去取资。"在顾颉刚心目中,这本书不过是带普及性的"讲义"而已,何况已与商务签约!谭其骧既然坚持不干,就只得另找他人。顾颉刚有此不满,以后出版时既没有署上谭其骧的名字,也没有说明此事的过程,但此书秦汉以后部分自然离不开谭其骧的讲义,这就引起了知情人的不平。

又如作为禹贡学会一项重要工作的沿革底图的编绘,是由顾颉刚和郑德坤编纂,吴顺志、张颐年绘制的,从1933年3月至1934年4月已完成39幅,由谭其骧负校订之责。顾颉刚认为很快可以问世,所以在《禹贡》刊出《〈地图底本〉出版预告》,说"此后谭先生校好几幅,即付印几幅"。但经谭其骧审校后,原稿几乎全部作废,至年底时能够付印的仅12幅。

顾颉刚办事气魄大,富有进取心和想象力,可以同时举办多项事业,而且都有庞大的计划,但往往对困难估计不足,一些计划不得不半途而废。对此,燕京大学的洪业曾经叫苦不迭,因为他是哈佛燕京学社在燕京大学的代表,顾颉刚等申请的项目都是由他经手办理的,但到了规定完成的时间,顾颉刚往往无法拿出预定的成果,或者只能用与原申请计划不相干的成果充数。这倒不是顾颉刚不愿意或不可能完成,实在是手中的工作太忙,开展的项目太多。《禹贡》发刊词列出的学会工作计划有多项,实际上直到1937年学会因日寇侵略而停止时,只有第一项勉强能算完成,其余都还差距甚远。但学会的计划和进行的活动都在不断增加,远远超出了这些范围,相反原定的任务并没有都落实,顾颉刚认为是正常的发展,谭其骧却觉得有违初衷。

顾颉刚希望学会迅速扩大，要求《禹贡》半月刊的篇幅不断增加，认为对文章的质量不能要求过高，只要保证有一半或三分之一的高质量文章，其他的内容过得去就可以了，更不能为了稿件的修改而造成脱期。在《禹贡》出满 12 期时，顾颉刚写了一篇后记，他一方面针对一些人以《禹贡》"性质太专门""看不懂"，认为"若只顺应了环境作事，这种不费劳力的成功，有何可喜！这种迎合潮流的心理，又有何价值"；同时又指出："但若永远板着脸说话，专收严整的考据文字，在没有这方面兴趣的人必然是望而生畏的，这绝不是引人入胜的好法子。所以我个人主张，只望材料新，不怕说得浅。"他并以《食货》杂志篇幅迅速扩大为例，促使谭其骧改变主张。他说："一个唱戏的名角，他所受的捧场，内行远不如盲目的群众为多，倘使他失去了群众，他能不能靠了几个内行吃饭？天下本来先知先觉最少，不知不觉最多，然而先知先觉者的能自下而上与否，完全决定于不知不觉者的肯捧与否。"谭其骧既不以《食货》的做法为然，也不同意顾颉刚这样的看法，他认为一种学术刊物最重要的是质量，而不是数量；脱期固然不好，草草出版更坏。所以尽管顾颉刚要他编入或组织一些稿件，他却不愿意采用。

顾颉刚奖掖后进不遗余力，对青年学生几乎有求必应，他常采用的方法是将题目布置给学生，让他们写成文章，然后加以修改和补充后在《禹贡》发表。这对于青年学生自然是莫大的鼓舞，甚至就成了他们走上学术道路的第一步。

顾颉刚对杨向奎发表在第一卷第十二期上的《丰润小志》特别重视，认为可以作为刊物今后的一个方向。在这期的"编后"中，他写道："例如本期中的《丰润小志》，是作者的随笔，和本刊他期的文字不同，似乎不该收。但这虽不是精密的调查，确是作者意识中最深的印象，他写了出来，我们读后也会对于丰润县发生较深的认识：这就是它的效用。正如列了许多统计表的《北京市调查》（或年鉴）固然真确，然而，一个画家绘出故宫一角或北海之秋来却会给人一个更深挚的印象，使人忘记不了。所以我们固然称赞科学家，而亦不肯菲薄艺术家。由于这个理由，我主张此后每一期总当有一两篇地方记，作者各就自己最熟悉的地方，作一些不背事实的描写。"

谭其骧显然并不同意顾颉刚这些办刊方针，他认为，学生作业中基础好的可以修改后发表，但不能降格以求。他虽不反对发表游记和风俗志一类文字，却坚持要有一定的学术性，否则就不像《禹贡》了。顾颉刚"编后"中的这段话似乎就是写给谭其骧看的，说明到 1934 年 8 月，他们之间的分歧已经出现。从培养学生的角度出发，同时也为了刊物的生存和发展，顾颉刚的主张无疑更正确,但更加执着于学术的谭其骧却不能接受。

顾颉刚主张对各类人兼收并蓄,所以很快为禹贡学会的筹备组织起一支人数可观的队伍,但也难免有个别既无能力又不愿踏实工作的人混迹其中。当时燕京大学同学中有一位颜某、一位李子魁,因学问平庸,为人华而不实,被大家戏称为"颜李学派"。李子魁善于迎合顾颉刚,对顾交办的事十分卖力。顾认为李子魁"资质之低诚无庸讳,但他作事的忠诚则为同学中少见。如果没有他,《禹贡》的经费就不会收到这样多"。所以他要谭其骧将李子魁的文章尽量发表,在谭表示无法修改时,顾不惜要谭以同一题目重写,然后以李的名义刊出。如在《禹贡》第六卷第六期(1936年11月)刊有一篇署名"李子魁"的《汉百三郡国守相治所考》,前面有顾颉刚的按语:"去年李子魁君为本刊作《西汉郡治综录》,由王先谦《汉书补注》中录出诸家之文。以其颇多浮词,交谭其骧君剪裁之。谭君毕意考求,裁成定稿,辞寡而事明,虽谢山(全祖望)、竹汀(钱大昕)无以逾之。易以今题定稿,仍署李作。敬志于斯,借章让德。"内行人不难看出,李子魁的原稿根本算不上什么研究,重新撰写的论文与他实在没有什么关系。谭其骧以为这种做法不妥,但还是照办了,李因而颇自得。但这位李君其实并不忠诚,以后在杨守敬、熊会贞《水经注疏》整理稿本流布的过程中也扮演了一个很不光彩的角色,详见陈桥驿所著《关于〈水经注疏〉不同版本和来历的探讨》(载《中华文史论丛》1984年第二辑)。

顾颉刚稿约甚多,他一般有求必应,但对一些不太重要的或应酬性的文字,他往往找人代笔,有时讲一些观点,有时让人家照题目写,有时他修改一下,有时连看也来不及看。他这样做或是为了在经济上帮助学生或同人,写出来的文章虽用他的名义发表,稿费却都让执笔人拿。而学生或青年学者的文章合署上他的名字后,不仅很快就能发表,稿费也能拿得高,对解决经济困难不无小补。中华人民共和国成立后,贺次君一度因为"政治问题"找不到工作,更不能发表论著,顾颉刚就让他代笔,收入《中国古代地理名著选读》第一辑(科学出版社1959年)的《禹贡》(全文注释)就完全出于贺次君之手。以后有人对其中将江源释为今嘉陵江的说法提出异议时,顾承认自己当时并没有看过。谭其骧的做法截然不同,他不愿找人代笔,也不愿为人代笔,他对顾先生这种做法颇不以为然,即使是为了解决别人的经济困难。所以他一生连与别人合作的文章也很少。

顾颉刚交游之广,在北平罕有其匹,他不仅结交学界,也结交政界、商界,来往的不仅有中外教授学者、青年学生,还有国民党要人、地方军政大员、蒙古王公、宗教领袖、社会名流。1936年,为了到北平研究院上班和应酬之便,他购置旧汽车一辆,这在北平学界是绝无仅有的,因此邓之诚说:"顾颉刚是要当大总统了。"其实他并无政治意图,更不想做官发财,只是想通过自己的交游扩大学术影响,为学术活动寻求经济上的资助和政治上的保护。这些活动无疑给他的事业带来很多好处,禹贡学会能得到前教育总长张国淦的资助和中英庚款委员会的大笔补助,对边疆史地和现状的调查研究能够开展,要没有顾颉刚的广泛交游是完全不可能的。又如他任社长的通俗出版社一度有工作人员40人,每周可出版8种读物,每种第一版就可发行10万册,固然是因为适应了抗战的需要,但也得益于南京国民政府和二十九军军长宋哲元等地方实力人物的支持。但谭其骧性情淡泊,寡于交游,疏于应酬,不愿为学术以外的事花费时间,就是与几位情谊甚笃的友人也相交如水。胡适当时是北平学界第一名人,青年人都以受胡适之知为荣。顾颉刚不止一次向胡介绍过谭其骧,并在信中对谭大加赞扬,但谭从未去见过胡适。我曾问他为什么,他答道:"不为什么,就是因为没有什么事要见他。"陈寅恪也是声望极高的名教授,不少人攀附唯恐不及。谭的好友俞大纲是陈的表弟,陈曾向他问过谭的情况,谭得知后也没有去见陈寅恪。年轻时如此,功成名就后依然如此。这样的性情对治学固然有益无害,但要办学会、编刊物、拉稿子、求赞助就无计可施了。

顾颉刚说没有了解谭其骧的才性,这是事实。他向胡适的介绍虽然并非过誉,但他大概没有了解谭其骧的另一面。谭其骧有的文章的确写得很慢,而且拖得很久。像地理沿革史,不但顾颉刚要他写的始终未写出来,连他自己的书也一直没有写成,1981年开始我们作过几次努力,但直到他逝世都没有能促成他写出一部《中国历史地理概论》。他最讨厌的一件事,就是别人要他限期交稿,尽管期限很宽,或者作了多次推迟。1980年他作了中国七大古都的报告后,《历史教学问题》向他约稿。我以为只要将记录整理出来,请他改定即可。岂料上篇刊出后,他迟迟不改出中篇来,急得杂志一位编辑天天到他家去催。我问他是不是我整理得不对,他说:"不关你的事,报告中我是这样讲的,但现在觉得不妥当,一时又想不出更好的说法,所以只能拖了。"结果,隔了一期后才写出中篇,下篇则始终未能写出。我问他,你编《禹贡》时也是这样吗?他坦率地承认:"差不多。但顾先生在北平时由他作主,他等不及了往往自己动手,或者换上其他稿子。他不在北平时就糟糕了,他隔几天就来信催,有时凑不满像样的稿子,免不了脱期,他很不满意,我也很痛苦。"在质量和期限面前,谭其骧会毫不犹豫并无条件地选择质量,脱期或不发表也在所不惜。作为作者,这应该是很大的优点;但作为编者,这无疑是致命的缺点。不幸顾颉刚选择他当了编者。

还有些事是顾颉刚不了解具体情况而产生的误解。如他认为谭其骧在北平要不到稿子是因为骄傲,人家不愿意把稿子给他。实际上愿意将质量高的文章交给刚问世又没有稿酬的刊物的人毕竟有限。顾已是名教授,在北平名气大,交游广,别人卖他的面子。就是这样,因为他见了人又拉稿又要捐款,一些人还有意躲着他。谭是刚步入学术界的年轻人,又不善于交游,就是不骄傲也是难拉到稿子的。顾认为俞大纲出身世家,生活优裕,不会踏实做学问,所以对谭其骧与他交往颇有异议;而当时谭、俞等都还是二十几岁的青年,少不了一起看看戏、上馆子喝喝酒;顾在给谭的另一封信中告诫他不要沾染"江浙名士习气",是有所指而发的。

从顾颉刚留下的日记看,他对人的看法感情色彩很浓,变化不一,受他人影响大,往往自相矛盾,不无偏颇。还在办《禹贡》之前,在对谭其骧大加赞许的同时,私下已多不悦,甚至已觉无望。

如 1932 年 3 月 14 日:

> 写其骧信,略云:"一个人有了志愿,固然是一件很痛苦的事(因为决不能使事实与志愿符合),但也是一件很快乐的事(因为事实有一分的接近志愿时,就有两分的高兴)。"又云:"能有计划,则一个人的生命永远是充实的,不会因外界的诱惑而变志,也不会因外界的摧残而灰心了。"因劝其以数年之力作西北移民之具体计划。

估计是谭其骧没有接受他的建议,故到 12 月 14 日就有以下内容:

> 写其骧信,劝其努力从事于移民史之研究,勿随环境流传,勿与他人较长短,勿因一时之挫折而灰心,更当坚忍习苦,勿以生活之舒适为目标。未知彼能受此尽言否?

不过,顾、谭都不愧为"和而不同"的君子,事情过后都不再提及。谭其骧离开北平后,遵守对顾的诺言,继续为《禹贡》撰文审稿,《禹贡》也不时刊出他的文章来信。1936 年 5 月 24 日禹贡学会在燕京大学举行成立大会,选出的七位理事中就有正在广州的谭其骧(其余六位为顾颉刚、钱穆、冯家昇、唐兰、王庸、徐炳昶,候补理事为刘节、黄文弼、张星烺三人)。当年夏天,陈济棠反蒋介石失败下台,学海书院被封,顾颉刚为历史系向校长司徒雷登争取到五千元追加款后就聘请谭其骧为兼任讲师,谭其骧回北平后也还是学会积极的一员。1953年顾颉刚与章巽合编成《中国历史地图集》后,特请谭其骧审校。1979年中国地理学会历史地理专业委员会筹备出版《历史地理》辑刊时,谭其骧任主编,顾颉刚是两位顾问之一。总之,他们一直保持着良好的师生和朋友的情谊。

至于《禹贡》半月刊,在顾颉刚和冯家昇的主编下,出到了第七卷。"七七事变"后的7月16日,第十期发行,自此即被迫停刊,共出了七卷82期。禹贡学会会员星散,不得不停止活动,在北平的房屋、图书资料先后由赵贞信、冯世五、吴丰培等人守护,得以保全。抗战胜利后,顾颉刚于1946年2月由重庆飞回北平,3月10日在太庙(今劳动人民文化宫)召开了禹贡复会会议,会员30余人和苏秉琦、商鸿逵等15名新会员到会。会议决定在《禹贡》半月刊一时无法恢复的情况下,先在《国民新报》上辟一专栏——"禹贡周刊",由王光玮、张政烺、侯仁之主编。"周刊"出了十期,又因时局多变、资金无着而停止。

中华人民共和国成立后,民间性质的禹贡学会已不适应需要,顾颉刚于1954年8月应召进京任中国科学院历史研究所第一所研究员后,就与学会原理事、监事商议,作出了正式结束学会的决定。1955年2月6日,禹贡学会理事、监事在民族学院开会,决定将房屋捐献政府,图书赠送民族学院,刊物分送各大学及图书馆,所存现金慰劳军队。"禹贡学会从此终了矣!"(顾颉刚当天日记)顾颉刚的心情于此可知。

1990年,辽宁省社科院孙进己研究员向谭其骧提议重印全部《禹贡》半月刊,邗江古籍印刷厂周光培厂长乐意承担。考虑到海外虽已影印,但价格昂贵,大陆学者使用不便,谭其骧欣然同意,并提供了他所珍藏的刊物。所缺的十期《周刊》也由顾颉刚家属提供复印件配得。当时谭其骧是《禹贡》前后三位主编中唯一健在者,出版社请他为重印写一篇前言,岂料他在次年发病,未能写成。1992年底,重印的《禹贡》出版在即,我只能写下一段"重印后记",了却了谭其骧的遗愿。

第五章

重回北平

短暂的导师

学海书院设在广州东山中山路 1 号。谭其骧任导师(相当于教授),主讲《汉书》和"三通"(《通典》《通考》《通志》)研究。他比较熟悉的同事有瞿宣颖、陈同燮、缪钺和燕京大学出身的许宝骙、姚家积、姚曾廙三人。瞿宣颖,字兑之,以后以字行,是清末军机大臣、大学士瞿鸿禨之子,此前曾在国史编纂处、北京师范大学任职,《禹贡学会募集基金启》中曾提到他为北平研究地方志的学者,因而谭其骧在北平时就认识。中华人民共和国成立后瞿任中华书局上海编辑所特约编辑,与谭其骧也有来往,1973 年逝世。陈同燮在中华人民共和国成立后于山东大学任教。缪钺,字彦威,以后又成为谭其骧在浙江大学的同事,相交甚笃;中华人民共和国成立后任四川大学历史系教授,与谭其骧书信来往不绝,晚年还有交往。许宝骙与李永藩有亲戚关系,在谭其骧与李结婚后关系更为密切。许在"反右"时被错划为右派,改正后任民革中央常委,是《团结报》的首任主编。姚曾廙在中华人民共和国成立后也于上海工作,与谭其骧过从甚密,谭、姚两家人都经常来往。

1935 年 11 月,谭其骧摄于广州中山公园

　　学海书院的课务并不忙，但当时广州的学术条件远非北平可比，加上语言不通，谭其骧的活动一般仅限于校内和同事之间。但他还是没有放弃对移民史研究的兴趣，对广东先民的来源作了一番考证，写成《粤东初民考》一文在《禹贡》发表。他提出："有史以来最先定居于粤东境内者，实为今日僻处于海南岛之黎族，汉唐时称为'里'或'俚'者是也。"在此研究过程中，他首次注意到了南朝高凉冯氏之妻、黎族的洗夫人的巨大贡献，认为"洗氏为俚族第一伟人，佐其夫及子若孙三代，历事梁、陈、隋三朝，先后讨平李迁仕、欧阳纥、王仲宣诸乱，梁、陈易代之际，皆能保境安民，一方为之晏然"。以后他一直想著文宣扬这位杰出的黎族妇女，但都未能如愿，直到1988年才写成《自汉至唐海南岛历史政治地理——附论梁隋间高凉洗夫人功业及隋唐高凉冯氏地方势力》一文，在《历史研究》发表。

　　在沿革地理方面，他完成了《〈补陈疆域志〉校补》一文。《补陈疆域志》四卷，臧励和所著，收入由王伯祥主编的《二十五史补编》。谭其骧读到校样后，发现仍有可校补处，到广州后就利用以往读《陈书》《南史》积累的资料，写下了百余条考证，还对臧书的体例提出了七点意见，发表于《禹贡》第五卷五、六期。

　　1936年暑假，谭其骧回北平休假，住在岳父家中。正在此时，陈济棠发动反蒋战争，但部下余汉谋被蒋介石收买而倒戈，陈济棠失败出走，学海书院被余汉谋封闭。谭其骧闻讯，只得托同事王某将留在广州的行李物品交旅行社运回北平，同时在北平谋事。

重返燕大　兼职清华

　　经顾颉刚推荐，谭其骧由燕京大学聘为兼任讲师。8月22日，禹贡学会首届理事、监事会在燕京大学举行，会议推举顾颉刚为理事长，于省吾为监事长。谭其骧虽为学会理事，但除为《禹贡》写稿外，没有再参与其他活动。

　　潘光旦在清华大学任社会学系教授兼教务长，他一向赏识谭其骧的才干，为了在经济上给予帮助，就将谭其骧聘为社会学系助理研究员，作开课准备。到1937年3月，谭其骧在系内开了近代中国社会研究一课。在此前谭其骧从未作过近代社会史研究，又没有合适的参考书，但仗着在北平图书馆期间的广泛涉猎，又从方志中找了一些各地风俗方面的资料，编出了一本讲义，作为上课的教材。20世纪80年代初，有人向他要求出版这本讲义，他坚持不同意,说:"这是当时应付上课的,实在很不全面。"因此,直到谭其骧去世30年后的今天,这份讲义还未出版。人民出版社要我编辑《谭其骧全集》,我尊重他的遗愿,不收入这类他本人不愿出版的讲义、摘记、未完成的文稿。对这一学期听课的学生,他没有留下什么印象,但清楚地记得点名册上有蒋南翔的名字。不过蒋当时是职业革命家,从来没有上过课。1982年7月,我陪他在京西宾馆出席国务院学位委员会学科评议组会议,一次在电梯里遇见时任教育部部长的蒋南翔后,他告诉了我这件事。

燕京、清华都在北平西郊,每次上课从城里往返很费时间,加上住在辟才胡同的开销实在太大,春季开学不久,谭其骧就迁居清华园的教员宿舍,所以虽还兼着燕京的课,平时倒是在清华的时间为多。他在清华交往较多的人有潘光旦、郑之藩、浦江清、俞平伯。郑之藩是数学系教授,也是他的姨表兄。俞平伯是唱昆曲的朋友,而俞夫人许宝驯又是李永藩的远亲。他与社会学系主任陈达、历史系主任刘崇宏并没有什么来往,只是认识而已。

当时,吴晗(吴春晗)在历史系任教。还在上海暨南大学读书时,谭其骧就得知吴淞中国公学学生中有吴(春)晗其人,天分高而用力勤,深受校长胡适器重。1931年在北平的一次会议上他与吴晗相识,并了解吴晗与夏鼐是清华历史系学生中最出色者,但来往很少。迁入清华园后,与吴晗见面的机会多了,加上吴晗未婚,住单身宿舍,谭其骧常去他宿舍,两人谈得投机,渐成好友。

这一年间,谭其骧三次迁居,又得备新开的社会史课,投入学术研究的时间明显减少,见于发表的仅一篇《〈宋州郡志校勘记〉校补》(载《禹贡》第六卷第七期)。这是对杨守敬《宋州郡志校勘记》稿本所作的校正和补充。

"七七事变"爆发前几天,北平的形势已非常紧张,谭其骧让妻子李永藩带着儿子先去了天津,在李家亲戚家暂住。本来他准备携眷南下,但到天津没有几天,"八一三"战事又起,上海成为战区,他们只得暂留天津。9月间燕京大学照常开学,来信邀他回校任教。当时李永藩已经怀孕,谭其骧担心南方也不安全,又未必找得到工作,当即应邀回北平,仍在燕京教中国沿革地理。由于清华教中国地理的教师离开北平,无人开课,他又兼了清华的中国地理课。教沿革地理是驾轻就熟,教中国地理却是另起炉灶,备课颇费时间。地理中的人文部分谭其骧一向熟悉;自然地理中的地貌、水系等在沿革地理中有同样内容,也不难入门;最令他头痛的是植被、土壤,好在这一部分所占课时很少,又安排在学期最后,还对付得过去。开学前清华大学历史系、社会系也送来过一张自1937年9月1日至1938年6月30日的讲师聘书，每周 5 小时课，月薪 135 元，谭其骧因无法安排而未应聘。

当时在燕京历史系的有他的老师邓之诚，顾颉刚已于 1937 年 7 月离开北平，系主任由洪业担任，教员中有谭其骧的同学韩儒林、聂崇岐、齐思和、侯仁之也已毕业留校。外系比较熟悉的有中文系教授郭绍虞和经济系教授郑林庄。

燕京的学生中，与谭其骧最亲近的是王锺翰和陈絜。王锺翰是湖南东安人，于 1934 年考入燕京大学历史系，当时已是四年级学生，次年升入研究院。王锺翰不仅才华出众，而且极重情义，与谭其骧相识后结为知己，以后离开燕京单身去大后方时即以家事相托。王锺翰毕业后留在燕京任教，太平洋战争爆发后转往成都燕京，以后去美国哈佛大学深造，1948 年归国后仍在燕京大学讲授明清史，1952 年院系调整时转入中央民族学院历史系，是著名的清史专家。

1937 年 11 月 3 日，谭其骧在燕京大学与师友合影（前排左一洪业、左三张尔田、左四邓之诚，后排左起陈絜、谭其骧、姚曾廙、王锺翰、齐思和、聂崇岐、许宝骙、谢兴尧）

在初编《禹贡》时，为了应付版面，谭其骧曾将平时读《清史稿·地理志》时作的札记整理为《〈清史稿·地理志〉校正》，分两次发表在刊物上。在滞留燕京的两年间，谭其骧决意对清代的沿革地理作一番清理，首先决定写的就是《清代东三省疆理志》，即将清代在东北设置正式行政区域的过程考订

清楚。当时东三省早已沦于日寇之手,并且建立了伪"满洲国",谭其骧选择这个题目的用意是显而易见的,正如他在前言中所说:

> 有清疆理封略,内地率因明旧,更易者鲜;惟边陲为前代版图所不及,经营恢拓,自列置军府以迄创建郡县,其设治之沿革,境域之损益,多有足述者。白山黑水间为国族发祥之地,初年厉行封禁,自柳边以外,但列旗屯,渺无民居。中叶以后,法令渐弛。长春、昌图,创建于嘉庆;呼兰、绥化,滥觞于咸、同。光绪初叶,始以开拓为务。于是鸭绿以西,接轸开原、伊通之东,至于五常、敦化,设官置吏,胥为州县。其后迭遭甲午、庚子、甲辰之难,益锐意于移民实边,下迄丁未建省,宣统改元,而哲盟十旗,多成井邑,长白千里,遍置守令,北极呼伦、瑷珲,东尽挠力、穆棱,举历古屯戍莫及之地而悉郡县之;诚国家之弘猷,民族之伟业也。辨厥疆理,尤治史者当务之急。

但到 1940 年下半年,还只完成了吉林、黑龙江二省的沿革和疆域部分,当时他已决定去大后方,遂将这些内容先在《史学年报》第三卷第一期上发表。

尽管由于燕京大学为美国教会所办,在日本占领下的华北俨然如世外桃源,但敌伪活动日益猖獗,渐渐难得安宁。如敌伪所办"新民学院"就曾多次派人来拉谭其骧去该院任教,并开出每节课一百元的高价。眼看战事不是一两年可以结束,北平非久留之地,谭其骧萌发了投奔大后方的念头。另一方面,他在燕京大学始终是兼任讲师,既未转为专任,更难提升为副教授。邓之诚为此深为不平,让王锺翰向洪业说项。洪业直截了当告诉王锺翰,像谭其骧这样没有哈佛或美国大学背景的人在燕京没有什么前途,不如到其他学校发展。到 1939 年夏,谭其骧去意已决。

谭其骧获悉王庸刚自浙江大学回到上海,即去信请他设法。王庸与浙大史地系主任张其昀(晓峰)是东南高师的同学,即向张介绍,张决定以副教授相聘,致电邀请。不久就寄来了 1939 年 12 月至 1940 年 7 月的聘书,月薪240 元。11 月 9 日,已在宜山浙大任教的燕京同学刘节来信,促谭其骧南行。谭其骧致函正在上海的浙大教授费巩(香曾),决意应浙大之聘。经费巩联系,浙大竺可桢校长同意在上海预发四百元旅费。

1940 年初,谭其骧离北平去浙大就职。

第六章

遵义六年

1940 年初,谭其骧已经作好了去大后方的准备。由于浙大友人的意见是希望他不要带家眷,而当时他的儿子德睿 4 岁,女儿德玮刚满 2 岁,要携眷同行也不可能,所以决定留在北平,并迁居城内。谭其骧将书籍寄存在许宝骏家中。许与重庆国民政府和中共都有秘密联系,负有特殊使命,他在北平的公开身份是大汉奸王克敏的秘书,他的太太常陪着王克敏的姨太太打牌,他家中自然是相当安全的。

奔向大后方

为了尽可能赶上寒假后开学,农历正月十二(2 月 19 日)谭其骧由王锺翰护送,由北平乘火车到天津塘沽,然后他登上了去上海的轮船。2 月 24 日船抵上海,他立即到旅行社办理越南的过境手续,果然十分方便。27 日晚重新上船,次早起航,3 月 1 日到达香港,谭其骧仅下船取了护照,没有观光就又回到船上,直至 3 月 8 日轮船最后停靠越南海防港。

谭其骧从海防乘火车到河内,又转滇越铁路至云南,在 3 月 12 日到达昆明。他在昆明停留了一周,一方面是为了等滇黔公路的车票,另一方面是为了与吴晗、向达等友人会面。原来就在"七七事变"前不久,吴晗应云南大学校长熊庆来之聘,去云南大学当了教授。熊庆来本是清华大学数学系主任,深知吴晗的学识与才华,也知道凭他大学毕业才三年的资历,在清华只能长期当月薪百元的"教员",不会有提升的希望,因此在执掌云大后就采取了这一有胆有识的举措。向达随北京大学内迁,当时正任教于西南联大。

他先找到吴晗,又由吴晗陪同,步行了二十多里到黑龙潭向达的住处。当晚他们留宿在向达处,谈了一个通宵。分别虽只有两年多,却有说不完的话。他们谈得很多,但给谭其骧印象最深的还是大后方惊人的通货膨胀:吴晗刚到云大时月薪增加到 300 大洋,可以换成 3000 元滇币,而物价都是以滇币计的,非常便宜,所以老是觉得有花不完的钱,俨然是一位令人羡慕的年轻阔教授;曾几何时,飞涨的物价已使他捉襟见肘,成了被人瞧不起的穷教书匠,尽管由于在西南联大兼了职,他的工资已经不止 300 元了。

谭其骧在 3 月 20 日离开昆明,一周后的 27 日才赶到贵阳以南的青岩,向浙江大学一年级分校报到,一个多月的旅程至此结束。

流亡大学中乐育英才

青岩地处红水河的上游涟江之源,已属珠江流域,是一个由寨墙围绕的宁静小镇。浙江大学经过长途迁移流亡后,又从广西宜山迁到了贫瘠的贵州,一切只能因陋就简。青岩分校条件更差,但学生们的求知热情和学校的良好学风仍使谭其骧感到耳目一新,他在那里教一年级的公共课中国通史。

45年后的1985年4月,在浙大毕业生、贵州民族学院安毅夫院长的安排下,谭其骧重访青岩,我陪同前往。汽车由花溪驶出后,他就如数家珍地告诉我有关青岩的情况。青岩寨墙完好,风景宛然。步入镇内后,只见陈旧的房屋和寥寥的行人,似乎与20世纪40年代无异。或许是他对物的记忆力不强,或者是这些建筑物过于缺乏个性,谭其骧没有找到当年工作和生活过的旧房,却沉浸在对故人和往事的回忆之中。

1940年10月,青岩分校结束,一年级迁至湄潭县永兴场。谭其骧于10月5日离开青岩,8日到遵义。因等待家眷的到来,在遵义校本部停留了两个月。

永兴场位于湄潭县东北,与凤冈县毗邻,镇虽不大,却因地处交通要道,是个重要集市。1985年4月我随谭其骧重访永兴场时,早上由遵义地委统战部派车送去,因路上车辆挤,中午才到达。当年来往于遵义和永兴之间,一天是无法赶到的,有时汽车不通,路上得花几天时间。我们到的那天,正逢集市,虽已中午,街上还是挤得水泄不通,汽车只能停在场口。我扶着他,好不容易才穿过人群,折入现在称为龚家弄的小巷。他的旧居为32号,是一间木板屋,左右两间原为高尚志和储润科两家所居,本来也是板房,现在临街一面已改为砖墙,面目全非。这排房子对面本是一个场坝,现已盖房,形成了这条龚家弄。他又来到当时的浙大校舍——江西会馆(万寿宫)的旧址,这里的旧建筑已经拆除,新建了区政府办公楼。

当年的永兴场虽是穷乡僻壤,集市却很兴旺,任何东西只要挂上草标就有人来问价钱。国难当头,公教人员早已贬值了的薪水也未必能保证,教授们已顾不得衣衫褴褛,只图全家能维持温饱。教师中不乏业余经商的,甚至有教授贩卖骡马,但多数人只是出卖衣物,补贴家用。当地土财主还很少见到"洋货",由大城市带来的生活用品都能卖个好价钱。所幸食品蔬菜价格不贵,卖掉一双丝袜就能换得全家一周的伙食费,或者能上一下小馆子,吃几顿当地的小吃羊肉粉。这时谭其骧才真正理解友人们信中要他多带日用品的意义，要不日子会更难过。

1942 年秋，谭其骧被提升为教授，月薪由 300 元加至 380 元，调回遵义，改教本系断代史和中国历史（沿革）地理。当时他是史地系最年轻的教授。此后因患眼疾，经治疗后效果不大，需要减轻工作，于 1944 年春季到湄潭分校教了一学期理科的中国通史课。秋季开学又回遵义，至 1946 年 9 月复员回杭州。

1942 年 8 月 11 日谭家迁离永兴场，13 日到遵义后暂住大悲阁。至 1943 年 10 月 10 日，租用了凤朝门王梦九的房屋，直至复员。这是一座两层住宅，门牌是中山北路 359 号，当时谭其骧住在楼上，隔壁住着同系教授陈乐素一家。陈乐素是陈垣之子，中华人民共和国成立后院系调整时转入杭州大学历史系，晚年调至暨南大学历史系，1990 年 7 月病逝于广州。院中本有一棵大石榴树，枝繁花茂，正临窗下，谭其骧戏称所居为榴花书屋。1985 年 4 月重游时，此屋已破损不堪，楼上空关，大概已无法住人，而石榴树影踪全无。谭其骧得知王梦九已死，其女在工商联工作，但时间匆促没有见到。

在青岩和湄潭分校时，教职员一共才数十人，所以不分系科，彼此都比较熟悉，与谭其骧交往较多的有一年级主任储润科、钱宝琮、余坤珊、夏定棫等。其中钱宝琮，字琢如，与谭其骧同乡（浙江嘉兴），是著名的数学家和数学史家，且长于文史，虽年长于谭其骧近 20 岁，却与他结下了亲密的忘年之交。中华人民共和国成立后钱宝琮调至中国科学院，1955 年起谭其骧因编绘《中国历史地图集》而常去北京，是他家的常客。1970 年钱宝琮回苏州养病，次年卧床不起，谭其骧得讯后于 1972 年 8 月去苏州探望，与他见了最后一面，以后又在北京参加了他的追悼会。夏定棫后改名定域，是浙江富阳人，擅长版本、目录学，当时任文学院讲师，后升为教授，中华人民共和国成立后历任浙江省图书馆研究员、推广部主任、古籍部主任，1979 年逝世。在湄潭认识的有苏步青、谈家桢、张孟闻、索天章等，其中与索天章最熟。1952 年后他们都成了复旦大学的同人。其中，数学家苏步青先后担任了副校长、校长；遗传学家谈家桢一度出任副校长；生物学家张孟闻"反右"时被错划为右派，调往东北，"文革"后又调至华东师范大学；索天章 1945 年就转入复旦大学，1953 年至 1981 年就职于解放军外语学院，因谭其骧常去北京工作而有较多交往。

浙江大学将历史和地理合为一系，称史地系，这或许是继承了中国史地合一的传统，或许也与校长竺可桢（藕舫）和系主任张其昀的见解有关。竺虽是留学美国的地理学家和气象学家，但对中国历史非常重视，一直注意发掘古代史料中的地理和气象资料，用以研究气候变迁。当时浙大还规定，所有学生，无论文科理科，都要学习中国通史。张其昀是地理学教授，但也强调地理与历史结合，并常写些史地合一的文章。这样的环境，对从事中国历史地理研究并有志于创建这门学科的谭其骧来说实在是如鱼得水，他不仅结识了大多数中国最著名的地理学家，与他们建立了深厚的友谊和良好的交流关系，而且弥补了自己地理学的不足。所以尽管谭其骧没有得到侯仁之这样的机会（毕业于燕京大学历史系和研究院，获硕士学位；再赴英国攻读地理学，获博士学位），却能将历史学和地理学完满地结合起来，他在1980年成为中国历史学界唯一一位从属于自然科学的中国科学院地学部委员，绝不是偶然的。也正因为如此，他扎实的治学精神和独特的见解常引起竺可桢的注意，在已经出版的《竺可桢日记》中就有多次记载。竺可桢对谭其骧的意见和评价尤其重视，1972年他的《中国近五千年来气候变迁的初步研究》发表后，收到了谭其骧表示赞扬的信，他非常高兴，在当天日记中作了记录，认为能得到谭其骧这样的评价非同寻常。

史地系主任一直是张其昀，先后任职的教师有陈乐素（国史教授）、顾毂宜（俶南，西洋史教授）、张荫麟（国史教授）、李源澄（浚清，国史副教授）、方豪（杰人，文科研究所研究员兼任副教授）、黎子耀（国史副教授）、陶元珍（云深，国史教授）、陈训慈（叔谅，国史教授）、李絜非（史学副教授、代理系主任）、胡玉堂（西洋史教员）、李埏（史学教员）、叶良辅（左之，地质学教授）、涂长望（气象学教授）、沙学浚（地理学教授）、任美锷（地理学教授）、黄秉维（地理学副教授）、严德一（伯诚，地理学副教授）、王维屏（地理学副教授）、卢鋈（气象学副教授）、杨怀仁（地理学助教）、赵松乔（研究生兼助教）、谢文治（地理学助教）等。先后调离或曾短期任教的还有贺昌群（国史教授）、向达（国史教授）、钱穆（国史教授）、王庸（国史教授）、刘节（国史教授）等，其中不少人当时已是知名学者，包括好几位以后的中国科学院学部委员（院士）如黄秉维、涂长望、任美锷、向达等，可谓极一时之盛。教师中最年长的五十出头（如叶良辅），一般都是三四十岁，助教都不满三十。

史地系的研究生和本科生中也英才辈出，如有以后成为中国科学院院士的陈述彭、叶笃正、谢义炳、施雅风、毛汉礼等，还有赵松乔（中科院地理研究所研究员）、陈吉余（华东师大教授、河口海岸研究所前所长、中国工程院院士）、束家鑫（上海气象台研究员、前台长）、文焕然（中科院地理研究所研究员）、严钦尚（华东师大教授）、杨怀仁（南京大学教授）、刘宗弼（中国社科院历史研究所研究员）、徐规（杭州大学教授）、陈光崇（辽宁大学教授）、宋晞（台湾中国文化大学教授，曾任文学院院长）、程光裕（台湾中国文化大学教授）、徐圣谟（台湾中国文化大学教授）、贺忠儒（台湾中国文化大学教授）、张镜湖（张其昀之子，台湾中国文化大学董事长）、王省吾（澳大利亚国立图书馆东方部主任）等知名科学家和学者。史地系历史和地理的结合，也使学生受益匪浅，复合、创新型的人才在这种环境中脱颖而出。例如中国科学院院士、以遥感运用的杰出成就蜚声国际的陈述彭毕业于地理本科，研究生阶段的方向却是历史，并且还作过中国地图学史的研究。

谭其骧指导的第一位研究生是王爱云（女）。她是安徽桐城人，是浙大内迁后的第一届毕业生（1940 年），同年考入文科研究所史地学部当研究生，由谭其骧指导作毕业论文《贵州开发史》，1943 年毕业。王爱云论文的评阅人是罗香林与顾颉刚。

谭其骧的第二位研究生是文焕然。文是湖南益阳人，1944 年毕业于地理学本科，同年被录取为文科研究所史地学部史学研究生。文焕然为人笃实诚恳，学习异常刻苦，在谭其骧的指导下，他选择了与气候变迁关系密切的动植物分布的变迁为研究方向，撰写《秦汉时代黄河中下游气候之蠡测》，1947 年毕业。这是一项大海捞针式的工作，必须将浩如烟海的各类史料毫无目标地翻阅，才能发现为数有限的直接或间接的记载。但他的研究还是引起了竺可桢的关注，在竺可桢担任中国科学院副院长后不久，就将文焕然从福建调至地理研究所，在他的指导和支持下从事历史动植物变迁研究。四十多年间，文焕然发表了数十篇重要论文，成为这一学科公认的带头人。1982 年，《中华人民共和国国家历史地图集》（简称《国家历史地图集》）开编，文焕然抱病请缨，担任动物图组组长。尽管他的病情日益严重，发展至行走困难，双目几近失明，但每次在北京开会或谭其骧去北京，他仍坚持参加。有一次他来看谭其骧时，在别人搀扶下还随带一只小凳，走一段歇一阵。告别时，谭其骧要我替他找车，他婉言谢绝，还说："要是不锻炼，以后怎么继续工作？"闻者无不动容。1986 年 12 月 13 日，谭其骧得知文焕然病逝，"为之感伤无限"（当日日记）。

谭其骧还给不少理科学生上过中国通史课，给他们留下深刻的印象。1981 年起，我多次随他参加中国科学院学部委员（院士）会议，见到好几位非地学部的委员称他为"老师"，其中一位还饶有兴趣地告诉我当年听谭其骧上历史课的情景。1985 年 11 月，谭其骧回浙大参加纪念竺可桢讨论会，意外地遇见了美国西屋公司的马国钧。此前他曾在浙大通讯上看到过马回忆竺可桢的文章,写得相当感人,在这次会上又听了马颇为生动的发言,但他没有想到,马国钧竟是在青岩听过他中国通史课的学生,当场与马合影留念。

方豪是天主教的一名神父,教中西交通史。他单身一人,天天上同事家串门,也常到谭其骧家聊天。中西交通史本来是谭其骧极感兴趣的问题,所以他们在这方面谈得很投机。方神父主编重庆《益世报》的文史副刊,经常向谭其骧约稿,所以他这一阶段的论文,除了发表在学校的刊物上以外,大多是在《益世报》上刊登的。因内迁后家中书籍缺乏,平时又忙于课务,很难作系统研究,谭其骧主要是利用假期研读《辽史》,撰成《〈辽史〉札记》与《〈辽史〉订补三种》(即订正《皇子表》、补《皇子传》、订正《皇族表》)等,前者即发表于《益世报》。几篇研究十六国和南北朝时期民族源流和迁徙的论文,如《羯考》《记五胡元魏时之丁零》《记翟魏始末》,以及整理出的旧稿如《西汉地理杂考》等也都发表在《益世报》上。《秦郡界址考》是谭其骧在遵义期间撰写的一篇重要论文,也因方豪的关系发表在一个教会主办的刊物《真理杂志》上。这是有鉴于对秦朝所设郡的范围及其界线历来不为人们所重视,连清末沿革地理大家杨守敬编绘《历代舆地图》时也只是根据杜佑《通典》中的说法,沿袭了不少错误。此文对秦朝各郡的范围勾画出了正确的轮廓,为复原秦郡确立了基础。只是由于《真理杂志》发行量既少,又不在学术界流通,读到此文的人很少,所以直到以此文为绘图依据的《中国历史地图集》第二册出版,这一成果才为学术界所知。

在遵义,谭其骧交往较多的外系同事有缪钺、萧璋、王焕镳、郦承铨和费巩等人。

缪钺曾与谭其骧在学海书院同事,他文史兼治,善于以文证史,以史解文,常与谭其骧切磋学问,特别是历史地理方面的问题。1942 年,他致函谭其骧,询问楚辞《招魂》中"庐江"所指。谭其骧细读原文,对照《汉书·地理志》和郦道元的《水经注》,终于得出结论:《招魂》"乱"文中的庐江并不是汉以后著称的今安徽境内诸水,而应在今湖北宜城北,是汉水的支流。因此,"乱"的描述完全符合庐江的地望,这也证明《招魂》作于楚国未迁离郢都之时,作者应为屈原,而不是宋玉。缪钺完全赞同谭其骧的结论,将这篇题为"与缪彦威论《招魂》庐江地望书"的信件作为浙江大学中国文学史讲义的附录,以后又在重庆某刊发表。郭沫若注意到了这一结论,立即用为他讨论楚辞作者的论据。不过当时郭沫若肯定不会想到,十几年后谭其骧又同样以地理考证的方法推翻了他有关蔡文姬与《胡笳十八拍》的论点。

替杨保立传　为霞客正名

谭其骧到遵义不久,发现从唐末至明代聚居于这一带达八百多年的杨保族已经湮没无闻,连当地耆宿也已不知杨保为何物了。于是从地方史志中钩稽资料,证以当地见闻及地理沿革,历时三个月,于1941年1月写成三万余言的《播州杨保考》,对杨保的族源、迁徙及占据播州的经过、与其他民族的关系、消亡过程、后裔分布等都作了考证。

唐贞观九年(635年),在今贵州绥阳、遵义设置郎州,贞观十三年改名播州,至唐末就被杨保占据。直到明万历二十八年(1600年)平杨应龙后,改土归流,将播州宣慰司改置为遵义、平越二府,播州的名称存在了960年,而杨保占有时间长达839年。明初大学者宋濂曾为宣慰杨氏作过《家传》,称其先世是太原人,唐末有杨端迁入播州,五传至杨昭,因无子,与同族杨业之孙延朗之子充广通谱,以杨充广之子贵迁为嗣,此后播州杨氏都是杨业之后。

但与可信的史料一一对照,《家传》的记载就漏洞百出。如杨延朗是杨业之子,而不是孙;延朗之子是文广,而不是充广;等杨文广"持节"广西时,杨贵迁早已死亡。从《家传》衍生出来的各种传记更是荒诞不经,绝不可信。而根据唐宋以来的史料考证,杨保先世实为唐末泸州(治今四川泸州市)、叙州(治今四川宜宾市)边徼地区"泸夷"的首领。

唐大历(766—779年)初,杨保人罗荣任播州宣慰司同知,开始据有播州。但乾符初被"闽蛮"击败退回泸南,乞援于杨氏。乾符三年(876年),杨端偕舅氏谢某率七姓八姓之众,自泸州合江进至白绵(今遵义南半边街),与当地土豪结盟,战胜闽蛮,取代罗氏据有播州。以后历唐、宋、元、明,尽管名义上归顺朝廷,实际并不接受管辖。在这八百多年间,原居住于播州一带的罗、僚、猺三族和小伙杨、新添族二部等都先后被杨保同化。南宋以后,汉人也逐渐迁入这一地区。与此同时,杨保族人也不断移居于播州之外。

万历二十八年平定播州时,当地居民除死亡及外逃外,登记户口还有十二万六千余口。经历明末清初的战乱,随着汉人的大量迁入,杨保族人的民族特征已不复存在。道光二十一年(1841年)的《遵义府志·风俗》称所属各县极偏僻的地方还有杨保人数家,但到谭其骧向当地父老调查时,都说已无踪迹可寻了。从地方志的记载看,杨保的后裔在当地还大量存在,如有杨、罗、郑、安、令狐、成、赵、犹、娄、梁、韦、谢、王、何、朱、骆、冉、田、张、卢、谭、吴、任、穆等，只是他们都已自认为汉人了。

此文于同年 10 月印成，后又发表于浙大《史地杂志》第一卷第四期，合计仅以土纸油印数百册。此事引起当地有关人士特别是杨姓的不满，认为将他们说成是"夷人"之后是一种耻辱，扬言要打他，这在大汉族观念根深蒂固、少数民族备受歧视的年代本不足为奇。但因此文流传甚少，这一研究成果长期鲜为人知，以致直到 20 世纪 70 年代，有限的几篇涉及杨保的论文对该族源出太原杨氏还是深信不疑。1981 年 5 月，谭其骧在北京香山别墅出席中国民族关系史讨论会时正好带有一本油印的《播州杨保考》。贵州民族研究所负责人侯哲安偶然看到后感到十分惊奇，他从事贵州民族研究多年，还从未听说过有这样一篇专门研究贵州古代民族杨保的论文，因而称之为"海内珍本"，就要求谭其骧校勘后重新发表。1982 年初，《贵州民族学院学报（社会科学版）》第一期全文发表了《播州杨保考》和谭其骧为此撰写的后记。

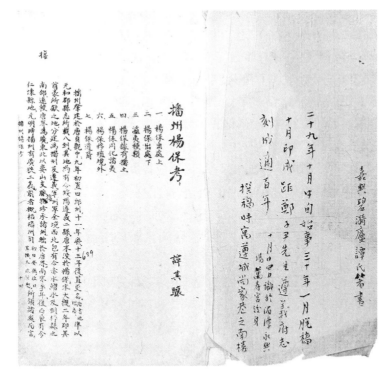

《播州杨保考》油印本书影

在后记中，谭其骧又根据《文物》1974 年第一期所载贵州博物馆所撰《遵义高坪播州土司杨文等四座墓葬发掘记》附录的《杨文神道碑》，找到了支持此文观点的两个新证据：

碑文称杨氏先世"汉以来，聚族会稽，至鼻祖端，始入□□□□"。杨文为杨端十五世孙，卒于南宋末咸淳元年（1265 年），约早于撰成于洪武初年的宋濂《杨氏家传》百余年。可见当时杨氏家族还只说先世出自会稽，还没有此前是太原人的说法，《家传》中"其先太原人"以及杨贵迁系杨业之后的说法，显然是宋末明初之间编造出来的。

碑文云："其奉朝贡为刺史，则先在武德也；其特命袭爵，其（当为'在'之误）开元也。"杨氏之先人在武德时只为刺史，开元时所袭何爵也不清楚，足见《家传》中杨端寓家京兆、以应募将兵逐南诏入播州之说也是出于捏造。为刺史而又袭爵，可见杨端以前是某一羁縻州的世袭刺史，这个羁縻州应在泸、叙州的边徼。

他又以《民族研究》1981 年第四期所载《莫友芝的族属初探》一文为例。该文以充分证据证明清代著名学者独山莫与俦、莫友芝父子一族明明是宋元以来当地的土著布依族，而莫氏族谱却说原籍是江南江宁府上元县，曾国藩又据以写成《莫犹人（与俦）先生墓表》。他指出："元明以来西南各省土司的族谱，说他们的祖先出于中原，以从军征伐至西南某地而成为当地的土司的很多，这种记载虽不能说百分之百，至少可以说大多数是靠不住的。""可见研究西南民族史的同志们，对那些族谱和以族谱为本的家传墓表等文字中有关先世的记载，千万不能轻易置信。"

谭其骧也承认这篇旧作中有论断不一定可信的地方，即以杨保所出的"泸夷"断为罗族，仅仅根据唐宋泸叙羁縻州很多属县都以罗、逻、卢等字为名，证据是不够坚强的。他曾经产生过杨保是古代僰人后裔一支的想法，并找到过几条有关资料，但没有保存下来，所以还只能存疑。

《播州杨保考》及后记发表后，立即得到了四川大学蒙默教授的反应。蒙默是蒙文通之子，长期从事西南民族史研究，并曾去民族地区调查，他致函谭其骧，提出"窃以唐宋时叙泸民族不外彝、僚二种，苗之西来川南，盖在唐宋后。叙泸杨氏若不为彝，则为僚。近日颇觉僚人之可能性尤大"。他列举了《太平寰宇记》《舆地纪胜》《蜀中广记》等书中的史料，结合当地近年发现的不少唐宋崖墓中的雕刻图像，认为"宋明叙泸僚人大姓必有姓杨、罗者，而此二姓又适与迁播者符同若兹，当非偶然"。"大作谓川南罗字地名为少数民族语言，所示极确"；但带罗的地名并不是彝语地名。遵义地区和杨土司墓中出土的"遵义型鼓"，与川南各县出土者同型而时代较晚，古籍中说这些鼓是"俚僚"所铸，这证明杨氏出于叙泸一带，又是僚人。蒙默还提供了一个强有力的例证：当年暑假他在贵阳参加讨论仡僚简史时，普定县一位同志告诉他该县有一龙姓寨子，有数十家，自称先人本姓杨，因犯法被杀，子孙避难，由遵义逃来普定，不敢再用杨姓，以先人的名为姓，现要求恢复仡僚族。这些人很可能就是杨应龙的后裔，这更证明了杨氏是僚人。

1941 年 12 月，浙江大学在遵义召开纪念徐霞客逝世三百周年学术会议，谭其骧作了《论丁文江所谓徐霞客在地理上之新发现》的报告。丁文江曾撰《徐霞客年谱》，充分肯定徐霞客及其《游记》的地理学价值，对徐霞客研究作了重要贡献。可以这样说，要是没有丁文江的评价和介绍，徐霞客其人其书不可能有当时这样大的影响。但丁氏的某些说法缺乏应有的根据，如《年谱》中论及徐霞客对西南地理的五项重大发现，即南北盘江的源流，澜沧江、潞江的出路，枯柯河的出路及碧溪江的上游，大盈、龙川、大金沙三江的分合经流，江源；而最主要的一项便是发现了长江的正源是金沙江，而不是传统所指的岷江。丁氏是著名学者，此论一出，影响甚大，一时视为定论。

谭其骧在详细对照《徐霞客游记》与自汉代至明代的有关地理著作后指出，这五项"发现"中，只有最不重要的第三项足以纠正前人的错误外，其余四项都并非事实。

徐霞客于崇祯十一年（1638 年）进入云南后，遍历沾益、曲靖、越州、陆凉、临安、石屏、阿迷、弥勒、广西、师宗、罗平、黄草坝、亦佐、寻甸、嵩明等地，目的在探寻南盘江的源头，写成了两千余言的《盘江考》。丁文江誉其为我国言地理最重要之文字，认为有三项发现：一、北盘江发源于可渡河，南盘江发源于交水；二、北盘江下游由安南县下都泥河，出罗水渡，下迁江；三、南盘江发源于沾益的炎方驿，曲折西南八百余里，会石屏、临安的泸江，再由罗江东下。而根据《汉书·地理志》《元史·地理志》等书记载，自汉至元早就知道可渡河是北盘江之源，交水为南盘江之源，只是到《明一统志》才误记为明月所、火烧铺二水，所以徐霞客至多只是纠正了《明一统志》，却谈不上发现。对北盘江的下游，《水经·温水注》已有明确记载，所提且兰、毋敛之西，领方、布山之北，正相当于今迁江，可见 6 世纪时人们已有此认识。《汉书·地理志》和《水经注》已经记载了南盘江曲折西南流的情况；《明史·地理志》在沾益以下、罗平以上，凡江流经过的州县下都注称"有盘江"，对南盘江的经流反映得十分详细，显然并不需要待徐霞客来发现。

崇祯十二年暮春，徐霞客自大理西南行，经永昌（今保山）至腾越（今腾冲），在《游记》中论及龙川、大盈及金沙三江的经流。丁文江给予高度评价，说："《一统志》言大盈、龙川、麓川及缅甸之金沙江，讹误至不可解，先生始订正其源流。""按今图考之，先生之言，无一不符。惟金沙江之源流，先生言之不详……"但谭其骧在查阅了《读史方舆纪要》《明史·地理志》和《明史》中有关传记后发现，徐霞客没有搞错的，只有龙川江即麓川江这一点，而这恰恰是这些史料中早已说明了的。相反，徐霞客的"发现"却把旧志中本来没有错的记载搞错了。

徐霞客自腾越东返，经永昌、顺宁、云州、蒙化回到鸡足山，在此期间的游记中记载了澜沧江和潞江的出路。丁文江认为："自先生始，始知礼社（即红河）、澜沧、潞江为三江，分道入南海。"实际上，元人朱思本的地图上已将三江画为分道入海，明人李元阳、杨慎和《读史方舆纪要》《明史·地理志》都采用这一说法。

崇祯十三年，徐霞客自丽江"西出石门金沙"，取道东归，当年作《江源考》，阐明长江当以金沙江为正源，岷江不过是其支流。丁文江在《年谱》中称："知金沙江为扬子江上游，自先生始，亦即先生地理上最重要之发见也。"谭其骧指出，《汉书·地理志》越巂郡遂久县下载：绳水出徼外，东至僰道入江。《水经·若水注》："绳水出徼外，南径旄牛道至大莋，与若水合，自下绳、若通称，东北至僰道入江。"绳水即今金沙江，僰道即今宜宾，遂久在今永胜北，隔金沙江与丽江对，旄牛在今汉源大渡河之南。说明两汉六朝人不仅知道金沙江出于丽江徼外，而且知道它的上游更在汉源以西的巴安一带，即明朝人所谓"共龙川犁牛石"。明朝人对金沙江的了解虽未超过前人，但也没有忘记前人的说法，对金沙江的认识也不自徐霞客始。

谭其骧的结论是："霞客所知前人无不知之，然而前人终无以金沙江为江源者，以岷山导江为圣经之文，不敢轻言改易耳。霞客以真理驳圣经，敢言前人所不敢言，其正名之功，诚有足多，若云发见，则不知其可。"

他的报告看来与其他充分肯定徐霞客成就并给予高度评价的报告不同，实际上却是对徐霞客地理成就更科学、更实事求是的肯定，因而得到与会者的赞同，这篇论文被编入浙江大学所编《纪念徐霞客先生逝世三百年纪念刊》。中华人民共和国成立以后，此书曾由商务印书馆重版。但直到20世纪80年代举行纪念徐霞客的学术活动时，还有人在《人民日报》等重要报刊发表文章或报道，继续宣扬徐霞客发现长江正源的"伟大贡献"。如果他们不赞成谭其骧的结论，就应列出理由加以批驳；如果根本没有看过这篇重要论文，还有什么资格评论徐霞客呢？如果明明知道谭其骧的结论是驳不倒的，却还要坚持错误的旧说，显然是出于学术以外的原因，这种态度实在是可笑、可悲的。

三十多年后,谭其骧又为徐霞客研究和《徐霞客游记》的普及作了重要贡献。原来早在 20 世纪 30 年代,他的老师邓之诚就获得了徐霞客的孙子徐建极的六册抄本,并且得知其余几册曾藏于吴兴刘氏嘉业堂,所以在封面上题识:"《徐霞客游记》季会明原本。此本存六、八、九、十凡六册(九、十分上下),其七原阙。一至五册昔在刘翰怡家,若得合并,信天壤间第一珍本也。"以后,邓之诚将这部抄本赠给谭其骧。当谭其骧得知上海古籍出版社组织整理《徐霞客游记》时,就提供了这一珍本。根据邓之诚的题识,几经周折,整理者在北京图书馆找到了曾为嘉业堂收藏的五册季会明抄本,使这部湮没了三百多年的原始抄本终于重见天日,形成了一个自《徐霞客游记》写成以后最完整的本子。与长期流传的乾隆、嘉庆年间的刊本相比,1980 年上海古籍出版社整理出版的《徐霞客游记》字数增加了三分之二以上,游记比原来的 351 天多了 156 天。

1943 年,教育部在重庆召开中国史学会议,邀请谭其骧参加。当时他正患眼疾,想到重庆就医,正好可以利用这次机会,因而欣然应邀赴会,于 3 月 20 日动身,两天后到重庆。23 日举行筹备会,24 日召开了中国史学会成立大会,顾颉刚任大会主席。在 26 日的理事会上,顾颉刚、傅斯年、黎东方、朱希祖、陈训慈、卫聚贤、缪凤林、金毓黻、沈刚伯当选为常务理事,黎东方兼任秘书。由于黎东方与教育部部长陈立夫关系密切,因而是会议的实际主持人。关于这次会议的背景,顾颉刚在其日记中曾作记载:"此次中国史学会之召集出于教育部,电滇、黔、粤各校教授前来,花费殆十余万。说教部提倡学术,殆无此事。有谓延安正鼓吹史学,故办此以作抵制,不知可信否?"(见顾潮《顾颉刚年谱》,中国社会科学出版社 1993 年。)

黎东方早已知道谭其骧的名声,通过会期的接触更佩服他的见识,会后邀他到北碚游览,到黎兼职的复旦大学作学术报告,还在家中设宴款待。最后黎东方正式邀请他到国立编译馆工作,考虑到种种原因,谭其骧婉言谢绝,仅接受了该馆"特约编审"的名义。

正义结成师生情

抗战期间,教授的优裕生活早已成为历史,家庭负担重得连求温饱都已困难。当时流传着这样一则笑话:一位教授去理发,与理发师发生争执,理发师说:"你这人这么坏,下一辈子还得当教授。"事情虽未必确实,教授的穷酸和不受人尊重却可见一斑。一位学生在日记中将谭其骧称为"未老先衰",他经济上的窘迫可以想象。但真正使教授们愤慨的还不是贫穷的生活,而是国民党的专制和腐败。虽然谭其骧早已不问政治,但对贪官污吏大发国难财、特务横行、青年学生受到摧残的现象却难以保持沉默。在追悼一位早逝的学生时,谭其骧仗义执言,痛斥国民党的倒行逆施:"为什么该死的人不死,却让不该死的学生死呢?"在场的学生、中共地下党员陈耀寰(中华人民共和国成立后任职于民航总局)在日记中记下了他的话,保留至今。

1941 年 11 月,涂长望教授将一位 19 岁的青年吕东明介绍给谭其骧,作他的研究助理员。吕东明是江苏无锡人,早已加入中共,原在平江、桂林等地开展工作,当年 10 月奉命转为作学生工作,他在协助谭其骧作研究工作的同时,也在准备考入浙江大学的课程,并熟悉情况,广交朋友。1942 年上半年,吕东明已在遵义、湄潭、永兴三地结识了一些师生,基本掌握了校内的情况。同年 7 月考入浙大史地系,入学时用名吕欣良。暑假期间,中共南方局组织部代表与吕接上关系,与他研究了如何在浙大开展工作。9 月,吕离开永兴场去桂林工作了二十多天,返校后就引起了系主任张其昀和校内国民党负责人的注意。在了解吕的地下党身份以后,谭其骧多方设法掩护,消除了他们的怀疑。此后吕东明更加注意隐蔽,为了革命的需要,吕东明依然以勤工俭学的方式,边工作,边读书。谭其骧正在编绘一些历史地图,吕东明曾根据他考订点线绘制地图。在完成助理工作的同时,他还尽力照料谭其骧一家的生活,特别是在谭其骧不在家时,以至连十分挑剔的李永藩也赞不绝口,直到晚年还经常对我说起这位助手的好处。

谭其骧与吕东明之间的情谊一直保持着。中华人民共和国成立初期,空军急需气象干部,吕东明调往华东军区航空处气象部门,任军事气象组组长,以后一直在空军气象部门任职。"文革"期间吕东明备受迫害,所在单位曾不止一次找谭其骧外调,尽管谭其骧正被作为"反动学术权威"而打倒,但他总是实事求是地说明当时的情况。"文革"结束后,吕东明调任中国大百科全书出版社领导,谭其骧参加了历史、地理等卷的编写,他们之间又有了工作上的联系。吕东明患有严重的气喘病,冬春时节连走路、说话都十分困难,但每次谭其骧去北京,他总要前往看望。1990 年 4 月 7 日晚上,北京狂风大作,沙尘漫天,吕东明与夫人匡介人带着孙子从团结湖乘公交车,到位于东厂胡同的近代史所招待所见谭其骧。像往常一样,他们谈得十分投机。谈及党内出现的腐败现象时,吕东明非常气愤,他说:"我作为一个有五十多年党龄的党员,决不能容许我们党败在这些人手里。"谭其骧听后异常激动,突然猛拍桌子,大声骂道:"真是混账!难道能让他们把共产党变成国民党?"我们见他如此激动,怕影响他的健康,赶忙劝解,并将话题引开。当我送吕东明出门,看着他在夫人的搀扶下气喘吁吁地慢慢走远时,我深为这种师生和同志间真挚的友爱所感动。1991 年 6 月 25 日,他们在北京京西宾馆见了最后一面。

第七章

复员杭州

东归途中

1946年9月2日上午八时,浙江大学复员的车队浩浩荡荡驶离遵义老城子弹库校本部,开始了东归的长途行程。为了便于相互照顾,教师、家属和学生混合编组,与谭其骧家同车的是钱宝琮、薛效宽、黎子耀、蒋炳贤,陈乐素、顾毂宜、李天助等在另一辆车上,他们乘坐的都是烧木炭的客车。学生们推派出能干的同学,负责筹办伙食,联系住宿,尽可能安排妥帖。当时大家沉浸在胜利和返乡的兴奋中,对旅途的艰辛毫不在意。

当天上午,车队渡过乌江,在养龙场(养龙司)吃午饭、休息,下午到达省城贵阳,谭其骧家宿于黔中旅馆。第二天休息,他与黎子耀、马光煌兄弟等游览了河滨公园,晚上马氏兄弟与殷汝庄又约他们在岭南酒家聚餐。

9月4日从贵阳出发,中午经贵定县,晚上到达黄平县,住在招待所。5日上午因汽车需要修理,在黄平休息。当天正逢苗民进城赶场,相当热闹,给他们提供了一次观光的机会。下午继续行程,三四点钟抵镇远。镇远地处沅水上游潕阳河畔,河上建有公路大桥,与山水相映,颇为壮观。晚饭后,谭其骧等来到桥畔散步,观赏江景。

6日中午在玉屏休息。玉屏的箫、笛闻名遐迩,价格也不贵,大家争相入市购买,谭其骧买了箫、笛各一对。下午进入湖南省境,傍晚抵晃县。天气炎热,旅馆却没有洗澡的条件,众人纷纷跳入沅水中洗澡。

7日的行程很长,而且大多是山路,所以他们天不亮就上车出发,中午在安江稍事休息后立即上路,下午翻越雪峰山,傍晚抵达洞口。

8日,经桃花坪至邵阳。邵阳盛产皮革制品,午餐后谭其骧入城买了几个皮包。下午二时启程,不久就进入平原,当晚到达湘乡。次日车抵湘潭,等候渡湘江费时约一小时,正午至省城长沙,入住迎光商号。

9月10日是中秋节,长沙依然赤日炎炎如火烧,酷暑难当。谭其骧整天汗流浃背,热得连眼镜片上都一片模糊。当天下午,他们就登上"新鸿泰"轮,但要到次日早上才开船。谭其骧雅兴不减,晚上与家眷一起去八角亭赏月。

11日开船,晚上在洞庭湖抛锚,天气也奇热,船上如蒸笼一般,直到半夜都无法安眠。12日过城陵矶,13日上午十时许抵达这一段的终点汉口,住在复兴招待所。当天晚上,谭其骧就去江岸车站二哥谭其来家,见到了离别已久的兄嫂。因谈得很晚,就留宿在他们家。

当时由武汉顺流而下是复员的主要路线,而主要的交通工具是美国登陆艇,所以有大批复员人员聚集在武汉候船,浙大师生在武汉等了十多天。在此期间,谭其骧游览了黄鹤楼,去武汉大学访问了吴宓、田德望,还见到了燕京同学邓嗣禹。9月19日,他们迁至武昌难民招待所,候至24日早晨才上了美国登陆艇。

9月26日船抵南京,但因风浪太大不能靠岸。复员的集体行动到南京结束,因此师生们当晚在船上开了一个同乐会。次日登岸,大家分别搭车去杭州报到。谭其骧和李永藩都有亲戚在南京,所以停留了一周后才去上海。谭其骧虽在浙大任职多年,却从未在杭州安过家,于是先将家属留在位于上海澳门路的大哥家中,长子德睿也留在上海上小学。10月中旬他单身去杭州报到,不久将家眷接去,暂住学校宿舍,11月底迁至长寿路1号。

两校教授:谭其骧与谭季龙

从1940年2月谭其骧离开北平,经过6年多的颠沛流离,一家人终于又在他的故乡浙江安顿下来了。

从谭其骧自己记下的教授聘书上的月薪看,从抗战期间到1948年都是在不断增加的:1941.8—1942.7,300元;1942.8—1943.7,380元;1943.8—1944.7(遗失);1944.8—1945.7,430元;1945.8—1946.7,450元;1946.8—1947.7,470元;1947.8—1948.7,490元;1948.8—1949.7,530元。但薪水的增加无论如何赶不上物价的上涨。

1947年,法币大幅度贬值,物价飞涨。为了使有限的工资尽可能减少贬值的损失,大学教师已经顾不得斯文,纷纷使出浑身解数。稍有积蓄又有经济头脑的人千方百计将现钞换成黄金、银元、美钞,以便保值;但多数人只有一个办法,钱一到手就抢购柴米油盐。每逢发薪日,员工和家属就进入临战状态,一拿到工资就往米店跑,或骑自行车,或接力奔跑,而轮到迟来者购买时往往米价已涨。谭其骧不会骑自行车,速度不如他人,每次买米都颇有损失。靠一份教授的工资已难以维持一家六口的开销了。

作为一所国立大学,浙江大学当局也在为维持学校和教师的生存想办法。在校长竺可桢的日记中,我们可以看到他奔走于南京、上海,为学校争取经费和教职工薪水的记载。学校开始向教职工发放一些实物,有时是一袋米,有时是一包煤,由于是维持最低限度生活所需,教授与工友已没有差别,大家都领一份。到了 1949 年春,国民党决定放弃杭州,浙大绝大多数教职工坚持不离开学校,校方罄其所有,发放了最后一次实物——每人一两黄金的"应变费"。

或许是天无绝人之路,1947 年秋的一次机会,使谭其骧在生活的重负下喘了一口气。孙人和(蜀丞)出任上海暨南大学文学院院长,兼任历史系主任。历史系教师缺人,上海一时找不到合适人选。孙的妻兄牟润孙是谭其骧在北平时的旧友,向孙推荐了他,孙即让牟去杭州找谭其骧,请他兼任暨南大学的"专任教授",月薪 500 元,谭其骧自然欣然允诺。

既是兼任,却又称"专任",看似矛盾,却是当时的习惯做法。因为根据制度,兼任教授的工资很低,解决不了什么困难,只有担任专任才能拿到一份教授的工资。但聘专任教授得报南京教育部备案,为了怕被发现在两所大学同时任专任,谭其骧与校方商定,不用名而用字,以"谭季龙"上报,暨南大学的师生也都称他为谭季龙。其实,当时在两校甚至在三校"专任"的大有人在,对教育部也是公开的秘密,谭其骧即使以真名实姓上报,大概也不会有人来管。

当时教育部规定专任教授每周必须上 3 门课共 9 小时,但实际上各校都不完全执行,尤其是对资深教授,如谭其骧在浙大即只上两门课共 6 小时。不过他在暨南大学是新聘教授,自然享受不到这样的优待,校方只同意每周减少 1 小时,上 3 门课共 8 小时,集中排在星期四、五两天。3 门课中的中国沿革地理、魏晋南北朝史就是在浙大开的课,只要按讲稿再讲一遍;另一门课第一学期是中国文化史,第二学期是中国史学史,是现编的教材。

从 1947 年 10 月开始,谭其骧每星期四早上从杭州坐火车出发,中午十二时半到上海北站,就在附近小饭馆吃午饭,然后到西宝兴路青云路口暨南大学文学院,从一点半到五点半连着上 4 节课,第二天再上 4 节。1948 年秋季开学,校方同意将两个星期的课集中在一起上,星期四下午仍上 4 节课,星期五、六各上 6 节课,在两天半时间内上完两个星期的 16 节课,星期六晚上乘特快车回杭州,大约十一点半可以到家。他就这样风尘仆仆地奔波于沪杭之间,才勉强维持了一家人的生活。

艰难岁月 锲而不舍

尽管不得不随时为生计操劳,谭其骧仍治学不辍,《秦郡新考》等重要论文即完成于这一阶段。

《史记》中秦始皇分天下为三十六郡的说法和《汉书·地理志》中所载的

91

三十六郡名称,使后世的学者产生了秦朝只有三十六郡的误解。但《史记》和《汉书》中又明明记录着这三十六郡以外的郡名,因而早在裴骃为《史记》作《集解》时就已指出,这三十六郡并没有包括秦始皇二十六年以后设置的郡;其后问世的《晋书·地理志》也持同样说法。三百多年来,研究秦郡的论著不下数十种,但包括全祖望、陈芳绩、洪亮吉、姚鼐、王鸣盛、钱大昕、梁玉绳、王国维、刘师培等著名学者在内,都没有取得令人信服的结论。甚至像钱大昕这样卓越的史学家也拘泥于《汉书·地理志》的记载,竭力维护三十六郡说,以致无法自圆其说。姚鼐、全祖望、王国维等已经认识到,所谓"三十六郡"只是秦始皇二十六年时的制度,并不包括秦朝此后增置的郡,但秦郡究竟有多少,具体是哪些,却莫衷一是。谭其骧对前人成果择善而从,又从《史记》《汉书》《华阳国志》《水经注》《晋书·地理志》等可信的史料中发掘论据,考订秦朝后期肯定存在的四十六郡(不包括内史),但另有二郡也可能存在,因而总数可能有四十八个。对此,他认为应采取科学态度。"多闻阙疑,庶几其可,若必欲断言为三十六或四十八,徒见其抵牾凿枘,是亦不可以已乎?"

《浙江学报》刊登的《秦郡新考》

《秦郡新考》这篇论文于 1947 年 12 月发表于《浙江学报》第二卷第一期,实在是"生不逢时",能够看到的学者有限。中华人民共和国成立以后,《浙江学报》又成了不易找到的杂志,所以专业以外的学者并没有注意到这一成果,连一些历史课本上也只说秦朝有三十六郡,使学生形成错误的概念。但历史地理学者和相关学科的专家充分肯定了这一结论,马非百(元材)集数十年心力作《秦集史》(中华书局 1982 年),其中的《郡县志》就是"以谭说为蓝本,并参照各家意见"而成的。《中国历史地图集》第二册中秦郡的画法以《秦郡新考》和《秦郡界址考》二文为依据,使这一结论随着《图集》的广泛发行而推广。1982 年,谭其骧应约撰写《中国大百科全书·中国历史》"秦郡"条目,以简约的文字概述了问题的由来和自己的结论,也客观地介绍了王国维的说法。从近年来学术界的反应看,谭说的主体已得到普遍接受。

迁居杭州后,谭其骧还对杭州和浙江省历史地理作了研究,这一方面是出于他的兴趣,另一方面也是为了满足本地人士和团体的要求。1947 年 11 月 30 日,他应浙江省教育会等单位之邀,在浙江民众教育馆作讲演,以后整理为《杭州都市发展之经过》一文,于 1948 年 3 月 5 日发表于杭州《东南日报》。他将杭州的发展过程分为六个时期,即:秦汉六朝 800 年,山中小县时代;隋唐 300 年,江干大郡时代;五代北宋 240 年,吴越国都及两浙路路治时代;南宋 140 年,首都时代;元代 80 年,江浙行省省会时代;自明至今 590 年,浙江省省会时代。在分阶段的论述中,他具体说明了杭州城址的迁移和城市的变化,论证了这些变化的原因和规律。他认为,杭州城市发展史上的转折点是隋开皇十一年由山中迁治江干,以及二十年后大运河的开凿。正是运河,从根本上改变了杭州的地位和性质,使杭州具备了成为大都会的基础。这篇论文奠定了杭州城市史研究的基础,直到 20 世纪 80 年代杭州市政协编辑《杭州历史丛编》时,还是以这篇论文为全书序言。

《浙江省历代行政区域——兼论浙江各地区的开发过程》发表在 1947 年 10 月 4 日的《东南日报》。该文将浙江全省行政区域的发展分为秦与两汉、汉末孙吴至隋、唐至吴越、吴越中叶至两宋、元至清这五个阶段,逐一考证了每阶段中的政区沿革。如果文章只写到这里,那充其量只是一篇与乾嘉学者比肩的考据佳作,但可贵的是,谭其骧进而发现了一条重要规律,从而为历史地理研究开创一新的途径。

他指出:"县乃历代地方行政区划之基本单位。州郡罢置、分并无常,境界盈缩不恒,县则大致与时俱增,置后少有罢并,比较稳定。……后世的道、路、行省,初创时皆辖境较广,历久逐渐缩小,略如州郡之比。县则历代标准大致相似,虚置滥设者较少。一地方至于创建县治,大致即可以表示该地开发已臻成熟,而其设县以前所隶属之县,又大致即为开发此县动力所自来。故研求各县之设治时代及其析置所自,骤视之似为一琐碎乏味的工作,但就全国或某一区域内各县作一综合的观察,则不啻为一部简要的地方开发史。"正是抓住了县的设置这一关键,通过浙江各县始置年代和析置所自的考察,全省各个地区或流域的开发过程得到了科学的复原,并归纳出了几种不同的开发类型。这种研究方法扩展了政区地理的研究成果和运用范围,对东南地区其他省份同样能适用。1983 年 5 月 24 日,他在杭州大学历史系作学术报告,仍以"浙江各地区的开发过程与省界、地区界的形成"为题,虽是在旧说基础上的发挥,但听众依然感到新鲜。我与同人进行中国移民史研究时,发现通过县治的设置过程和析置所自,无疑也是研究移民及其定居过程的重要途径,所以已将这一方法写进了《中国移民史》(六卷本,福建人民出版社 1997 年,复旦大学出版社 2022 年)的导论。

1960 年,美国学者毕汉斯(Hans Bealunstine)在《高本汉寿辰纪念文集》(哥本哈根,1960 年)中发表《唐末以前福建的开发》一文(中文译文见《历史地理》第五辑,上海人民出版社 1987 年),就是从这一思路入手的。毕氏自称:"那就是考察福建各县的设置年代,这些年代提供了该县附近地区开发的标志时间。如果把每个新县城的位置标在连贯的、按年代分档的地图上,将出现一幅表明福建开发过程的连续画面。"他的根据是:"只有当中原移民在某地已经聚居了相当数量的人口,并且土地已经垦殖以后,当局才会以建立一个新县的方式认可这一地区的开发,并选择某一村庄作为县治,以之表示该行政区的地理位置。"我们无法肯定毕氏事先是否看到了谭其骧这篇论文,但无论如何,这位在中国学者面前表现得十分狂妄的学者的"发明"比谭其骧要晚了十几年。

1947 年初,为纪念求是书院创办 50 周年和浙大 20 周年校庆,谭其骧撰写了《近代杭州的学风》。此文分两次在《浙大校刊》上刊出,又发表于 4 月 6 日的《东南日报》。在编辑《长水集》时,我曾将其列入目录,但谭其骧考虑到它并非历史地理或古代史专题论文而将其删去。但从他事后闲谈中,我了解到还有其他原因,他说:"我写这篇文章,浙大有些人是不高兴的,说我实际上在骂他们。"这倒引起了我的兴趣,将这篇文章反复看了几遍,觉得既是一篇有关思想文化史和文化地理的重要论文,也充分反映了谭其骧本人的学术取向。

谭其骧认为："杭州于浙西已属边缘地带,隔钱塘江与浙东学术中心的宁绍相接,故其学风虽以浙西为素地,同时又深受浙东的影响,实际上可说是两浙学术的一个混合体。由混合而融化,迨其融化而后,遂自成一型,既非浙东,亦非浙西。作者纵观三百年来学术史,深觉杭州学风实有其特殊色彩。"因此,在考察杭州学风的演变过程中,他特别注意其地方特色,例如他指出,作为汉学全盛的乾嘉时代,"杭州的学风却始终在时代潮流的半化外状态之下,由此可见浙东学术对于杭州影响之大,由此亦可见杭州学风之不尽与浙西其他部分相同"。不过自明末至乾嘉,杭州只是两浙不同学风的接触融合点,并不能领导全国。但道(光)咸(丰)以后的杭州却有了长足的进步,"一方面是发扬新风气的神经中枢,一方面又有保守的学术的坚强堡垒"。"又不仅为经史之学的中心,同时又是科学的中心,即历算学的中心。"光绪甲午后是杭州以新风气领导全国的第二期,"最先创立兼课中西学术之新式学府"正是求是书院。五十年来出身求是书院的学者甚多,"他们的成就方面虽各有不同,但其革不忘因,新不蔑故,不偏不倚,择善而从,并具中西新旧之长则同"。作者以为这就是求是精神的表现,也就是五十年来的杭州学风。

谭其骧的结论是:"求是师求真,要求是求真,必先明辨是非真假,要明辨是非真假,关键首在能虚衷体察,弃绝成见,才能舍各宗各派之非之假,集各宗各派之是之真。……杭州学风在清初能调停程朱与陆王,在乾嘉能持汉宋之平,在道咸能吸收浙东西学派之精义而别有所创,在甲午以后能融合中西新旧而无过激流俗之弊,此非求是精神而何?"这些话自然是有感而发的,在他现存已刊、未刊的1949年前文稿中,这是唯一一篇专谈学风的文章。与其说是在总结杭州和求是书院的学风,还不如说是在寄托自己的向往,抒发自己的追求。他对杭州学风的肯定性结论,也正是他对十多年学术生活的感悟,"求是求真"则是他治学经验的升华。在此后四十多年间,尽管经历了一次次疾风骤雨,以至十年浩劫,但求是求真始终是他的学术信念,他不愧为他所总结的"杭州学风"的传人。

杭州《东南日报》创刊于1947年1月9日,报社聘谭其骧主编"历史与传说"专栏,每星期四在第八版占用三分之二版面。但编辑实在并非谭其骧所长,报社嫌他编得过于专门,太沉闷,出了五期就停办了。从我收集到的三期(第二、四、五期)中所刊文章而言,学术水平自然不成问题,但对于一张面向大众的日报来说,的确太专门了。其中连载的三篇《行省称名建置疆域溯源》是谭其骧自己的作品,署名禾子、季(取其字季龙),其余则有缪钺的

《读曹植〈洛神赋〉》《〈晋书·潘岳传〉疏证》和《正始清谈家对于政治之态度》，洪焕椿的《清代浙江学者事辑》二篇（乐清陈蛰庐、定海黄微季），钱宝琮的《〈明史·历志〉纂修纪略》，都非一般公众所易接受。比较轻松的只有两篇，一篇是以中（王庸）的《俗斋笔记》，另一篇是五知（谢兴尧）的《太平军在杭杂记》，但也不会像读故事那样有趣。所以上面提到的谭其骧三篇重要文章虽也发表在《东南日报》，但那时专栏已易名"云涛"，改由张其昀主编，版面也扩大到了一整版。

谭其骧在浙大继续开中国历史地理和魏晋南北朝史，在他的遗物中还保留着两张当时学生的选课名单。一张是用毛笔写的：

> 导师谭其骧先生
> 导生　施太榜　史一,张兰生　史一,叶士芬　史二,良祚　史二,
> 朱学西　史三,何朱铨　史三,龚言纶　史三,曹毓麟　史四,张永世
> 史四,梁赞英　史四,何容　史四,曹颂淑　（史）三

另一张是用钢笔写的：

> 王仲殊　三五〇七〇,朱学西　三五〇七九,吴应寿　三三〇〇三
> （旁听）,金钦贵（旁）,祝丰年　三五〇七二,何朱铨　三五〇六三,王镇
> 坤　三二八三一（旁）,郑人慈　三四八四三,邵宗和　三五八二八
> （旁）,胡宜柔　三五〇六九,吴汝祚（旁）,周品英　三三七九三,张永世
> 三四〇三五,张治俊（旁）,鞠逢九　三三〇六七,秦万春　三二七一七

这应该是 1947 年的名单，只是哪一张是哪一门课，就不敢妄断了。这些学生中,王仲殊在中华人民共和国成立后任职于中国科学院考古研究所,曾任研究员、所长;胡宜柔在中华书局;关系最密切的应数成为谭其骧研究生的吴应寿。

1948 年秋季开学,谭其骧招收了他的第三位研究生吴应寿。吴是贵州铜仁人,因浙大内迁,才有机会就近考入大学,1948 年毕业于浙大史地系史学专业;浙大历史系停办后,1949 年秋转入北京大学历史研究所。吴应寿研究生毕业后进入新华地图社任编辑,1953 年初调入复旦大学历史系,1957 年参加编绘《中国历史地图集》。吴应寿于 1986 年升为教授,1993 年退休,1996 年病逝。

迎接新中国

这两年多的时间里,尽管谭其骧依然不问政治,但严酷的事实使他一次次受到震动,特别是在轰动一时的浙大教授费巩被国民党特务秘密绑架后杀害和学生于子三被杀的事件被揭露以后。费巩是 1945 年 3 月 5 日凌晨在重庆被国民党特务秘密绑架的,但当时只知道是失踪,1946 年后传出消息说已遇害,到复员后才被肯定为事实。至于他被杀的真相,直到中华人民共和国成立后才大白于天下。但在浙大,谁都明白费巩是死于国民党特务之手。费巩为人刚正耿介,在浙大享有很高威望,他还是谭其骧来浙大的联系人。和其他正直的知识分子一样,谭其骧同情左倾学生和民主运动,反对国民党的镇压。面对国民党政权的日益腐败,他们都知道它已难逃覆灭的命运,共产党的胜利已是大势所趋。也有一些人对共产党不无疑虑,但国民党已丧尽人心,所以大家都认为,不管什么党掌权,总比国民党要好得多。

1949 年 5 月 3 日杭州解放,而上海仍在国民党政权手中,沪杭铁路交通断绝,原定 5 月上旬的一次课无法再上。上海解放后,沪杭线客车于 6 月间恢复,6 月底谭其骧去上海探亲,得知暨南大学已停办,学生并入其他大学,教师也另行安排了。他本是浙大教授,实际并非专任,自然不存在安排问题。他偶然遇见牟润孙,知道牟正准备去同济大学作宣传历史唯物主义的报告,以为牟进步甚快。但不久就听说牟已失踪,以后得知他从浙江沿海潜逃香港,如不走必遭镇压。31 年后,谭其骧才收到牟润孙的来信,知道他将从香港赴京出席中国史学会代表大会。1980 年 4 月 9 日,谭其骧与牟润孙在京西宾馆重逢,此时的牟已作为首批访问大陆的港台史学家代表而备受礼遇。会议期间,牟在大会作报告,集体摄影时被安排在前排胡乔木旁就座,会后不久又当选为全国政协委员。

中华人民共和国成立后,上海对大学进行调整,暨南大学停办,文学院并入复旦大学。复旦大学学生代表金冲及(前中共中央文献研究室副主任、中国史学会会长)等去暨大开学生座谈会,表示欢迎并征求意见。谈到大家最喜欢谁的课时,历史系学生陈清泉(《光明日报》出版社原负责人)、刘伯涵(上海人民出版社编审,已故)、刘保全等都说谭季龙教授的课讲得最好,一致要求复旦聘他。复旦大学历史系主任周予同虽不认识谭其骧,但听了金冲及等转达的意见后,立即发出了自 1949 年 8 月至 1950 年 7 月的教授聘书,月薪 540 元。

1949 年初,浙江大学史地系已有了分为历史和地理二系的计划,但未及实行。杭州解放后不久,中共接管浙江大学的领导决定历史系停办一年,教员部分遣散,留下 12 人组成一个学习班,学习马列主义经典著作和毛泽东著作,谭其骧也在其中。谭其骧希望完成学习后继续留在浙大,没有接受复旦的聘任。当时留校人员对共产党和新政权虽然还不大了解,对马列主义和毛泽东著作也相当生疏,但出于对国民党政权腐败的痛恨和对新社会的期望,都希望能尽快熟悉新的理论,以便顺利地重返讲坛,所以学得相当认真。除了学习苏联版本的马克思、恩格斯、列宁、斯大林著作外,还学了毛泽东的《新民主主义论》《中国革命和中国共产党》等文章。出于知识分子求知求真的本能,他们还常常发生争论,甚至对这些著作中一些观点发表不同意见,或提出批评。如 11 月 8 日,谭其骧曾向夏鼐表示:"马列主义及新民主主义之书,初看几本颇觉新鲜,阅了几本便觉千篇一律,有些党八股味儿了。"(见夏鼐当天日记。)包括谭其骧在内,他们的很多想法在以后看来无疑是天真的,甚至是错误的,不过这并没有影响他们热切地投入学习。这一年的收获的确不小,谭其骧告诉我,他真正认真地读马列主义著作就是在这一年,而以后的学习差不多都离不开政治运动,少不了接受批判或自我批判,结果是越学越糊涂,越学越不敢有自己的想法了。

可是,就在一年将满,这 12 位教师以为浙江大学历史系能正式建立时,校方宣布历史系不再恢复,留校教师改教文科的公共理论课和中国近代史。中华人民共和国成立之初,各所大学对文科一些系科和某些专业的教师都有过不同形式的调整或安排,历史系一般都先后恢复,而在浙江大学这样一所有影响的学校却采取了停办的措施,谭其骧和同人并没有听到什么解释,他们一直不明白为什么校方会作出这样的决定,或许这只是偶然的因素起了作用。

谭其骧不愿改教理论课或近代史,决定离开浙大。好在当时还没有形成一切由组织调配的习惯,校方也乐意他们自谋出路。南京大学历史系主任韩儒林,齐鲁大学历史系主任张维华,都是谭其骧 20 世纪 30 年代在北平的旧友,得知消息后都来函相邀。南大的聘书早在 1949 年 10 月就已寄来,复旦大学的周予同又发来了聘书。谭其骧一直怀念着抗战前的北平,认为研究历史,北京的条件远比别处强,现在国家安定了,应该回北京。那时吴晗已出任北京市副市长,分管文教,谭其骧去信要他设法帮助调至北京。吴晗回信说,在哪里都是一样为革命工作,北京的大学暂时不便从南方调人,还是安心在南方教书。既然去不了北京,上海又是旧游之地,从杭州搬迁方便,因此他接受了复旦大学的聘书,任历史系教授,迁居上海复旦大学宿舍筑庄(今第五宿舍)。

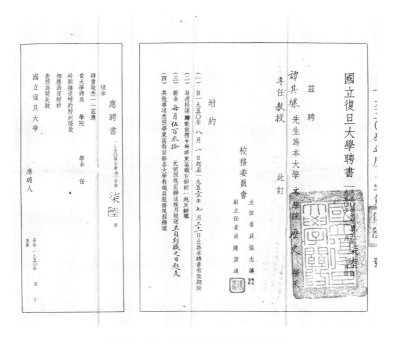

1950 年复旦大学发给谭其骧的聘书

第八章

编绘《中国历史地图集》（上）

1954 年秋，毛泽东在中南海怀仁堂出席第一届全国人民代表大会，有一天与吴晗坐在一起。他们谈话时说起《资治通鉴》，毛泽东说这部书写得好，尽管立场观点是封建统治阶级的，但叙事有法，历代兴衰治乱本末毕具，我们可以批判地读这部书，借以熟悉历史事件，从中吸取经验教训。但旧本没有标点，不分段落，今人读起来不方便，市上流传亦已不多，应该找些人把它整理出一个用标点、分段落的新本子来，付诸排印，以广流传。又讲到读历史不能没有一部历史地图放在手边，以便随时检查历史地名的方位。中华人民共和国成立前，一些书局虽然出版过几种历史地图，但都失之过简，绝大多数历史地名在图上找不到。这种图只能对付看作中小学教学之用，满足不了读《资治通鉴》之类详细的史书时的要求。

吴晗想起清末民初的杨守敬编绘过《历代舆地图》，内容相当详细，凡见于正史《地理志》的州县一般全部上图，正符合毛泽东所提出的配合读史的需要。不过杨守敬的地图是以木版将分别代表古、今内容的黑、红两色套印在连史纸上，是有三十四册之多的线装本；而且是将一朝版图分割成几十块，按自东而西、自北而南的次序排列的，翻检起来极为不便；再者，杨守敬地图上的"今"是清同治初年胡林翼刊行的《大清一统舆图》，许多州县的名称、治所已不同于 20 世纪 50 年代的"今"了，必定也会给读者带来许多麻烦。因此，他向毛泽东建议，在标点《资治通鉴》的同时，也应该把杨守敬的《历代舆地图》加以改造，改用现时的地图为底图，绘制、印刷和装订都采用现代技术，以适应时代的需要。毛泽东赞成吴晗的建议，就把这两件事都交给他负责办理。

会后吴晗就找了中国科学院近代史研究所的范文澜、历史研究所的尹达等商议，决定成立一个"改编杨守敬《历代舆地图》委员会"，请教育部调谭其骧来北京主持编绘工作，并初步制订了计划。吴晗写信向毛泽东汇报，毛泽东给吴晗写了回信，表示同意他的计划。

毛泽东爱好历史，喜欢读中国古代史，这是众所周知的。但为什么他如此重视历史地图，有人或许还不大理解。这还得从中国历史时期地名及其变迁说起。

一个千年的梦想

中国历史悠久，幅员辽阔，从有文字记载以来，使用过的地名数以万计。例如，公元初的西汉末年，全国郡级政区就有 103 个，县级政区有 1500 多个，如果加上西域都护府和周边的属国、部族的各种地名,山水陂泽等自然地名和县级以下的地名,数量还得成倍增加。历代中原王朝的疆域的范围往往超出今国界,朝鲜半岛北部曾经是汉朝的郡县,今越南的北部在 10 世纪前一直归属中原王朝,唐朝的西界一度到达咸海之滨,元朝的北界直抵北冰洋。直到鸦片战争前的清朝,它的西界和北界还远达巴尔喀什湖、萨彦岭、额尔古纳河、外兴安岭和库页岛。所以,一方面会有很多历史上使用过的地名已经消失,所以不可能再在今天中国的地图上找到;另一方面也会有一些地名已不在今天中国的领土之内了。

地名是在不断地改变着的,所以在中国历史上早就出现了在不同的时期同名异地和同地异名的现象。以今天的北京为例,历史上先后使用过燕、蓟、广阳、幽州、涿郡、范阳、南京、析津、燕京、中都、大兴、大都、京师、顺天、北京、京兆、北平等名称,而使用过"北京"这个名称的其他地方就有十六国时夏的统万城(今陕西靖边县北)、南朝宋的京口(今江苏镇江市)、北魏南迁后的平城(今山西大同市)、唐和五代的太原府(今山西太原市西南)、北宋的大名府(今河北大名县东)、辽的上京临潢府(今内蒙古巴林左旗的波罗城)、金的大定府(今内蒙古宁城县西北大明城)、明初的开封府(今河南开封市)和今天的北京等。

即使是同名同地,它所代表的地域范围也不一定相同。就连同名的县,在不同的时期也可能有不同的辖境,比县更高级别的郡、州、府、省的辖境的变化就更大、更频繁了。除了因人文和社会方面的原因,如更改地名、调整建置、重划辖境等引起的变化外,自然条件的改变也使地名的空间位置和范围不断变化。例如,黄河的频繁改道使河道有时北至今天津一带,有时南至今淮河一线;又如洞庭湖,历史上的最大范围与最小范围相差巨大。

所以,就是专业人员也无法记住这数以万计的地名,需要经常查阅地名辞典等工具书。但如果想要知道这些地名所代表的地点和地域范围,就非借助于历史地图不可。因为如果你只有今天的地图的话,当你从地名辞典或其他工具书上查到一个古地名是在某县某方位时,是很难定下它的确切位置,更不用说画出它所代表的范围来的。而在历史地图上,各类古地名就能一目了然。

历史地图也有只画古内容的,但中国的多数历史地图采用古今对照,即用不同的颜色(一般是双色,以黑色代表古内容,以红色代表今内容,即"古墨今朱")在同一幅图上分别表示不同时代的内容。在这种地图上,只要你找到想找的古地名,就能同时看到它今天在什么地方,相当于多大的范围。

但由于历史地名众多，疆域和政区变化纷繁，地图受到比例尺的限制，一幅图能够容纳的内容有限，所以一般的历史地图只能画出各政权的疆域、一级政区和最重要的山川，很难画出一级政区以下的建置，更不可能将所有可考的历史地名都画出来，所以要用来作为读《资治通鉴》这样记载详细的历史书的工具书就无法适用。而且，面对成千上万的地名，如果没有合理而简便的检索方法，一般读者也不可能很快在地图上找到所需要的地名。到 1955 年为止，除了杨守敬的《历代舆地图》以外，流行的历史地图册都是相当简单、很不精确的。1954 年，顾颉刚、章巽已着手编绘一本《中国历史地图集》，拟收录 31 幅地图和 16 幅附图，自原始社会迄于鸦片战争，但它要到 1956 年才出版，而且容量也有限，不可能满足毛泽东读史的需要。

既然学术界和社会上都有迫切的需要，为什么长期以来没有能够编绘出这样一种历史地图集呢？主要原因显然是此事的难度。

编绘详细而精确的历史地图的前提，是具备详细而精确的当代地图，否则古代的内容就无法准确地反映出来。但直到 20 世纪 50 年代初，中国能够使用的今地图只有 1934 年由丁文江、翁文灏、曾世英编制，上海申报馆出版的《中华民国新地图》和《中国分省地图》（合称《申报地图》）。尽管这是中国人自己编制的第一部现代地图册，但要作为编绘历史地图的详细底图，还是远远不够的。而在这以前，连这样一种地图都没有，精确的古今对照当然是办不到的。历代的疆界、政区、城市、村镇、水系等各项地理要素的变迁极其复杂频繁，而文献记载往往不够明确，或者互相出入，甚至已完全散佚，要一一考订清楚，并在图上准确定位、定点、定线，需要大量艰巨的研究工作，需要有大批学者、专家的通力合作，必须有财力和物力的保证。这些条件在旧中国都难以具备。

历史地图的绘制在中国有悠久的传统，至少可以追溯到公元 3 世纪裴秀以“制图六体”制成的《禹贡地域图》和公元 8 世纪贾耽用古墨今朱法绘成的《海内华夷图》。尽管这两幅地图久已亡佚，它们在世界地图史上占有的突出地位是无可替代的。在西安碑林还保存着一块阜昌七年（1136 年）刻成的石碑，正反两面分别刻着《禹迹图》和《华夷图》，很可能就是贾耽地图的翻版。北宋元符年间（1098—1100 年），税安礼绘成了一本《历代地理指掌图》，共有 44 幅反映传说中的帝喾时代至北宋的疆域政区地图，并附有相应的说明文字。这是传世最早的中国历史地图集，它的南宋刻本和其他翻刻本至今还在流传。此后直到清末，传世的木刻本的历史地图集不下十余种。

清朝末年和民国初年，由杨守敬在其门人协助下编绘的《历代舆地图》

（以下简称"杨图"）问世了，这是中国历史地图绘制史上的一座里程碑。杨守敬（1839—1915 年），字惺吾，号邻苏，是湖北宜都人，幼年习商，后中举人，是一位杰出的历史地理学家，中年起致力于编绘历史地图，从光绪三十年（1904 年）起分朝代陆续出版。全书从春秋战国至明代，以一朝或一国为一组，共分为四十四组，分订为三十四册，全部采用古今对照，朱墨套印，凡见于《左传》《战国策》和各史《地理志》的地名，基本上都画上了地图。杨图比以往任何中国历史地图都更详细、精确，称得上是一项前无古人的成就。当然，随着时代的进步，到 20 世纪 50 年代，杨图已经显得不适应需要了。

编绘一部中国历代沿革地图不仅是当年禹贡学会未竟的事业，也是谭其骧的夙愿。在遵义浙江大学期间，他曾着手编绘，系主任张其昀也相当重视，校方为他配备了吕东明这位助手，但他能用以编绘的时间有限，资料的收集也异常困难，仅画成了二三十幅，只能用红黑二色印在土纸上。

1951 年秋，当时在南京的出版总署编审局新华地图社负责人曾世英致函谭其骧，约他编绘一本中国历代疆域图，由人民教育出版社出版。但谭其骧收到这封信时，已在出发下乡参加土改前夕，所以直到 11 月 2 日才在安徽五河农村给曾世英复了一信，表示同意，并拟订了一个计划，具体安排则待

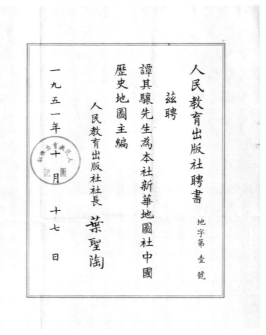

1951 年人民教育出版社聘请谭其骧担任新华地图社中国历史地图主编的聘书

土改结束后商议。曾世英很高兴，就又去函，希望谭其骧能去南京编图，或者能脱产一段时间，以便尽快编成，因为出版社方面希望以一年为期。

谭其骧当然无法去南京工作，所以他想到了正在北京大学读研究生的吴应寿。吴定于当年暑假毕业，希望回上海工作，所以谭其骧想以他为助理，暑假后开始编图。但当时复旦大学不能从北大毕业生中调人，吴应寿的工作关系必须另想办法落实。由于不久就开始了思想改造运动，学校其他工作完全停顿，到学期快结束时他才给曾世英复信，建议由出版社聘用吴应寿，但在复旦大学工作，协助他编图。

这项计划得到了人民教育出版社的批准，吴应寿毕业后成为新华地图社的编辑，实际在复旦大学工作。但作为历史系的教授，谭其骧不可能每周上七小时课以外不做任何其他事情，而且他们事先对编绘工作量和时间的估计也过于乐观，一年后发现要完成还遥遥无期，只能停止，吴应寿改任历史系的教师。

尽管从 20 世纪 30 年代开始，谭其骧和他的同人们经历了一次次失败和挫折，但他们在学术上已趋于成熟，中国历史地理研究自 30 年代以来已渐成气候，毛泽东主席的要求和决定又为这项巨大的工程提供了精神和物质上的保证，一个千载难逢的时机正等待着谭其骧和他的同人。

杨图委员会成立　应召进京

得到毛主席的指示后，吴晗立即邀集中国科学院第一、第二历史研究所及北京大学、国家出版总局、高教部、地图出版社等单位的负责人和专家商议，于当年 11 月 2 日成立了"标点《资治通鉴》及改编杨守敬《历代舆地图》委员会"，由他和范文澜领衔，黄松龄、董纯才、翦伯赞、侯外庐、向达、顾颉刚、尹达、刘大年、金灿然、王崇武为委员。前一项工作由王崇武为召集人，顾颉刚为总校对，在京的史学家聂崇岐、齐思和、张政烺、周一良、邓广铭、贺昌群、容肇祖、何兹全等参加标点，很快就开始了工作。后一项，吴晗想到了谭其骧。经他推荐，委员会一致同意请他进京主持改编杨图，责成高教部向复旦大学借调，时间暂定一年。绘图和制印方面的工作则由地图出版社负责。以后，由于标点《资治通鉴》的工作很快就完成，而改编杨图的工作既需要延长时间，又有所扩大，所以这个委员会的正式名称改为"重编改绘杨守敬《历代舆地图》委员会"，简称"杨图委员会"。

1954 年 11 月 9 日,高教部副部长黄松龄给复旦大学校长陈望道写信:

陈校长:

为整理祖国文化遗产,中央指定中国科学院标点《资治通鉴》与校绘杨守敬著《中国历代沿革图》。中国科学院因人力不足,且无历史地理方面的专家,提请借调你校谭其骧教授至该院工作一年。根据杨守敬编著的《中国舆地沿革图》,加以校正重绘,与《资治通鉴》一并印行,以利青年读者。对此重要任务,各综合大学应极力支持。拟请谭教授在今年寒假期内来京,务希惠允,并请函复为盼。

此致

敬礼

黄松龄(盖章) 十一月九日

复旦大学自然服从,陈望道亲自来到谭其骧的寓所,告诉他高教部的借调令和学校的决定,要他在春节后赴京报到。当时的党政官员和学者都十分讲究组织纪律,这两项工作虽已在北京开展,吴晗和好几位参加者都是谭其骧旧友,但此前没有任何人向他透露过风声,所以他既感兴奋又觉突然。根据以往经验,他知道"校绘"杨守敬地图的工作量会很大,并非个人一年之内所能完成,又顾虑在京工作时所需专业书籍资料没有保证,就致函中国科学院近代史研究所询问。不久他收到复信:

谭其骧同志:

收到你十二月十六日信。

关于改绘杨守敬地图事,上次开会商量,只言将杨图底本改用现行地图,对杨图本身不做过多修改,因为杨图缺点甚多,如详加补充订正,恐短期内不易完成,且亦非少数人力所克从事。但这只是初步如此想,你来后,我们再开会商量。

借调期间暂定为一年。关于绘图等技术工作由出版总署供给。一般参考书,科学院图书馆尽可够用,似不必多带书籍。

敬礼

又,我们将负责催请高教部正式行至复大。有关这事的详细的计划,等您来后面商。

刘大年 十二、廿一日

1955 年 2 月 11 日，谭其骧乘火车去北京，复旦大学党委书记兼副校长杨西光、党委副书记王零、党委统战委员王中等在校门口欢送，正在休养的历史系教授章巽、历史系总支委员胡绳武、助教徐连达等送至车站。第二天半夜车抵北京，地图出版社副社长兼副总编张思俊、副总编曾世英和金擎宇等到站迎候。

2 月 13 日，谭其骧在地图出版社副总编恽逸群的陪同下拜访了中国科学院历史研究所一所所长刘大年，刘不在，由王崇武接待。又去找吴晗，也没有见到。2 月 14 日，谭其骧去高教部报到，但没有见到负责人。当天下午，他就与地图社负责人商议绘图计划，以便及时开始工作。

2 月 15 日上午，谭其骧由王崇武陪同到北京市政府会见任副市长的吴晗。中午，吴晗在附近的文化俱乐部为他接风。两位老友已 15 年不见，自然有很多话要说，但议论最多的还是即将开始的工作。不过，当时吴晗将这项工作想得比较简单，加上他工作太忙，并没有什么具体的意见，只是希望尽快完成。

2 月 17 日下午，谭其骧去国家出版总局参加了他进京后的第一次标点《资治通鉴》和改编杨图委员会的会议，同去的有地图出版社社长沈静芷和编辑欧阳缨。谭其骧在会上汇报了他的工作设想和意见，但到会的委员都没有发表什么意见，因为当时大家还来不及考虑或不可能考虑到问题的复杂性，一切都得待实际工作开始后才能决定。欧阳缨参加这项工作是出于地图出版社的推荐，因为他以前编绘过好几种历史地图册。

谭其骧觉得不能等待，就向科学院历史研究所开了一份近期要用的书单，并着手核算所需要的底图。从 2 月 22 日开始，他集中了《汉书补注》等资料，准备先解决西汉敦煌和河西走廊的水道问题。26 日他致吴晗一函，谈鸣沙的名称和位置，征求他的意见。通过连日的努力，水道已有了眉目，他又转入解决西汉郡治。3 月 5 日，北京下了大雪，第二天雪刚停，谭其骧就去中国书店购买了《东三省沿革表》《宋辽金元方镇表》等工具书。3 月 7 日起撰写杨图各朝的年代说明。

到了 3 月 15 日，考虑到杨图委员会对提出的问题还没有作出答复，而改绘杨图的一项重要内容是增加反映清朝的地图，谭其骧决定先试画清朝图。20 世纪 40 年代初他曾研究过东北三省政区的设置过程，写过《东三省疆理志》，所以他想先画东北地区。但刚动手的第二天，他就发现清末东北建省前的资料尚未作过系统整理，要据以上图几乎无从入手。从 22 日起，欧阳缨参加搞清图，但他习惯于根据现成的地图改编，所以一般只是做杨图和其他旧图的移植,需要新编的地图均由谭其骧绘出草图,再由他抄清成图。4月7日,谭其骧去科学院图书馆借来清嘉庆、光绪《会典图》,整理东北资料,并开始编绘西藏地区图。

为了使用资料方便,谭其骧于4月4日从社里搬至历史二所宿舍。他见来京已有两月,改绘杨图的方针尚未确定,便在4月18日和19日分别去见二所所长侯外庐和范文澜,向他们报告绘图计划。21日又拟出了绘图意见。但吴晗五一节前工作太忙,要凑全杨图委员会的人也不容易,工作会议到5月5日下午才在历史三所召开。会议由吴晗主持,主要讨论决定改绘方案,即将杨图改到什么程度。欧阳缨提出的方案是,底图的山川框架仍根据杨图,用《大清一统舆图》,只是把图中的晚清府厅州县名称改按今制标名。谭其骧坚决反对,因为晚清与20世纪50年代政区的差异不仅是建置和名称的不同,当时的市县中有很多是晚清以后的新建置,还有不少新设的政区虽然在晚清也有同样的名称,但治所已经不在原来的地方,而《大清一统舆图》有些地方的山川框架与今天的差别很大,这些新建和迁建的县、市大部分没有办法画上去;何况《大清一统舆图》是19世纪50年代根据18世纪测绘的《内府舆图》缩编而成的,在当时虽不失为比较精确的地图,实际上错误还是不少,中华人民共和国成立后根据新的测绘成果所绘制的地图已有了高得多的准确度,我们为什么不采用精确的新图,反而要用二百年前不精确的旧地图作底图呢? 谭其骧认为欧阳缨的方案只是在旧框架上加上新地名,不伦不类,侯外庐、恽逸群也赞成他的意见。但吴晗极力支持欧阳缨的意见,使会议最后否决了谭其骧的方案,决定采用欧阳缨方案。从以后的情况看,吴晗之所以会支持欧阳缨的方案,固然是由于没有充分了解杨图本身的不足,更主要的是急于要完成毛主席交给的任务,因为欧阳缨的方案虽旧,但符合"改绘"的要求,一两年内可能完工;按照谭其骧的方案当然可以大大提高质量,工作却会旷日持久。

谭其骧很不愉快,但既然方案已定,只能照此办理。5月9日,他与欧阳缨作了分工,他负责历史地图,欧阳缨负责底图。张思俊多次召开会议,落实底图的绘制办法,至8月2日确定改用500万分之一底图。由于没有专门绘制底图,只是利用现成的图晒蓝,在绘历史地图时只能先用手工将多余的水道涂去,再画上古水道。对与古地名不符的今地名,同样要一一涂改。例如,8月8日,谭其骧花了整整一天时间,也仅仅在一幅图上改了河北、山西、陕西三省的地名,这项工作差不多耗费了一个月时间。与此同时,谭其骧从图书馆借来两部杨图,开始计算各代的幅数,考虑图幅的安排。由于已确定只是将杨图移植,他又同时开始画东汉、西晋图幅,在资料齐备时继续编绘清图。这时谭其骧已预感到改绘杨图绝对不可能在一年之内完成,6月8日他致函上海人民出版社,请求取消原定的撰写《隋唐五代史》的稿约。可是,复旦大学连一年都觉得太长了,6月21日,周予同打来电话转达校方意见,希望他尽快完成任务,争取早日返校。

通过一个多月的实践,按照吴晗确定的方案,工作中的矛盾越来越明显。吴晗一时难找,谭其骧就向王崇武反映。6月28日,王崇武通知他,可以按自己的计划拟就一份报告,发至各委员处征求意见。8月27日,王崇武带来了答复:同意改变计划,直接用今地图作底图。这就意味着,杨图的旧框框可以突破了。8月29日,谭其骧试用170万分之一今地图作底图画春秋图。次日在地图社决定改用新图作底图,淮河秦岭以北由谭其骧自己上图,以南由欧阳缨上图。尹达得知改图的决定,也表示赞成。9月13日,谭其骧拟成关于改底图的正式通知,寄给王崇武。或许是对改图有意见,欧阳缨并未动手,而是去做其他工作了,谭其骧只得一再敦促,新底图至9月22日完成。谭其骧开始画汉图,欧阳缨开始画元图。至11月16日,西汉图郡国部分初稿画成,费时54天。按照这样的速度,无论如何不可能在一两年内完成全图,所以谭其骧和地图社都通过王崇武向杨图委员会反映,要求增加投入这项工作的人力。12月2日,王崇武来电说,新华地图社答允抽人参加历史地图的工作,但要到明年才能开始。东汉图的初稿至次年1月17日完成。

谭其骧在宿舍中几乎每天要开夜车。9月20日半夜,邻室张某之妻突然来敲门,进室后就哭诉,因受他半夜工作的影响而长期失眠,使他感到"窘极"(日记)。谭其骧不可能不开夜车,只能与总务科商定搬至前院东屋。东屋一排三间,他住南边一间,向达住北边一间,中间一间是叶企孙的办公室,但向、叶二位都不常来。

当时,编图中已涉及了如何反映中国与邻国的历史边界和历史时期少数民族的表示问题,张思俊多次与谭其骧议过一些具体意见。8月27日,张思俊要求他拟出一份处理少数民族、我国台湾及朝鲜、越南的原则意见,准备上报有关领导部门审批。谭其骧先收集了有关台湾的资料在图上试画,感到难以决定,要求张思俊召开座谈会听取意见;张思俊仍主张先拟出处理台湾、属国和少数民族的意见。9月19日,刘大年听说谭其骧曾去找过他,就打来电话。他们在电话中讨论了历史地图上台湾的处理方法,刘大年主张从三国时代即画成大陆政权的一部分。经过连日努力,这份"关于历史地图中若干问题的处理方案"于9月22日交给了张思俊,但直到1957年1

月谭其骧结束在北京的工作时,有关方面还没有作出答复。

吴晗一心希望能早日完成,12月5日晚上,他和夫人袁震在北长街91号家中请谭其骧吃饭,还请了王庸作陪。这实际是一次工作汇报,因为饭桌上谈的大都是绘图,对当时的进度,吴晗显得十分焦急。谈到地图的开本和比例尺时,吴晗考虑到毛主席的需要,觉得比例尺不能太小,当即就给出版局打电话,要他们务必注意。但此时吴晗仍把工作设想得比较简单,认为只需改正增补一些杨图上的讹误脱漏,把内容转绘到今地图上,并把木版线装本改制成新式装订的地图册即可,估计可以在不长的时间内完成,因此还是希望时间不要拖得太长。但经过近十个月的工作,谭其骧已经意识到并非如此简单。因为杨图只画中原王朝设置政区的疆域,甚至连中原王朝的疆域都没有画全,所以不包括今天中国的全部领土,也不包括在今天中国境内的一些边疆政权。杨图的"历代"上起春秋,下迄明代,不包括夏商周,也不包括清代。杨图所用的底图是胡云翼的《大清一统舆图》,这在当时虽不失为最佳选择,但与今地图的差异很大,不可能将其内容直接移植到今地图上去。杨图的讹误脱漏也比原来估计的要多得多,既然发现了就不能不予以改正和增补。但当时他还说服不了吴晗。

转眼已近一年,复旦开始催谭其骧如期回去,家中也要他回去过年。为此,谭其骧又与王崇武联系。1956年1月23日,王崇武答复,暂时不能考虑回去。30日,谭其骧给子女写信,告诉他们春节不能回去。由于工作计划多变,进展缓慢。与欧阳缨的合作很不愉快,又没有合适的助手。除了吴晗,杨图委员会实际上无人领导,只有王崇武在起联络作用。2月初谭其骧曾多次打电话找吴晗,也未联系上。

2月下旬开始,复旦的催促如紧锣密鼓。首先是上报高教部,由高教部发函通知谭其骧回校。3月1日、2日,谭其骧接连收到学校来信,3日又收到了历史系主任蔡尚思来信。次日早晨,他立即将高教部和蔡尚思的信交给尹达,请他赶快与吴晗商议。8日,正当他写回信给蔡尚思时,又收到了学校寄来供他买火车票的汇款。吴晗与高教部有约在先,不能硬将谭其骧留在北京,与范文澜商议后给高教部去了电话,原则上同意他返校,但应将改绘地图的工作带回复旦去继续完成。

3月17日,范文澜致函复旦大学:

复旦大学负责同志:

"改绘杨守敬地图委员会"为编印地图事,曾由我所商请高等教育部借调你校谭其骧先生来京参加，当时言明以一年为期，现已期满，我们同意谭先生仍返你校工作。惟杨图改绘工作刚刚开始，需要长时期绘制才能完成。我们建议谭先生将此工作带到上海去做，由新华地图社配备绘图人员，由你校从今夏毕业学生中选拔数人当助手，经费方面则由科学院支付，希望你校大力支持。

敬礼！

范文澜　三月十七日

当天王崇武将这一决定通知了谭其骧，要他拟订计划。21 日晚上，范文澜、吴晗在萃华楼宴请杨图委员会的刘大年、尹达、侯外庐、向达、翦伯赞和谭其骧、张思俊、王崇武，商议下阶段工作，主要还是谭其骧的去留问题。谭其骧说明情况后，大家都认为，要在短期内完成改绘是完全不可能的，吴晗也不得不接受他本来不愿接受的现实。但他和历史所的几位领导都明白，如果谭其骧回到复旦，绝对不可能像在北京那样专心一意，绘图工作肯定会受影响，不如干脆改借为调，由科学院直接与高教部打交道。最后决定先让谭其骧给复旦写信，以绘图工作一时不能中断为由，要求再延长一段时间。这封信自然不容易写，所以他从 22 日开始，断断续续花了几天时间也没有写完。29 日早上，范文澜打电话来催问此事。而当天下午，复旦大学派金冲及专程来京，请谭其骧回校。送走金冲及后，谭其骧只得找尹达商议对策，尹达仍要他抓紧写信。到 30 日半夜，这封难写的信总算写成，次日寄往复旦。

尚思同志并转

望道

西光校长：

最近此间负责同志已致函高教部，明确表示同意我返校，想高教部当已转知学校。事实上他们从来也不曾有过久借不还的意图，学校对此点实不必有丝毫顾虑。现在的问题只是如何把这项必须完成亟待完成的绘图工作继续下去，不致因我个人的借调期满而受到阻碍。

我仔细考虑了许久，又和新华地图社编辑部同志商谈了许久，觉得把此项工作搬到复旦去做，虽不是绝对不可能，但困难很大。

第一，此项地图的全部编绘过程自始至终是一种集体工作，主编、助编、绘图员、地图社编辑部各方面必须紧密配合，经常保持联系，才能顺利推进。如果我返校，即使助编和绘图员跟着我走，地图社编辑部不能跟着我走,那就会招致绘制技术上的困难。若事事函商,则影响进度;若擅作决定,则难免不犯错误,走弯路。地图社本有一部分在上海,那是一个办事处,不能担当决定绘制技术的任务,并且不久这一部分也要搬到北京来了。

第二,助编三人,绘图员三人,要他们一起跟着我移校工作,也有困难。其中如欧阳缨老先生年事太高,只身离家或举家迁移,都有困难,恐怕组织上也不便勉强他跟从。若放弃在京熟手人员,到沪另觅新手,当然又要使工作受到损失。

第三,工作虽是集体的工作,但作为主编的我的一部分工作,助编是代替不了的。换言之,即不可能用增加助编的办法来减轻我个人对此项工作应做的工作。如果我返校,即使不开课,总不能对所有系里的教学工作完全不闻不问(否则何必要我回去),当然会影响绘图工作。我个人的工作一耽误,全部工作也就势必因而脱节,陷入紊乱甚或停顿。

除以上三点外,还有二事可能也有困难。学校要为我们准备七个人的办公室、绘图桌以及其他的设备,还要为六个人准备宿舍,其中还有几个人要带家眷,此其一。在京调集应用图书相当方便,我校在这方面的条件比较差,向校外借用的手续也很麻烦,此其二。

困难既如此之多,如勉强移沪,必然会对工作产生很不利的后果。按照目前在此的人力配备与工作安排,继续进行下去,全部工作估计一年半后可以完成;一有变动,那就不知拖延到哪一天去了。

同时我也考虑到了如果暂不返沪,对学校教学工作会有什么影响。我觉得影响不大。我原来担任的专业课现由吴应寿同志接替,他教得不坏,没有必要定要交还给我。原议去秋开设中国中古史专门化,我不回校确有困难,现高教部已决定各专业不必急于成立专门化,此项困难短期内即不复存在。我知道我回校的主要作用是开设选修课,选修课当然应该尽可能多开几门,但少开一二门问题还不至于太严重。此外还有指导研究生的工作,估计一二年内招生不会太多,系里现有的中国史教授,除我而外还有四位,似已足够应付。

绘图工作和教学工作二者同样是国家和人民需要我做的工作,根据以上情况,即移沪对绘图工作影响较大,留京对教学工作影响较小,因此就工作论工作,我认为与其要我二者兼顾,一方面不能好好地从事教学,一方面又耽误了绘图,不如让我留京集中全力尽速先把图搞出来,一俟完工,当即返校,然后再正常地恢复我的教学工作。

再者,我回校后若学校需要我开历史地理一课,需要我指导研究生做这方面的研究工作,那末历史地图的编绘完工,岂不也就是为更好地进行教学准备了条件吗?

我主编历史地图今番已是第二次。第一次由出版总署主持,也曾几次想借调我来京,当时学校领导认为可以在教学岗位上同时兼顾,没有同意,结果顾了教学顾不了绘图,拖了一年多所成无几,完工遥遥无期,被迫停止。(助编吴应寿同志因而转入我校改任助教。)前车可鉴,今番岂可再蹈覆辙?比较详细的历史地图的出版实为多年来学术界所迫切需求,如果再过三两年还搞不出来,岂特主持此项工作的几位同志无法向上交账,恐怕也很难得到学术界大众的谅解。

我的看法可能很不正确,希望得到您的指示。

此致

敬礼

谭其骧　三月十八日

这封信上所署的时间还是 3 月 18 日,应该是谭其骧开始写信的那一天。科学院方面要将谭其骧留在北京,还有另一方面的考虑。

1956 年初,中央正准备制定科学工作远景规划,中国科学院所属的地理研究所和历史研究所商议要开展地理学史、自然科学史和历史地理的研究,并成立相应的研究机构,都想到了谭其骧,一些领导和他的师友希望能将他调入科学院,主持这方面的研究。1 月 21 日晚,他的好友、地理研究所副所长黄秉维来找他,要他赶快起草发展地理学史和历史地理研究的十二年规划,以备提交规划会议。第二天,尹达与他谈到了成立历史地理研究机构的问题,要他抓紧写出规划。他经过几天的突击,至 24 日半夜终于写成。27日下午,已经担任北京大学地理系主任的侯仁之和正致力于研究地图史的王庸与谭其骧讨论了研究计划。以后他们三人又讨论了多次。

1 月 31 日,国务院副总理李富春、陈毅在怀仁堂作了关于科学工作远景规划的报告,谭其骧与尹达、侯外庐一起参加了会议。此后,谭其骧在编图的同时,参加制定中国科学院地学部的规划。2 月 17 日,竺可桢副院长在西郊宾馆主持召开科学史规划会议,谭其骧和刘大年、侯仁之、王天木、李涛、钱临照等出席。根据会议的要求,谭其骧与侯仁之、王庸又讨论了地理学史研究规划,由他写成后寄给刘大年。在 2 月下旬和 3 月上旬,他先后参加了在中关村召开的地学部规划座谈会、在西郊宾馆和西苑大旅社召开的科学史规划会。2月28日，竺可桢在西苑大旅社召开有关专家会议，袁翰青等一致提议，要把科学史建设成为一门学科，要设立专门机构，要有专职人员。会议决定委托叶企孙、谭其骧和席泽宗收集资料和起草规划，由叶企孙召集。席泽宗当时还是一位青年，以后成为科技史专家，担任中国科学院自然科学史研究所所长，当选中国科学院院士。当年10月20日，竺可桢参加了在意大利召开的国际科学史大会回国后，又主持会议，讨论科学史研究的开展，严敦杰报告了明年度的初步计划，确定下来的有：成立自然科学史研究室，整理研究故宫所藏古地图，注释出版中国古代地理名著，最后一项工作由侯仁之负责。

2月16日，历史二所成立学术委员会，在文化部会议室召开首次会议，参加者二十余人，潘梓年、陈垣先后致词，向达、侯外庐、叶企孙等作报告，出席的委员有邓拓、尚钺、邓广铭、邵循正、郑天挺、王崇武、杨荣国、翁独健、冯家昇、傅乐焕、贺昌群、白寿彝、李俨、季羡林和谭其骧等。委员中的顾颉刚和刚从南京赶来的韩儒林参加了下午的讨论。作为学术委员，此后谭其骧也参加了二所、三所的规划会议，并提出了书面意见。5月间，尹达要求谭其骧起草一份开展历史地理研究的计划，不久又让他写一篇宣传这一新研究领域的文章。

5月26日下午，应郭沫若院长之邀，中宣部部长陆定一作了题为"百花齐放，百家争鸣"的报告，谭其骧与其他三百多位参加规划制订的代表在怀仁堂听了他的报告。会后，周恩来总理举行招待酒会。6月份，谭其骧还去西郊宾馆参加了古代史的规划会。6月14日下午，毛泽东主席、朱德副主席、周恩来总理和郭沫若在怀仁堂外草坪与全体代表合影。科学规划会议至此结束。

7月份，科学院和高教部又召开了教学大纲审查会。7月1日下午，谭其骧出席了郭沫若在北京饭店召集的中国史、中国哲学史教科书座谈会，陆定一、黄松龄、胡绳等到会，陆定一还发表了思想相当解放的谈话，大意是：教学大纲要不要，口试是否合适，各校是否要编讲义，都可以研究，以便节省人力，少走弯路；学苏联，也可以从反面学，思想不要太一致；唯心哲学也应该讲。

7月5日上午，高教部在西苑大旅社召开文史18种教学大纲审查会，谭其骧参加了中国史大组会，见到了缪钺、蒙文通、徐中舒、刘节、梁方仲、李埏等熟人，有的已有十多年未见了。以后几天，他分在第二段（魏晋南北朝）小

1956 年 6 月 14 日,中共中央领导人接见参加拟制全国科学规划工作会议的科学家合影(局部,第四排右二为谭其骧)

组,同组还有唐长孺、王仲荦、缪钺、韩国磐、陈登原。会议至 7 月 15 日结束。

尽管这些方面的工作占去了谭其骧大量时间,但绘图工作始终在进行,丝毫没有松懈。2 月中旬,他将一批清代地图的草图交给地图社的时德涵抄清,黄克晟、凌大夏先后参加绘图工作。3 月 8 日,送到上海印制的清图底图寄到,谭其骧开始与绘图人员讨论图例。13 日,在地图社的工作会议上决定,改绘后的杨图上历史地名不用简体字。新华地图社的三位绘图员也于 4 月 2 日报到,开始清绘底图,谭其骧则继续完成清代图,以便让绘图员们及时清绘。5 月 9 日,为了确定各图的比例尺等问题,谭其骧去北京市政府向吴晗汇报。在 12 日举行的杨图会议上,决定将 300 万分之一定为各图比例尺的通例,先制成样本,当时估计全套地图册大约有 40 个印张。为了便于谭其骧上班,从 8 月 2 日起地图社每天用三轮车接送。

经过科学院的活动,高教部的态度有了松动。5 月 26 日,谭其骧应召去高教部综合大学司,会见了于北辰副司长。在听取了谭其骧的汇报后,于司长表示,绘图工作很重要,应该做完,但究竟如何安排,还需要听取复旦方面的意见。但复旦没有改变态度,6 月底,陈望道校长赴京出席教育部会议,就与范文澜联系。29 日,陈望道来到谭其骧宿舍,告诉他,范老已表示去留由他自己决定,因此原则应该回去,工作不停,具体办法回上海后再说。

7 月 18 日,一学期已过去了,系主任蔡尚思再次来信,请谭其骧回校。8

月 15 日,谭其骧收到长女德玮的信和电报,她已考取吉林工学院,22 日将去长春。至此,他决定请假回家一次,赶在女儿出发前到达。17 日,章巽因出席地理学会会议到达北京,当他得知谭其骧要回去时,很不以为然,认为无疑是"自投罗网",复旦不会再放他回北京。谭其骧觉得也有此可能,但"势成骑虎",难以改变,还是在 18 日返回上海。

送走女儿后,谭其骧在上海住了一个多月,这期间北京催他快回去,因为制好的图等他去校,清图也没有编完。最后,学校同意他回北京做结束工作,然后尽快返校。10 月 12 日,他第二次来到北京,安顿下来后就开始校已经清绘出来的清代地图,拟定清图的编例,撰写出版说明,同时补绘清代青海图,为西汉图补地名。

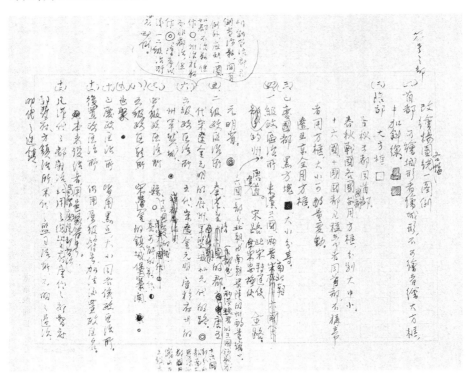

谭其骧拟定的《改绘杨图各幅统一图例》手稿(局部)

尹达觉得不能太勉强,下一步还是在上海试办,可以尽量提出应该配备的条件。黄秉维告诉他,竺可桢正出国访问,待下星期回国后可以再谈一下。竺可桢回国后,果然向钱俊瑞提出,要正式调谭其骧进科学院。吴晗还想挽留,建议谭其骧给陆定一写信,谭其骧怕引起高教部和复旦大学的不满,没有同意。10 月 18 日,历史系总支委员朱永嘉代表复旦来信,说明学校无法提供绘图的工作用房。24 日，谭其骧找高教部李云扬，提出了绘图用房及未来研究室的经费问题。当天，刘大年在电话中提出了三种解决的办法：一是由科学院出钱津贴谭其骧个人，二是科学院与复旦联合办研究室，三是由科学院委托复旦办研究室。谭其骧立即写信给朱永嘉，转达了尹达、李云扬、刘大年这三人的意见。25 日，地图社开会决定，房子问题先看科学院有何解决办法，聘谭其骧为特约编审。11 月 17 日，竺可桢专门约了高教部副部长黄松龄商谈，准备请中科院哲学社会科学部副主任潘梓年致函陈望道校长，让谭其骧提供有关材料。12 月初，潘梓年去上海，但不知什么原因，他没有见到陈望道校长，而复旦再次催谭其骧回校的信接连寄到。谭其骧决定月底或下月初回上海，竺可桢、吴晗无可奈何，表示同意。竺可桢打算等谭其骧回复旦后一两月，就致函陈望道，聘谭为科学院兼任研究员。12 月 26 日，谭其骧向吴晗提出了回上海后组织章巽、吴应寿二人参加编图的打算，此后又与地图社具体商议了回上海后如何与地图社协调的方案。1957 年 1 月 4 日，尹达召集他与国家出版总局的金灿然、地图出版社社长沈静芷和张思俊研究下阶段的工作计划，确定《图集》的第三、四、五册各用半年时间来完成。侯仁之、黄盛璋也与他商议了历史地理学科的发展与中国地理学史的编写等工作。黄盛璋是浙江大学史地系 1949 年的毕业生，原在中国科学院语言研究所工作，不久前调入地理研究所。

　　就在他忙于向师友们告别和参加他们举行的欢送宴请之际，谭其骧又物色到了两位助手——王文楚和邹逸麟。王文楚本是他的学生，1956 年毕业于复旦大学历史系，分配来北京中科院历史所工作。邹逸麟是山东大学历史系 1956 年的毕业生，分配来历史所工作。他们的家都在上海，得知中科院上海分院有成立历史研究所的计划，周予同将出任所长，就向所里打了调回上海的报告。正好谭其骧因助手不足与尹达商议，尹达就提出让他们两人随他回上海工作。1 月 7 日，谭其骧与王文楚、邹逸麟见面，与他们约定到复旦报到。

　　动身前的 1 月 9 日，谭其骧在历史所作了中国历史地理概论的学术报告。即使对专业历史研究人员来说，历史地理也是一门陌生的学科；很多人只知道谭其骧来所改绘杨图，却并不了解编绘历史地图的意义；谭其骧生动形象的报告给他们留下了深刻的印象。他的离开使尹达要建立历史地理研究机构的计划一时受挫，但他的报告为在历史所设立历史地理研究室作了舆论准备。

　　1957 年 1 月 12 日下午五时，南下的列车载着谭其骧和待完成的改绘杨图任务驶离北京,他心里明白,以往近两年的努力只是开了一个头。

此后范文澜改任顾问,杨图委员会的领导工作由吴晗和尹达共同主持。

八年辛劳 功亏一篑

到达上海的第二天,谭其骧就向陈望道校长作了汇报,当晚又和负责联络编图工作的朱永嘉讨论了具体安排。次日早上就到朱永嘉处取了钥匙,冒雨去新华地图社上海办事处看工作用房。

根据在北京时确定的安排,上海的工作室由新华地图社提供,就安排在距该社上海办事处不远的北苏州路河滨大楼。这是一套两室的公寓,但有很宽敞的厨房和卫生间。谭其骧看后,觉得能容纳得下工作人员,中午吃饭可以去附近的办事处,与办事处联络也方便,决定启用。经过几天准备,1月21日,他和章巽在绘图室召集三位绘图员研究工作,他们是地图出版社的时德涵和复旦大学的慎安民、郑永达。23日,王文楚、邹逸麟来室报到,25日起谭其骧安排他们作清行政区划表。

尽管谭其骧、章巽、吴应寿、王文楚、邹逸麟和三位绘图员全力以赴,但不出吴晗等所料,谭其骧一回学校就身不由己了。当然也有吴晗等意料不到的事,那就是不久就开始的整风"反右"和接踵而来的大小运动。

3月30日起,谭其骧参加了一系列政治学习。在随后开展的整风和"反右"运动中,谭其骧虽因得到保护而安然无恙,但妻子李永藩与在交通大学读书的长子德睿均被划为右派。持续到11月份的运动和家庭的不幸,自然不能不影响他的编图工作。

1957年底整风运动的整改阶段有下乡下厂,同时进行的有勤俭办学。1958年1月至8月是"除四害"和"除七害",并开始勤工俭学;3月份开始"双反"(反浪费,反保守)运动,又进行厚今薄古大辩论;5月份起学习和宣传总路线;8月份开始"大跃进",同时在历史系开展对蔡尚思、谭其骧和周谷城的学术批判,全校大炼钢铁;9月份全校皆兵(成立民兵纵队);10月份下乡劳动。1959年稍为安宁,但8月份全校"反右倾,鼓干劲"。到1960年3月又开始了新的一轮"大跃进",4月份起大搞"文科革命",随之而来的是严重的"三年困难"时期。至1963年下半年,阶级斗争之风又转烈。1964年1月开展"五反"运动,7月起开展"学术批判斗争",8月开展社会主义教育运动,师生下乡参加社教。1964年师生继续下乡参加"四清"运动,学习毛主席

"春节指示"和"七三指示"，实行精简课程和开卷考试。1965 年 11 月，姚文元的《评新编历史剧〈海瑞罢官〉》发表，揭开"文革"序幕。在这些持续不断、此伏彼起、令人目眩的运动中，有时谭其骧是运动的对象，有时又要当运动的组织者或参加者，多数情况下是两者兼而有之。如 1964 年 10 月，复旦要组织教师下乡参加"四清"，历史地理研究室也不能例外，只是在北京杨图委员会发来电报后才改为分批下乡。11 月 22 日，谭其骧参加上海市政协组织的去肖塘公社学习，历时 20 天。1965 年 12 月 11 日，谭其骧参加去朱行镇"四清"学习，至 1966 年 1 月 17 日才结束。有时他虽因负有"重要政治任务"而得以优游于运动之外，但编图的其他人员就难以享受到这样的优待，更不用说这些不断在进行着的运动给他们思想上和精神上带来的影响，编图工作怎么能顺利进行呢？

绘图室的人员虽然并非不参加学校的活动，但在一些人的眼中却是一处世外桃源，五位教师中没有一个党员，吴应寿的家庭出身是地主，邹逸麟的出身也是资产阶级，谭其骧还属团结教育的对象，章巽被认为是值得批判的资产阶级知识分子。在当时的形势下，这样的人员组成，再加上这些人不在学校工作，引起一些人的议论和怀疑是并不奇怪的。所以到当年 9 月 14 日，绘图室就迁至校内。

1958 年秋，学校又从历史系四年级学生中选出周维衍、魏嵩山、赵少荃、林汀水、项国茂、王天良、祝培坤、嵇超、朱芳（毕业后调出）、林宝璋、刘明星等 11 人参加编图工作，以加快进度，同时也希望通过这一措施，迅速培养出一批专业人才。1959 年后，又有华东师大、中山大学和西北大学的地理系毕业生张修桂、孔祥珠、赵永福（后改名赵永复）、陈家麟、周源和、李新芳、王仁康、章祖生（后改名章左生、章左声）等 10 人分配来研究室。以后又增加了研究生毕业的胡菊兴和青年教师李德清。谭其骧为了使这些年轻人尽快掌握历史地理的基础知识和编绘历史地图的专门技能，经常结合编稿工作给他们讲课，认真批改他们试写的考释，还和章巽一起写出具有示范性质的考释文字，作为内部资料印发给大家参考。他们中的绝大多数参加了此后的编绘工作的全过程，经历了好多年夜以继日的艰苦奋斗，有几位还担负了领导工作，有的成为学术骨干。到 1966 年"文革"前，历史地理研究室已有教学、研究和辅助人员三十多人，成为国内最大的历史地理研究机构。

1956 年 12 月，还未返回学校的谭其骧当选为复旦大学工会副主席，连任至"文革"开始。1957 年 5 月 12 日上午，党委书记杨西光和副书记王零在文化俱乐部约他谈话，请他出任历史系主任，当月开始即由他代理蔡尚思的

1960 年 6 月,谭其骧与复旦大学历史系历史地理研究室编绘图集的师生合影(前排左五为谭其骧)

系主任职务。1960 年 10 月他被正式任命为系主任,实际只是补办手续而已。1958 年 9 月起任校务委员会常委,同时担任九三学社复旦支社副主任,1961 年起任主任。1960 年 5 月被评为上海市高等学校先进工作者,并出席全国文教"群英会"。1964 年当选为第三届全国人大代表。这些职务多数不必由他负具体责任,有的只是荣誉称号,但因此而占用的时间却相当可观。如 1964 年 12 月 11 日开始,他接连参加上海市九三学社代表大会和三届全国人大一次会议,到 1 月 13 日才回到家中。特别是系主任一职,要应付教学、科研和教师、学生两方面的工作,经常使他不得不花去一天的大部分时间。此外,还有一些免不了的社会活动和学术活动。如 1957 年 8 月 1 日至9 月 8 日,他应侯仁之之邀去青岛疗养并撰写《中国古代地理名著选读》中的《〈汉书·地理志〉选释》,1958 年 11 月下旬应邀参加华东师大历史系师生赴扬州等地的考察。而花费时间最多的一项,则是《辞海》中"历史地理"条目的编写,他于 1962 年 3 月参加辞海编委会,其中自 1962 年 9 月至 1963 年8 月底集中在浦江饭店编稿,成为他这一年间的主要工作。邹逸麟、王文楚等也参加了《辞海》的集中编写。直到 1964 年底,《辞海》的会议和编写工作还经常不断。

1959 年 7 月，复旦大学建立历史地理研究室，由谭其骧任主任。1960 年起招收了两届共 55 名历史地理本科生，为了办好这个全国唯一的历史地理专业，谭其骧和室内同人又增加了教学方面的任务。这些措施对发展历史地理学科、培养和造就专业研究人才当然是有力的促进，但与编图工作却不无矛盾，因为学校领导总希望谭其骧能多花一点时间在这些方面，遇事也要多考虑一些本室、本专业的发展，这些与编图往往很难两全。

另一方面原因，是杨图委员会也缺乏有力的领导，整体计划多变。当然有些因素并非杨图委员会所能左右，例如 1958 年底新提出的《中华人民共和国国家地图集》（简称《国家地图集》）中历史地图卷的编纂。

1958 年 7 月 7 日，谭其骧应召赴京出席《国家地图集》筹备会议。到达北京后，才知道会议已改在 17 日召开，他只能在北京等候，顺便与有关同志商谈杨图工作。17 日会议开始，谭其骧在 18 日的会上谈了历史地图的初步目录和有关问题，苏联专家及张思俊等提了意见。在 19 日下午讨论时，确定《国家地图集》的第四部分为历史地图，指定由复旦大学承担，并提出可将中国科学院地理研究所的历史地理小组调往上海协同工作。谭其骧当场表示将编图机构放在上海是不利的，因为这项工作必须与中科院历史所、民族所等单位合作，还应经常与技术部门联系，在上海很不方便；更主要的是，在上海时间难以保证。21 日是大会的最后一天，但历史地图仍无人负责，刘大年推给刘导生，至散会时尚未确定。

本来准备在会后安排杨图的审稿会和解决编纂《国家地图集》与改绘杨图工作时间问题的会议，考虑到谭其骧来京时间已颇久，工作时间问题用开会的办法也解决不了，尹达主张都取消，审稿用传阅的方法，工作时间问题交由国家地图集编委会一并考虑安排。谭其骧已修改拟订了目录，提交给在 26 日下午召开的历史地图专门委员会会议。28 日，尹达、谭其骧与吴晗商定，杨图的编稿先由谭其骧签署意见，再由吴、尹二人作决定；时间问题则由吴晗与国家科委协商。尹达对编图提出的意见是：底图上只要有二级行政区划就可以了，底图可以搞大一些；地名不能太少，但也无须太多；不用古今套印。关于最后一点，在谭其骧强调了古今对照的重要性后，尹达也没有坚持。在这次和以后的会上，吴晗多次强调了主编责任制，他说："集体的著作不赋予主编裁决的权力是不行的，我们这套图必须认真实行主编负责制。你是主编，你得对每一幅图的内容负责。"他不止一次在会上着重声明："委员会不接受没有谭其骧签字的图稿。所有图稿，最后都得由主编审查通过后签字，委员会才能交付出版社。"29 日，谭其骧与杨向奎、黄盛璋等一起拟订了历史地图的初步分工。

9 月 13 日下午,标点前四史及改绘杨守敬地图委员会召开工作会议,范文澜、吴晗、尹达、侯外庐、金灿然、张思俊出席,对改绘杨守敬地图工作的决议是:

> 1. 此项工作已商请由国务院科学规划委员会领导。中国科学院三个历史研究所负责审图。
>
> 2. 改绘工作原由复旦大学历史系教授谭其骧负责。地图出版社派人协助。拟请科委与教育部联系将此工作列入复旦大学研究工作计划,由该校负责领导完成。
>
> 3. 改绘地图分幅陆续出版,限于明年国庆前出齐。
>
> 4. 改绘地图以今图为底图,应力求精确和统一。台湾及我国领海内的各岛屿必须绘入。[1]

根据国家科学发展十二年规划,编纂《国家地图集》的任务原定到 1967 年完成。1959 年,在"大跃进"的形势下,国家科委决定提前到 1960 年完成。4月 1 日至 5 日在北京召开了第一次编委会扩大会议,谭其骧任编委和历史组召集人。但在前期研究和编绘人员有限的情况下,特别是在改编杨图的工作正在进行时,再提出这项任务并要求在一年多的时间内完成,无疑是不现实的。1960 年后《国家地图集》的编纂工作下马,直到 20 世纪 80 年代初才重新恢复。

但在拟订《国家地图集》目录的影响下,改绘的杨图一度准备增加反映历史上工矿业、民族分布和重要战争的地图。鉴于底图的问题一直未能彻底解决,同时考虑到设计与制印方面的需要,1958 年底由地图出版社召开了一次工作会议。谭其骧于 12 月 30 日到达北京,当天上午就与张思俊、刘宗弼商谈,决定完全改用新底图。刘宗弼是浙江大学史地系 20 世纪 40 年代毕业生,在国家测绘总局测绘研究所工作,参加制图和设计方面的工作。第二天下午,国家测绘局副局长白敏参加了他们的讨论,白敏赞成他们的决定,进而建议:(1)起草总设计书;(2)每朝的总图可以画得极简单,然后按政区画分幅图,每幅的比例尺可以不同;(3)要求对杨图作真正的整理,要作很好的考据,作附录;(4)以一百万分之一作底图;(5)既要现代化,又要古雅,可以从古画中吸取风格;(6)每幅图要有一位历史编辑,一位制图编辑。

1959 年元旦的下午,谭其骧与白敏、张思俊去吴晗家中商谈,吴晗同意

---

1 《文汇读书周报》2007 年 9 月 21 日第 5 版特稿,严明丹《中华书局点校本"二十四史"》附录。

重新设计的方案。以后几天,谭其骧与张思俊、刘宗弼等继续起草、修改方案,沈静芷建议改为上报国家科委的文件,所以到谭其骧1月8日离开北京时文件尚待完善,只能留下由地图社方面继续修改。这次会议彻底抛弃了杨图的旧体系,决定不再用杨图所用《大清一统舆图》为底图,改用依据最新测绘资料新编的底图,这对于保证这套地图集的精确性起了决定性的作用。

关于杨守敬《历代舆地图》编制重绘工作情况
及请审批重新制订整编改绘杨图方案的报告

整编改绘杨守敬《历代舆地图》工作,自1955年春由杨图整编改绘委员会交由复旦大学谭其骧教授和地图出版社负责进行以来,至今已将满四年。其中前两年是在北京工作的,曾制订了设计书,编绘了底图,完成了秦、西汉、东汉三期的编稿,另外又编绘了清代行政区划挂图一幅。1957年春因复旦大学请谭其骧教授回校担任教学工作,将工作地点迁到复旦大学。两年来工作人员虽有增加,因参加了整风运动,又因主要编绘人员都是复旦历史系的教师,他们只能利用教学工作的业余来从事此项工作,因而进度比较迟缓。截至目前,改编图稿(包括文字编)约三分之一,清绘图幅近四分之一,制印版样近五分之一。但从印刷制版中,发现有很多不合制图规格的地方,推究其原因有四。1.从设计上强调采用统一的比例尺,以三百万分之一为主,只有少数朝代的部分地区加画一百五十万分之一放大图,今图又规定用统一的底图,绘制结果,有些地区古地名显得过于稠密,有些地区又过于稀少,很多地区的今地名都嫌过多。2.原用底图是根据四百万分之一的全国挂图描绘放大而成的(当时新编一百万分之一尚未制成),内容有不少欠正确的地方。3.玻璃纸伸缩性很大,复制清绘稿上的误差也就很大。4.清绘人员因缺乏做过这样精细的古今套印的历史地图的经验,加之思想上重视不够,因而不能完全符合编稿。此种情况自经发现后,曾多方设法弥补修正,避免重绘,终因图幅内容过于繁复,难以一一修改校正。根据专家意见,认为有重绘的必要。但因科委指示,杨图应在今年国庆节以前完成,如要重新整编改绘,就有一系列的问题,比如底图问题、时间问题、进度问题,必须作适当解决。因此,谭其骧教授到京会同地图出版社向杨图整编改绘委员会吴晗同志和国家测绘总局白敏副局长汇报请示。遵照白副局长和吴晗同志指示,我们进行了研究,特提出如下的整编改绘新方案:

一、分幅原则:各朝按政区分幅编绘,冠以一轮廓性指示性的总图。各图幅按内容繁简,确定比例尺的大小和所占篇幅多少,可以几个政区合为一幅,也可以一区一幅,或一区数幅。

二、开本:原定用四开本,为便于用政区分幅和使用方便起见,拟改用八开本。

三、编制方法:

1. 底图采用总参测绘局和国家测绘总局共同新编的一百万分之一的中国地图,缩制为各种需要的比例尺。

2. 为确保套印正确计,编稿和绘稿一律裱糊在锌版上进行。

3. 表示方法,郑重突出古图,适当地绘注今图,以衬托古图为主。整饰力求典雅和谐。

4. 各图按需要酌量绘制晕渲。

四、进度:

1. 设计:设计工作量估计为 200 工,一、二月份各投入 5 个工作人员,至 1959 年 2 月底完成设计书、样图及编绘用底图。

2. 编稿:编稿工量,除已完成部分外,尚需 5500 个工作日。其中属于编辑的工作量计 1500 工,属于助编的工作量计 4000 工。按现有编辑人员(兼职 3 人,专任 2 人)每月投入工(兼职人员每月 10 工,专任人员每月 20 工)计算,需 21 个月完成;助编 12 人,每月投入 240 工,17 个月可完成。预计明年国庆前可完成。如果要求今年国庆节前完,根据我校的情况,要再调出编辑人力 6 人是有困难的。因此,我们建议,完成出版的时间,按实际情况,延至 1960 年国庆。今年国庆节前编稿完成 80 幅(约为全部杨图的二分之一)。

3. 清绘:清绘工量估计为 2800 工作日。由地图出版社派出清绘人员,密切配合编稿进行清绘。在今年国庆节前完成清绘稿 40 幅(约为杨图的四分之一)。

4. 出版:由地图出版社负责出版印刷,今年国庆节前出版 20 幅(约为杨图八分之一)。杨图拟采取分批出版的办法,今年国庆节出一批,年底出一批,1960 年再分批出全。

以上方案和意见是否妥当,请予批示。

复旦大学

国家测绘总局

1959 年 1 月 □ 日

4 月份谭其骧进京参加国家地图集编委会会议期间,白敏、刘德隆、张思俊、邹新垓、刘宗弼等又与他商谈了制图方面的问题。

为了采用最新测绘的今地图作为底图,并用现代方法制图,白敏提议将这项任务交给国家测绘总局所属的武汉测绘学院,他认为地图出版社当时采用的底图和绘制方法已比较陈旧,不适应新的需要。从 1959 年下半年开始,武汉测绘学院参加了底图的准备和图稿的清绘。1961 年后,测绘总局所属的测绘研究所成立了历史地图室,专门负责杨图的制图工作,武汉测绘学院的几位毕业生分配至该室工作。

7 月 17 日,谭其骧与章巽一起进京出席杨图会议,这次会议主要讨论设计问题。19 日早上一到北京市人委招待所,谭其骧立即与刘宗弼一起去拜访吴晗,研究了开会的筹备事项。20 日,他又先后与沈静芷、白敏交换了意见。当晚迁入和平宾馆后,又与沈、白去吴晗家商谈了会议的准备工作。21 日,吴晗、尹达在历史所主持了杨图会议,学部的姜君辰等二十来人参加。谭其骧汇报了四年半来的工作,接着就讨论设计方案。第二天继续开会,各方面争论激烈。出现争论的主要原因是新旧基础和方法的冲突,复旦大学、地图出版社、武汉测绘学院三家还不能互相适应,需要有一个协调的过程。为此,24 日下午谭其骧与刘宗弼、周岩、武汉测绘学院的钱冰和黄禧联商谈会后三家的分工。25 日,谭其骧先后去地图社和历史所,分别与沈静芷、张思俊、尹达商谈了会后的工作安排。

9 月 28 日,学部从北京打来长途电话,要谭其骧立即进京,参加审查历史博物馆的地图。因为时间紧迫,他第一次乘飞机去北京。这次的主要工作,是讨论和审议历史博物馆开馆后陈列的地图和中小学用挂图,前几天是历史博物馆开会和看图,后几天分别审查,谭其骧分到的是苏联图和中小学挂图。10 月 5 日,在北京市人委召开杨图工作会议,吴晗、白敏、沈静芷等出席。会议先对试样提出意见,然后作了几项决定:《图集》用八开本,单面印,装成两册,封面用标准布。图幅的分法用新样本。文字说明应详细,便于读者了解当时形势。天地头应尽量放宽,图框应较小于新样本。图上的海岸线用虚线。清代图待历史博物馆批准展出后即可收入。14 日下午开会成立清图专门小组,决定由谭其骧任组长,要他回去争取复旦党委的支持,成立一个工作组。清图要在 12 月 1 日前定稿,以便博物馆元旦开馆。这次讨论和编绘的清图虽非直接用于杨图,但也为杨图中清图的编绘确定了一些重要原则,特别是有关边界方面。17 日,谭其骧离京返沪。

1960 年 6 月,谭其骧去北京出席全国文教"群英会"。7 日休会,中午吴晗在北京餐厅宴请谭其骧和尹达、白敏、沈静芷等,同时商议杨图工作,决定扩展原来的计划,将中原王朝以外的少数民族和边疆政权也包括进来。12日,谭其骧写出了书面计划。

同年9月12日,谭其骧进京出席杨图委员会会议,赴会的还有研究室党支部书记魏嵩山和学术秘书邹逸麟。14日起在东方饭店开会,当天是委员会会议,参加者以委员为主,讨论工作计划和安排。16日和17日上午举行审稿会议,增加了历史所和北京师范大学几位学者。19日白天和晚上讨论图例和制图技术问题,参加者主要是国家测绘总局、地图出版社和武汉测绘学院的有关人员。20日与武汉测绘学院的同志作了下阶段的工序安排。

1960年12月27日,在北京华侨大厦举行杨图工作会议,吴晗、尹达主持,参加的有侯外庐、金灿然、翦伯赞,中科院民族研究所所长翁独健,黄盛璋,中科院地理所的陈述彭,国家测绘总局李局长、刘德隆处长和刘宗弼,武汉测绘学院的张克权、邹毓俊和段体学,学部的李高敏,历史研究所的陈可畏等,地图出版社的张思俊、欧阳缨、副总编邹新垓、上海办事处负责人周岩、编辑尹正寿等。翁独健到会是因为此前已增加了民族分布的内容,陈述彭则在地图测绘方面把关。谭其骧与金竹安(复旦大学借调的制图人员)于25日进京参加会议。

由于这次会议主要是解决制图方面的问题,所以在行前,谭其骧与室内人员商定,在武汉测绘学院提供了合用的底图后,请该院派六人来校工作30天,集中清绘出一批图稿。复旦大学轮流派一至两位作者和一位绘图员去武汉,随时协调清绘工作。还准备要求中科院历史所和地理所合作,解决编绘清图中边疆地区图幅遇到的困难。在当时的政治气候下,室内同志也对编绘工作的"思想性"和"政治性"提出了批评意见,如认为过多地表现了统治阶级的活动,对劳动人民的活动则表现太少;像"欧洲人东来路线"一类图是客观主义,以帝国主义的侵略为主、以人民反抗斗争作陪衬是错误的;其他如项羽用黑线、刘邦用红线,汉族用较鲜明的颜色、少数民族用较晦暗的色彩,都是不妥当的;唐代图中将城市分为工业城市、商业城市、消费城市也不妥。

29日会议结束,但当晚周维衍从上海赶来,因发现武汉测绘学院提供的底图不合用。第二天,双方就此事作了研究,决定在上海改印。31日,谭其骧去测绘总局协商工作计划,作了几项决定:形势图的前半部分设法提前交稿,争取先出第一卷。春秋至西晋图幅在1961年9月底完成抄清,分批送复旦大学审校:十六国、南北朝11月底,隋至宋代、南北朝前形势图年底,宋至明 1962 年 2 月底,形势图后半部分及清图 1962 年底。1962 年的五一、七一、十一三大节日各出一、二、三册。与"大跃进"时那种一天画成一幅图的口号相比,这一计划还是非常保守的,但以后的事实很快证明,还是快得不切实际。会议还商定,历史所派七位青年同志去复旦大学参加编图。

1961 年 8 月,谭其骧与周维衍、邹逸麟、王文楚赴京参加杨图工作会议。23 日会议在前门饭店举行,云南大学教授方国瑜首次出席。1960 年 6 月已提出了杨图增加边疆地区和少数民族政权图幅的计划,并要求聘请有关专家承担,邀请方国瑜到会就是为了落实编绘云南地区图幅的任务。这次会议要讨论的问题不多,所以虽然到 31 日才结束,但有好几个半天是在参观人民大会堂、革命博物馆等处。谭其骧于 9 月 2 日回上海。

1963 年 1 月 6 日晚,吴晗、尹达、姜君辰、白敏、张思俊、刘德隆、刘宗弼自北京飞抵上海,南京大学教授韩儒林也自南京而来,出席将在锦江饭店举行的杨图工作会议,着重讨论制图方面的工作。8 日上午会议正式开始,谭其骧代表复旦方面汇报工作,刘宗弼等汇报了制图方面的工作。在 9 日上午的会议上,白敏谈了制图方面的意见。在以后几天里,会议对制图工作的要求和日程作出了具体安排,至 12 日上午通过了会议纪要。但在闭幕会上,谭其骧与吴晗、白敏又发生了争论。会议曾讨论对地图上古今地名相同时的处理方案,白敏主张在这种情况下一律删去今地名,以便节省制图的工作量,吴晗从尽快完成任务出发,立即表示赞成,并要求列入纪要。谭其骧认为古今对照是我国历史地图的优良传统,应该尽可能继承下来,采取部分对照的办法并不科学,还会引起读者误解,坚决不同意。最后双方妥协,改为经过试验后再作决定。以后的做法是,底图上的县治不全部画出,但画出的都注上今名。

吴晗的焦急是可以理解的。他同时接受了毛主席交办的两项任务——重编改绘杨图和标点《资治通鉴》,原先以为同时起步,差不多能同时结束,但一年后,标点《资治通鉴》已告完成,杨图却连方案也未能确定。他觉得再加两三年至多四五年总得完成,否则无法向毛主席交代。有一时期甚至为此而怕见毛主席,怕见面时问及此事。现在开工已近 6 年,完工还遥遥无期,他如何能不急?所以在速度与质量矛盾时,吴晗为了求快,往往不惜降低质量标准,而谭其骧坚持质量标准不能定得太低,所以免不了经常发生争执。

就在会议进行中的 10 日下午,谭其骧接到了母亲病危的电话,他急忙赶到大哥家里,见她病情稍稍缓和,就又去科学会堂出席上海历史学会与吴晗、尹达、韩儒林的座谈会。12 日上午举行闭幕会,大哥家接连打来电话,他中途去看了一下,但放心不下古今同地名的处理问题,又赶回会场与吴晗、白敏力争,接着又忙于安排吴晗、尹达等在复旦的活动,到 14 日清晨才得知母亲已在 13 日晚上十时四十分逝世,他没有能与母亲见上最后一面。

南京大学韩儒林的与会,是为了商议西北和蒙古地区的编图,这表明"改绘"杨图的工作已经全面突破了改绘的范围,不再限于杨图所画的中原王朝。就在这次会议期间,吴晗、尹达与谭其骧商定,不久在北京召开一次扩大的杨图委员会会议,正式确定将编绘的范围扩大到各边疆地区,并落实承担单位。

为了保证谭其骧和其他 14 名教师集中全力于杨图编绘,会议期间复旦党委作出决定:将 1961 级历史地理专业学生并入历史专业,从 1963 年至 1965 年暂停招收历史地理专业学生。

20 世纪 60 年代,谭其骧在编绘《中国历史地图集》

同年 5 月 12 日,谭其骧与本室的邹逸麟、魏嵩山、周维衍到达北京和平宾馆,当晚谭其骧与吴晗、张思俊、田夫(学部)、侯方若等开了预备会议。第二天上午九时会议开幕,除吴晗、刘德隆、刘宗弼、侯方若等领导和制图方面人员以外,中科院民族研究所的冯家昇、中央民族学院的傅乐焕及中科院历史所的王忠、地理所的黄盛璋和考古所的王世民等也参加了会议。14 日晚上,方国瑜到会。这次会议作出了两项重要决定:一是突破杨图中原王朝的版图,改以 1840 年前的中国为范围,在此范围内的历代边疆地区的部族及其所建立的政权辖境全部予以画出;二是对每一个历史时期,不再像杨图那样将不同年代的建置混杂在一幅图中，而是改为选定一个年代为标准。每一时期图幅的编绘，先根据这个时期的具体情况制订编例，排出政区表，然后根据原始资料，经过缜密考证，确定每一点、线在今地图上的位置，并尽量采用考古发掘调查和考察的成果，不再以杨图为依据了。会议还决定取消工矿、战争、城市、中原王朝范围内的民族分布等图幅，只保留首都城市及其近郊图。这意味着，改绘杨图的工作已成历史，从此进入了新编中国历代疆域政区地图集的阶段。但出于习惯，杨图委员会的名称依然沿用，这套正在编绘的地图集也一直沿用杨图这一名称。

根据会上的分工，考古所负责原始社会遗址，南京大学和民族所负责西北与蒙古地区，中央民族学院负责东北地区，民族所负责青藏地区，云南大学负责西南地区，谭其骧在会议期间分别与傅乐焕和中央民族学院的吴丰培、贾敬颜讨论了东北地区的明图、后金图和渤海图，与方国瑜等讨论了云南图中的一些具体问题。这次会后，各单位的编绘工作全面展开。

在讨论分工时，有一些杨图范围以外的地区没有单位愿意承担，吴晗要求复旦包下来。由于在行前学校再三叮嘱，"我们学校的任务已经够重了，你还得管管系里和专业的事，再也不能答应接新任务了，你得顶住"，所以谭其骧坚持不愿接受杨图以外的地区，当天的会议形成了僵局。散会后，吴晗单独邀谭其骧上宾馆八楼茶叙，从他们三十年的交谊谈起，谈到他们俩对这套图集所承担的共同责任。最后他说："别人逃得了，你我无论如何是逃不了的。那些别的单位不肯承担的地区，你作为主编单位的负责人也不管，难道要我好意思反而去压别的单位吗？"私谊公道都使谭其骧无法拒绝吴晗的要求，他只能不顾学校领导的嘱咐，毅然接下了这些难啃的骨头。

同年10月下旬，谭其骧进京出席中国科学院哲学社会科学部的扩大会议，住在北京饭店。11月10日是星期天，杨图委员会利用上午休会和他们在京的机会，开了一次工作会议。15日，他与方国瑜也交换了意见。为了有利于测绘研究所人员的制图工作，他在11月5日晚上为他们讲了明代地方制度与历史地名的查法。

1964年3月11日下午，新的一次杨图会议在北京前门饭店召开，谭其骧与邹逸麟、魏嵩山、周维衍参加会议。出发的当天，谭其骧感到头痛发热，咳嗽也很厉害，到北京后就去学部的医务室诊治，发现血压高至110—160。配了一些药后，他就赶到会场参加预备会。以后几天头痛不止，血压也降不下来，还伴着伤风和咳嗽。但会议重要，他只能边开会边去友谊医院就诊，有几次差一点支撑不下去。

　　3月12日上午起的三个半天分别由吴晗、尹达主持,听取各单位的汇报,汇报情况的有傅乐焕(东北)、冯家昇(民族所,西北)、韩儒林(蒙古)、尤中(云南大学历史系讲师,西南)、王忠(青藏)、徐苹芳(考古所,都城)、黄盛璋(都城)、刘宗弼(制图)和谭其骧。从13日下午起,吴晗和尹达不再到会,由谭其骧主持,讨论各组统一体例,注记方法,明代卫所的表示方法,流官治所与土官治所如何区别等具体问题。14日下午谭其骧头痛得厉害,只能请韩儒林主持,去友谊医院看中医,17日起又去针灸。会议在讨论确定了各图组的交稿日期和审稿工作后,于19日下午结束。这天上午,谭其骧与尹达、吴晗又作了长谈。

　　会后谭其骧留在北京审稿,第一阶段主要是蒙古图和后金图,从20日至29日谭其骧一一审校了这些图稿。30日召开审稿会,上午到会的有郑天挺、罗继祖、王毓铨、黄盛璋、翁独健、蔡美彪、陈述、黄文弼等,下午增加了傅乐焕、宋蜀华,胡德煌、吴丰培、冯家昇也到会听取意见。31日和4月1日,赖家度、胡庆钧、谢国桢、张鸿翔、许大龄、王锺翰等也参加了审稿会。下午举行各单位联席会议,讨论明时期图的未了事宜,吴晗到会。

　　此后几天谭其骧继续审图,对一部分经审查合格的图幅签字交付设计,对另一些图提出了具体修改意见。4月6日,他将审毕的稿子让尤中带回昆明。11日,与冯家昇、傅乐焕谈了校毕的西北、东北图幅中的问题,与胡德煌谈了后金图中的问题。在返回上海前,吴晗、尹达、姜君辰、谭其骧和复旦大学分管这项工作的党委副书记徐常太在学部姜君辰的办公室会商了加强力量的办法,但除了留本专业学生参加工作这一条可行外,从外单位调人的事谁也没有把握;至于现有人员充分发挥作用这一条,不仅谭其骧无能为力,就是党委副书记徐常太也未必能保证他们把时间都用在编图工作上。留本专业毕业生的事到次年暑假得以落实,由于复旦历史系受到编制的限制,只留了钱林书、牟元珪和程显道三人,尹达就挑选了杜瑜、朱玲玲、卫家雄、李志庭等十名毕业生进历史所,实际留在复旦参加编图工作,直到完成。1966年夏"文革"爆发,编图工作完全停顿,数月后他们回历史所。

　　在此期间,谭其骧的血压一直降不下来,咳嗽不止,并经常头痛,3月24日下午他感到"难受之甚",动了戒烟的念头。28日量血压,依然是108—148,医生只能让他加倍服降压药。4月11日早上起身后"即觉心跳猛烈,脑中如砰砰有声",但这一天要与吴晗等商谈,还要与冯家昇等交换对东北、西北、后金图的意见,是最繁忙的一天,他从早到晚无法休息,"难过万分"。第二天上午在火车上"仍难过,吃不下"。4月17日到上海时,与迎接的李永藩等互相错过；好不容易等到行李车，出站时又因找不到行李牌而无法领取，折腾了很久，使他本来已经虚弱的身体更加疲惫不堪。从那以后，高血压成了他无法治愈的痼疾，并且越来越严重。这或许来自遗传，但那年他刚满53岁，看来与长期紧张的工作压力不无关系。

云南大学的方国瑜没有参加会议，5月份他给吴晗和尹达写了一封信：

> 三月杨图会议，瑜因授课不能脱身，尤中同志一人去参加，归来谈论，多得知识。所担任明图，已按统一图例重绘寄复旦，可能还有很多不适当，请汇总时更正。今后当照会议决定的办法，待统一图例寄到绘制，可少错误，当经常与复旦联系。
>
> 会议讨论问题很周密，但有一事不甚明确，瑜已函谭其骧同志提意见，这问题比较重要，所以给您二位写这封信，请求指教！
>
> 《历代舆地图》在各个时期包有现在国土，这是已确定的，要照这样办。但现在国土之内，历史上常常是几个国家政权区域。质言之：常常有些地区不在中原王朝版图之内；如果只承认中原王朝为中国版图，在各时期就有一些地区要被划在中国之外，要如何处理这一问题呢？
>
> 这里要讨论中国历史发展的实质，是不是中原王朝史等于中国史的问题，我的意见是否定的。去年四月写了一篇《论中国历史发展的整体性》，后在云南《学术研究》九月号发表，意见很不成熟，希望史学界讨论这个问题，现在把拙稿寄上一份，请求指教！在此不重复说了。
>
> 近读公布中苏来往七封信，在苏共中央一九六三年十一月二十九日给中共中央的信，关于中苏边界问题的那一段里，有一句："……以武力侵占了不少别国领土的中国皇帝……"这样的意思，在一九五九年九月尼赫鲁在印度联邦院说过，去年出版近代史研究所编辑的《外国资产阶级是怎样看待中国史的》一书里，这种议论所见不鲜。帝国主义、修正主义和各国反动派不懂得中国历史发展的整体性，大肆诬蔑，发出谬论。不能使其任意传播，要严厉申斥，请您二位领导史学界讨论这个问题，这是在中国史上反帝、反修的重大问题，不能等闲视之。
>
> 《历代舆地图》也要考虑这个问题。地图要反映现在国土之内的历史沿革，在历史上，常常有几个政权同时存在，政治区划如何处理？ 第一种办法是：只把中原王朝的版图认作中国版图，其余在当时中国之外。第二种办法是：把中原王朝版图只认作中国的一部分，其余政权区域也认作中国的一部分。在这两种办法中，第一种是帝国主义、修正主

义和各国反动派的看法,我认为是荒谬的,所以只能采取第二种办法。

第二种办法在地图上如何具体表现呢？我对于地图知识很陋,说不出很好的意见,姑且提出以下几点,以明代总图为例：

1. 标题。不作"明代总图"或"明朝总图",而作"明朝时期中国舆地总图",以"明朝时期"表示年代,不是限制地域,明朝版图以外的鞑靼区域、畏兀儿区域、乌斯藏区域等等,在这时期都是在中国版图之内,是中国版图不可分割的部分。

2. 政区界线符号。国界线符号只有一种,包有各个政区,至于国界之内的不同政权区域的界线,只有政区的符号,也就是：明朝版图之外的政权区域,是作为地方政权区域,而不作为国家政权区域。

3. 政区着色。明朝版图之内各大政区各着不同颜色,以外政区亦各着不同颜色,与明朝版图内相同,即不以明朝版图内外而有分别,亦即同是中国版图之内,有一致性。

4. 全国首都符号只有一个北京,明朝版图以外的政治区域,即有称王称帝,不用国都符号,只用地方政区首府符号,只用地方政区首府符号。

总之,同时有几个政权区域存在,不作几个国家区域处理,只作为一个国家版图处理,因同是中国版图；而明朝版图亦只为当时中国版图的一部分,不只为明朝版图也。

我们的任务是：要正确反映中华人民共和国国土之内在历史上的沿革,要反映作为整体发展的中国历史上的政治区域,要为当前的政治服务,而不是为历代王朝的政治服务,要不能给帝国主义、修正主义和各国反动派以口实。我们的工作,不是单纯的考据问题,而是有激烈的政治斗争,要贯彻政治要求,同时也要根据历史实质,要把历史实质弄清楚,首先要击破旧传统的王朝体系。我的知识很陋,不能把问题讲得清楚,希望指教！也希望你们多作考虑！如何？草此即请

撰安

方国瑜上言

五月廿四日

方国瑜的意见,总的来说,是已经解决的问题,因为打破杨图局限的出发点,就是为了打破传统的中原王朝体系,使这部图集能够完整地显示历史上中国各民族共同的疆域。到 1963 年,杨图委员会和参加编图的各个单位

已经形成了这样的共识，实际早已采用了他所说的第二种方法，问题只是如何在编稿中正确地运用。至于他提出的具体办法，如采用"明朝时期"和着色方法，实际已作了充分讨论，并且已找到了更完善的解决方法；而他提出的第2、4两点，却证明了他所谓的"把中原王朝版图只认作中国的一部分，其余政权区域也认作中国的一部分"的观点，就是把中原王朝以外的其余政权都当作中原王朝的"地方政权"，当作从属于中原王朝的一部分，将它们的首都降为明朝的一个地方行政中心。显然，他是想通过无限扩大中原王朝范围的办法来解决问题，根本没有"击破旧传统的王朝体系"。谭其骧当然不会赞成这种观点，以后杨图的编绘也没有采纳他的这两条意见。但在"反帝反修""突出政治"声浪日甚一日的形势下，吴晗和尹达对这封信异常重视，他们很快作了正式答复：

国瑜同志：

文章和信都收到。

文章的论点，我们完全同意，而且，我们过去一直是如此主张的。

在历史上，在中华人民共和国现在的版图上，常常有几个政权同时存在，政治区划如何处理？我们同意你的第二意见，即把中原王朝版图只认作中国的一部分，其余政权区域也认作中国的一部分。

至于如何表现在图上，你提的四个办法，原则上我们都赞成。具体贯彻，需要编图单位复旦谭季龙同志等去研究，商讨，已将尊信转交季龙同志，并将此信复写一份给他了。

此后遇有此类问题，务必加强联系，提高工作的科学性和政治性。你的意见是十分正确的。

复致

敬礼

吴晗　尹达　1964年6月3日

这两封信同时印发给谭其骧和有关方面。

1965年1月5日，趁谭其骧、方国瑜等来京出席三届人大之机，在学部开了一天杨图工作会议。这次会议除了一般性交流工作进度外，着重研究了制图方面的问题。11日，谭其骧去测绘研究所，与刘宗弼、余仲英一起研究图例，改定会议纪要，还讨论了图幅和编绘中的具体问题。为了使制图同志都能明确，12日上火车前他又去测绘所历史地图室作了一小时的讲解。

　　同年 7 月,"文革"前最后一次也是历时最长的一次杨图工作会议在北京和平宾馆举行,谭其骧与赵少荃(历史地理研究室党支部书记)、周维衍赴会,与会的邹逸麟已先期到京。7 月 19 日开会,吴晗、尹达、侯外庐、翁独健、冯家昇、陈述(民族所)、傅乐焕、吴丰培、王忠、韩儒林、施一揆(南京大学)、陈得芝(南京大学)、黄盛璋、侯仁之、方国瑜、徐苹芳、马恩惠(民族学院)、曾世英、张思俊、刘德隆、刘宗弼、金竹安(制图人员)等出席。在上下午的会议上,各单位汇报了工作情况及问题。晚上开小会,拟订审稿方案,决定采用与会人员互审(内审)和请会外专家来审(外审)两种办法;先内审,再外审。20 日上午各单位继续汇报,最后宣布内审的审稿名单。下午会议吴晗未来,由尹达主持,讨论外审名单及外审办法。五时后将复旦大学完成的中原图幅分发各人,并由谭其骧简单介绍了各朝图编例。

　　从 7 月 21 日开始都是内部审稿,这期间谭其骧自己审了明两京十三布政司的总图,处理修改了云南幅,审了边区各幅,看了东北地区的修改意见,还请侯仁之审阅了金、元、明北京附近的图幅。26 日下午,尹达决定会议延长,将元明图全部审毕。

　　28 日和 29 日两天组织外审,先后到会的有潘光旦、张秀民、王其榘、蔡美彪、胡庆钧、向达、陈乐素、杨向奎、张锡彤、罗致平、孙铖、陆峻岭、黄文弼、赵万里等。30 日后继续内审,并讨论了图的性质、任务、内容、质量要求,元明二时期图的分幅及图名、图例,文字说明、表格、考释汇总和交稿要求。在此期间,吴晗、尹达、姜君辰和谭其骧商谈了元明图交稿及集中完成剩余任务的安排,并立即致电复旦党委,请采取相应的措施。9 月 6 日,复旦回电,决定全体编图人员集中到明年底。谭其骧还审阅了元东北、蒙古图幅,与吴丰培交换西北幅的意见,答复了张秀民提出的意见,听取方国瑜关于大理及元云南幅的情况,并召开座谈会讨论大理图,修改了广西、越南的边界并改定了相关的考释。

　　8 月 11 日上午举行大会,吴晗作总结。下午举行编绘人员会议,落实下阶段任务,确定了到 1967 年底完成全部编稿的目标,又决定增加大比例尺历代首都城市图,由侯仁之负责,会议到此结束。当天晚上,吴晗在新侨饭店宴请与会主要人员,除谭其骧外,有尹达、夏鼐(考古所所长)、韩儒林、方国瑜、刘宗弼和赵少荃。想到再过两三年就能完成这项大工程,终于可以向毛主席呈上一套适合他读史所需的历史地图集时,吴晗的兴致颇高,频频举杯向谭其骧劝酒。谭其骧虽然明白余下的工作量还很大,但也为任务的落实和得到学校党委的明确支持而感到欣慰。此时吴晗绝不会想到,那篇置他于死地的姚文元的文章已经基本定稿，三个月后就将出笼。谭其骧更不会想到，这是他与吴晗的最后一次见面。

谭其骧又在北京留了两个星期，审阅、修改了东北、西北、青藏等地区的图幅，并在总图上作了相应的修改。归途他又在南京停留了几天，8 月 30 日回到上海。

此时距"文化大革命"开始只剩下数月了，但就是这几个月里，谭其骧和同事们也没有能够完全将时间花在编图上。这倒不是复旦党委不信守诺言，而是在"山雨欲来风满楼"的革命形势下的必然结果。

到预定完工的 1967 年底，编图工作已经停止了一年又七个月，当时吴晗、尹达、谭其骧和杨图委员会全部成员，除了已被迫害致死的以外，都毫无例外地在遭受批斗审查。对谭其骧和主要的编绘人员来说，与吴晗的"黑关系"本身就是一条重要罪状。

但在这八年时间里，谭其骧和他的同事、协作人员已经尽了最大努力，所以到 1966 年 5 月底为止，《图集》的绝大部分图幅的初稿已经编出或备齐了资料。更重要的是，经过多次摸索和更改，已经掌握了编绘中国历史地图的方法，积累了经验。在谭其骧悉心培养和指导下，一些当年还不知历史地图为何物的大学生已经能够独当一面，承担重要图幅的编绘了。

第九章　从『反右』到『文化大革命』

1957 年 1 月，当谭其骧从北京回到复旦大学时，他正享受着一生中不多的一段舒适生活。

1955 年，他被评为二级教授。历史系教授中，除了周谷城被评为一级外，陈守实、周予同、王造时、蔡尚思、胡厚宣和谭其骧六人被评为二级，他与胡厚宣是最年轻的。

二级教授的工资调整到每月 302 元，使谭其骧的收入一下子增加了三分之一以上。当时物价便宜，他的工资供养一家六口和补贴亲人也绰绰有余。谭其骧的家迁入了第九宿舍新建的教授住宅楼，有四间半（一间较小）住房和厨房、卫生间，比他原来住的地方大了一倍。

但好景不长，几个月以后，整风"反右"运动开始。

整风"反右"　有惊无险

1957 年 5 月，复旦大学根据中共中央《关于整风运动的指示》，开展整风运动。

在此前的 3 月份，历史系开始组织教师进行政治学习。15 日下午的第一次学习安排在田汝康教授的家中，晚上田汝康还准备了丰盛的晚餐招待大家。20 日，谭其骧作为民主党派代表在文化广场听了毛泽东主席《关于正确处理人民内部矛盾》的报告，3 月 30 日起进行学习。5 月份开始，校内外各方面召开了一系列的座谈会，一些教授在会上发表了大量言论。谭其骧的主要工作仍然是编绘杨图，几乎天天去河滨大楼，所以多数时间不在学校，大多数座谈会没有参加，前后只参加了三次。

5 月 5 日上午学校在文化俱乐部召开校务改进座谈会，校长陈望道主持。物理系教授王恒守、生物系教授张孟闻在发言中主张实行教授治校，陈望道听后表示："我们并不想抓住权力不放，什么权都可以交出来。"谭其骧发言却不赞成教授治校，他倒不是考虑什么阶级掌握领导权的问题，而是根据中华人民共和国成立前在大学的经验，认为教授治校未必治得好，如清华大学教授治校的结果是闹派系纠纷，争权夺利，还有的教授巨头称王称霸，威福自专，并没有给学校带来什么好处。王恒守和张孟闻以后都被划为右派。

当天下午，《光明日报》召开座谈会，着重谈党群关系。谭其骧在会上说：学校党群关系存在隔阂，主要原因是党员在群众面前不够直率坦白，没有把群众当作自己人。党对群众的了解依靠党员的汇报，而汇报往往不免与实际情况有出入,因此造成群众对党员的畏忌。在这次会上发言的教师颇多,会议到晚上七点多才散。

谭其骧参加的另一次座谈会,是党委副书记王零召集历史系教师听取意见。谭其骧提出:历史系的老教师阵容不够强,但学校非但不主动物色人才,人家愿意来,还不愿接收,如束世澂、魏建猷等都想来复旦而没有来成。如果他们有问题,那么同样是党的领导,为什么华东师大和上海师院会请他们去呢?

5月18日,中共上海市委教卫部发出反驳右派言论的通知,复旦从5月24日起停课学习。但谭其骧还是在河滨大楼编绘杨图,依然游离于运动之外。他本来就没有什么右派言论,加上党委始终没有把他划为重点对象,对右派言论的批判自然轮不到他。

9月19日,复旦大学成立整风学习委员会,领导学校运动。编绘杨图的工作室在此前的14日迁至校内。不久,党委副书记徐常太找谭其骧,要他在小组会上对前一阶段的错误言论作一次检讨。谭其骧照办不误,会上顺利通过。显然,党委对他是保护的,所以已经跟下面打了招呼。历史系被划为右派的有"七君子"之一的教授王造时、全国仅有的几位始终没有改正的右派之一的陈仁炳和讲师张荫桐。谭其骧参加了对他们的批判斗争,还以工会副主席的身份主持了在大礼堂召开的斗争王造时大会。

跃进再跃进

1958年8月2日,谭其骧刚从北京开完国家地图集编委会会议回到上海,复旦大学就掀起了"大跃进"的高潮。8月4日,历史系开了一整天会,体会形势,讨论如何鼓足干劲。当晚,党委书记兼副校长杨西光在全校大会上作"大跃进"动员报告。

第二天上午绘图组开会,讨论如何实现"大跃进",但面对具体问题,却难以订出多少时间完成一幅图的计划来。下午和以后两天继续讨论。在这种形势下,计划越订越玄,但离学校的要求还差得很远。8月7日和8日两天晚上,谭其骧参加全校老年教师跃进大会。9日,作为系主任的他根据群众意见制订新的教学大纲,在谭其骧的笔记里可以看出当时的设想:

五年改三年,保证超过五年质量。仅以能达到一年三学期,三年九学期计,劳动二学期八个月,余下有七学期,保持四年制的时间。改变方法,创造性地教学,质量可提高。集中学习,一学期三门,有课外时间进行创造。外文学习集中,掌握5000单词,能够看书。仍可读二三学期的选修课。中国现代史第二学期可以包括中华人民共和国史。中国上古、中古史有二学期,世界上古、中古史一学期,体现厚中薄外。亚洲史只有近现代,厚今薄古。半工半读也可以,集中劳动更好。应顾到语言文字。进度:二年级还有四学期,三年级还有二学期,都是六学期,一学期四门课,比新计划多了一门,比旧计划少好多。

学习毛泽东思想的具体文件是《井冈山的斗争》,8月10日,谭其骧在家写学习体会。接下去又是反复讨论,订跃进计划和开跃进大会,如15日上午开会,下午四时半开响应市委号召大会;15日上午准备,下午开系跃进大会。17日是星期天,当然不能休息,上午系准备全校跃进大会,晚上谭其骧与胡绳武一起拟订第二天的发言提纲;18、19日连续两天全校开跃进跃进再跃进大会。20日一天系里修订跃进规划,晚上全校大会上杨西光作总结。这三天大会期间,包括谭其骧在内,全校有39人代表所在系、所发言,报告他们苦战十天所取得的成就和今后的跃进规划,党委又号召"苦战四十天",向国庆献礼。

在这样的跃进形势下,绘图组也一再修改计划。尽管在领导和青年教师看来,谭其骧的计划过于保守,但章巽觉得是完全做不到的,他对谭其骧说:"年轻人不懂,乱提口号,你怎么也来逼我呢?"谭其骧左右为难,学校领导心里也明白,编图的事不可能在短期间完成,所以在开了几次会以后,在9月5日的杨图例会上还是决定,先清旧账,校出秦汉图。9月25日,在地图出版社上海办事处的会上,张思俊带来北京的消息:范老(文澜)决定明年国庆节完成编绘工作。但实际上,这样的"大跃进"使谭其骧整天忙于开会和发言,疲于奔命,根本没有时间坐下来编绘地图,工作进度实际上推迟了。参加编绘的教师通宵达旦编图绘图,往往因疲惫不堪而出错,为了几天赶出一幅图只能草草了事,实际效果适得其反。

国庆节后,学校继续准备掀起新的跃进高潮。10月2日,历史系召开了系务会,研究下一年的跃进计划,3日上下午组织各教研组讨论。由于第二天要交在学校大会的发言稿,谭其骧晚上一直写到凌晨两点,累得无法入眠。5日,复旦大学召开全校发扬共产主义思想跃进大会,谭其骧又代表历史系发言。在这次大会上,党委提出,学校跃进的方向是发扬共产主义精神,强调要使劳动成为整个教学计划的重要部分,学生逐步实行半工半读。

作为发扬共产主义思想的另一面,谭其骧被作为资产阶级学术思想的代表人物受到批判。

批判资产阶级学术思想　自愿作典型

1958 年 8 月 30 日,《人民日报》发表了题为"学术批判是深刻的自我革命"的社论,提出高等学校的领导要大胆发动群众,帮助资产阶级学者们进行学术批判。9 月下旬,复旦大学开展了对资产阶级学术思想的批判,选定的对象是中文系教授刘大杰、张世禄,历史系教授蔡尚思、谭其骧和周谷城。选择虽出于领导意图,但谭其骧也是完全自愿的,他把这次批判看成对自己资产阶级学术思想的一次清理,看成领导对自己的关怀。

蔡尚思是党员、系主任,所以他首先接受批判。谭其骧是代理系主任,排在第二。从 10 月份开始,谭其骧先在教研组作了一次自我检查,接受组内批判。然后召开大会,全系教师、上海社会科学院历史研究所(当时并入复旦大学)成员和学生代表参加,先由谭其骧作检查,接着由群众批判。由于有了教研组的经验,谭其骧作了尽可能详细的检查,并且都提高到原则高度来分析和认识,还主动检查了教课以外的"问题"。但正处于"大跃进"狂热中的革命群众自然不会轻易罢休,发言者从他的讲课内容和历年来发表的论文中,揭发他既有严重的封建主义思想,也有典型的资产阶级思想,既宣扬"地理环境决定论",又鼓吹极端反动的文化史观和种族主义,火力之猛,言辞之激烈尖锐,使谭其骧大受震动,简直不知所措。一些学生的革命劲头更足,会后又将批判发言和文章刊登在油印刊物《斗争》上。历史研究所的宋心伟还在《学术月刊》上发表了《历史地理学方面的资产阶级学术思想必须批判》的文章。尽管文章没有点谭其骧的名,但学术界、文教界和复旦大学的师生都知道,有资格被称为"资产阶级历史地理学家"的,非谭其骧莫属。由于当年的资料已很难找到,这篇文句欠通的大批判文章倒给我们提供了这场批判运动的实录。

在论证了马克思主义"处理和运用史料方法"后,宋心伟首先批判了谭其骧的"资产阶级的繁琐考据方法":

与马克思主义处理和运用史料的方法相反是资产阶级的繁琐考据方法。他们在史料考订工作上,曾经取得了不少成绩,然而他们所采用的方法对于发展历史科学是极其有害的,他们以繁琐的形而上学的考证来代替整个历史学,例如现代的资产阶级反动史学家胡适、傅斯年之流,他们以"整理国故"为名,提倡一点一滴的研究历史问题,说什么"少谈些主义,多研究些问题",说什么"文史学者的主要工作,只是寻求无数细小问题的细密解答"。以此对抗马克思主义的新史学,企图把广大青年引到故纸堆中去,脱离当时的革命斗争。受这种考据方法影响的一部分历史地理学家,他们对于历史上许多无关紧要的问题,诸如"清世祖之于董鄂妃"之类,大考特考;凭个人兴趣去"发前人之所未发",以"货高少识,博得后人点头"为乐事;写文章用相当篇幅去做"校""补"考订工作。他们也以这种繁琐考据方法,在历史地理沿革方面,占领一块阵地,充当对抗马克思主义新史学的一支喽啰兵。

在这种繁琐考据方法影响下从事历史教学工作的一些资产阶级历史地理学家,他们在课堂上往往离开一定社会历史的政治经济状况,孤立地大讲其行政区划、民族迁徙等情形。对学生进行考试时,也出什么这个"补"那个"考"的题目,弄得学生一无是处。这实际上是用史料学代替历史学。这种错误的方法,既破坏了历史学,也会使广大青年迷失方向,无目的地沉溺在史料的海洋中去。

批判的第二点是"地理环境作用问题",所揭露的问题是:

有的历史地理学家,在讲到古代建都问题时,或则说到它的富丽建筑,或则说到对延缓封建王朝有何作用,而不是站在人民的立场上使历史地理学为研究一定社会的经济、政治、文化等发展规律服务。人家批评不应该拿很多的时间去讲长安、洛阳的街道有多么宽,宫殿有多么大,他回答说:"考古学发掘长安报告,也说长安的城墙有多么宽,宫殿有多么大,而且他们的报告很长,我所说的和他们比较起来,不及他们的百分之一。"在这里,他显然是把历史地理和考古学混为一谈了。而不去考虑,作为历史地理这门课来说,究竟是否需要那么说。有人批评他,讲黄河时,不应该不讲解放后根治黄河的情形,他回答说:"历史地理是以历史时期地理现象为中心,上古时期属于地质学,现代的属于地理学,因此,历史地理课,不应该讲解放后的根治黄河。如果要讲,属于水利工程的不懂,也找不到有关工程资料。"我们认为,说历史地理仅以历史时期地理现象为中心是不确当的,所谓历史时期,何以不包括现代呢? 因而,对于黄河问题,不仅古代的要讲,现代的尤其要讲,只有这样,才能看出黄河在长期的封建时代和旧中国如何变成了一条害河,而在社会主义的新中国,又如何变成为中国人民的富源。认为讲黄河,就要讲水利工程本身,这显然是一种误解。我们没有理由要求一个研究历史地理的人,去讲水利工程,但是却有理由要求他去讲在社会主义的新中国,劳动人民是如何利用黄河而改变地理环境的。因为它对发展社会生产力具有重要意义,从而帮助人们了解社会主义制度的优越性和社会主义社会的发展规律。

对谭其骧"民族研究问题"的批判更加上纲上线:

然而资产阶级历史学者,他们企图用生物学来解释社会历史现象。有人说,研究某地移民史,"于人种学于优生学为不可缺之论据,人种学考求各种族间本质上之差异,优生学更进而考求何者为适于生存、应与生存,何者为不适于生存、不应与生存";把历史上的统治阶级说成是历代文化中心,称他们为"精品",如此等等。

这首先暴露了这些学者们是站在统治阶级的立场上来研究民族问题的,他们害怕说明民族问题,在阶级社会里,是贯串着阶级斗争的。在资本主义上升的时代,民族斗争主要是资产阶级间的斗争,有时候资产阶级也能把无产阶级吸入民族运动。但按其实质说来,这种斗争始终是资产阶级的,主要是对资产阶级有利的斗争。在帝国主义时代,各被压迫民族的解放运动,是国际无产阶级革命运动的后备军,因此,工人阶级及其政党要积极参加和领导这一运动。各民族间做到完全平等,只有在社会主义和共产主义条件下才有可能。他们避开这些问题实质,而去称赞统治阶级人物为"精品"。显然是站在统治阶级立场上来研究民族问题的。

其次,这些资产阶级学者们,他们接受了二三十年的资产阶级教育,头脑里充满着大量的陈腐发臭的东西,例如他们接受并为之宣传的优生学之类。应该指出,现代资产阶级社会学中关于优生的理论,是完全为帝国主义侵略辩护的"理论"。希特勒挑起第二次世界大战时,就曾宣传过这种"理论"。希特勒说什么日耳曼民族,是世界上最优等民族,而把被法西斯德国侵略奴役的民族,一概看作是劣等民族,至于犹太人,更是如此。美帝国主义对于印第安人的残酷虐待和歧视,造成了民族间的深刻仇恨。他们又以"防御共产主义为名",千方百计地向亚非国家兜售艾森豪威尔主义。实际上他们是把阿拉伯民族,看成是落后的劣等民族,似乎只有靠美帝国主义的"援助",才能活下去。然而这些帝国主义的"理论",在二十世纪五十年代的今天,已经走向彻底破产。一些宣传优生学"理论"的资产阶级学者们,也只不过是反映了他们历史唯心主义的破产,因为公开否认社会历史科学的唯心主义观点不能立足,所以他们竭力用生物学的名义给它加上一些装饰。

第四段虽然用了"学习马克思主义问题"的标题,实际上也是针对谭其骧在批判阶段的言论的,却将他的话作了断章取义的处理:

有些资产阶级历史地理学家,虽然在口头上也承认学习马克思主义的重要性,但是实际上并不把学习马克思主义当作迫切需要。他们并且制造一种"理论",拒绝学习马克思主义。一曰:"不喜欢看长文章。"二曰:"画历史地图,与学习马克思主义无关,要我学习马克思主义,只有把我调离画图工作。"这种"理论"显然是可笑的。我们说,不是什么喜欢不喜欢看长文章的问题,这些学者本来就是长期钻在故纸堆里的,问题是看什么样的长文章。所谓不喜欢看长文章,只不过是不喜欢马克思主义的文章,而对于资产阶级史学家(包括某些反动的史学家在内)的文章,即使再长,也是爱好的。应该认识到,马列主义经典文献乃是用最精练的文字写成的,资产阶级学者贬之为"长文章",如果不是出于他们的无知,就是暴露了他们对学习马列主义的抗拒情绪。事实上,那些资产阶级历史学家的繁琐考据的文章,才是又臭又长的! 其次,说画图工作没有办法学习马克思主义,这也只能说是一种借口。因为我们所画的历史地图,不仅要有助于历史发展规律的了解,而且要能够恰当地联系当前实际,因此,不学习马克思主义,不以马克思主义立场、观点作指导,不但不能把这一工作做好,而且不可避免地要犯错误。

值得注意的是,当有人指出他们"马克思主义学不进去"的时候,他们不去考虑提意见的精神实质,而是在为自己辩解,说是"听了这种批评很难受,吃不消"。我们认为,重要的在于学习马克思主义的态度:是站在无产阶级的立场上来学,还是站在资产阶级的立场上来学呢? 如果是站在无产阶级立场来学,不仅能够学得进,而且一定能够学得好,我们看到有些放弃自己原来阶级立场并努力改造自己世界观的知识分子,今天不是已经变成了马克思主义的理论家吗?相反的,站在资产阶级立场上来学,就一定会学不进去,学习得不好。上面提到的寻求种种借口拒绝学习马克思主义,正是资产阶级立场、观点的反映。

不过从文章最后一段"'破'与'立'的问题"看,对谭其骧所定的基调虽是"资产阶级历史地理学家",但还是属于"人民内部矛盾":

> 在学术批判中,有些资产阶级历史地理学家说:"你们批评我不对,你们还得告诉我什么是对。"对于这个问题,我们应该有分析地看待。第一,应该正确认识"破"与"立"的关系,"破"的过程,同时也就是"立"的过程。因为"破"与"立"的问题,也就是"兴无灭资"问题。第二,要求弄清楚什么是对,什么是不对,这是应该的,事实上学术批判通过辩论方式进行,也就是为了把真理辩得更加鲜明。但是这里应该注意,解决"立"的问题,一方面固然要靠党和群众的帮助,但更重要的,资产阶级历史地理学家本身应该具有自我革命的决心,应该觉悟到在学术思想上的革命,是比以前各次思想批判更为深刻的一次自我革命。因此,我们希望历史地理学家们,能够站在正确的立场上,和党与群众一道来仔细分析,过去哪些是错了,哪些经过批判仍然是有用的,也只有这样,才是真正积极主动的态度。第三,在"立"中继续"破"的问题。学术思想批判不可能一下子解决所有问题,因此必须在"立"的当中继续"破"。这里一个决定关键,在于努力地学习马克思主义、毛泽东思想,认真地改变资产阶级立场、观点。任何消极应付都是要不得的。

在这种形势下,谭其骧采取了"照单全收"的态度,无论别人讲什么,提得多高,他都一概接受,不作辩解,以免与批判运动对抗。会后不久,总支委员胡绳武、朱永嘉代表党组织找他谈话,指出他这种态度不对,不能解决问题,要他将实际的想法都端出来,对群众的批判意见同意的就表示同意,不同意的就不同意,怀疑的就怀疑,都可以把理由说清楚。以后几次会上,他就这样做了。

12月底又召开了一次大会,谭其骧就根据自己的认识,对批判意见作了一次总答复,群众又提了一些意见。主持会议的田汝康教授作了总结,说大会开得很好,对批判者和被批判者都作了表扬,这场历时三个多月的运动就此结束。

批判运动的虎头蛇尾当然与总结大会的主持人毫无关系,真正起作用的是 12 月 27 日中共中央印发了毛泽东在《清华大学物理教研组对教师宁"左"勿右》材料上的批示:"端正方向,争取一切可能争取的教授、讲师、助教、研究人员为无产阶级的教育事业和文化科学事业服务。"

1959 年 1 月 19 日,党委书记杨西光在校务委员会会议上总结工作,谈到教师作用问题时说:

> 学生应该尊重教师,教师可以批评学生,打成绩有决定权,但应注意发挥学生的主动性和积极性。对教师要全面看,是有进步的,去年进步尤其大。中间派要允许存在,思想要逐步帮助,有些是认识水平问题,学术上要以理服人,作风方面的要求不能太高。思想要活跃起来,力求进步。

1962 年 5 月 2 日,历史系党总支召开座谈会,对 1958 年的学术批判向谭其骧等人表示歉意。

与郭沫若商榷

1959 年初,学校秩序稍稍恢复正常。1 月中旬,恢复了从 1957 年夏季中断了的考试,接着恢复放寒假两星期。开学后,虽然新的跃进大会还是不断,但逐渐转入正常教学。

1959 年 3 月 3 日,谭其骧与朱永嘉去北京参加《中国通史》提纲讨论会,15 日回到学校,19 日在工会召开全系师生大会,向大家传达了北京会议的精神。在经历了一场大哄大闹以后,北京会议提出要依靠专家编一套新的《中国通史》,无疑使师生们的头脑清醒了一些。

校党委为了减少批判资产阶级学术思想的消极影响,鼓励谭其骧带头作学术报告。正好郭沫若、翦伯赞提出为曹操翻案,郭沫若还提出为殷纣王等历史人物翻案,谭其骧读过郭沫若的文章后,觉得其中不少论据站不住脚。3 月 25 日下午,他在工会给历史系师生作了关于曹操评价问题的学术报告,引起很大反响。当晚,陈望道在寓所召开座谈会,讨论历史、中文两系如何开展学术讨论。会后《文汇报》记者陆灏就送来了有关他学术报告的报道稿，谭其骧修改至半夜，28日见报。陆灏还要求他将报告内容整理成文章，27日晚上谭其骧着手撰写。在此前的25日，他已接到北京电话，国家地图集编委会会议举行前有事相商，要他提前到达。他已订了车票，为了在行前完成这篇文章，只能将已买的车票退掉另买。从28日至30日，他繁忙异常，紧张万分，因为《文汇报》的报道见报后，各方面纷纷来电来访，《光明日报》《复旦学报(社会科学版)》都要求刊登这篇文章。他每天都要写到凌晨三四点钟，终于在30日上午十时写完，在他家坐等的陆灏立即拿走。《光明日报》和《复旦学报(社会科学版)》都未能抢到，《论曹操》一文第二天就在《文汇报》发表。当时大家都知道，郭沫若的翻案文章是有来头的，所以谭其骧的商榷也格外引人注目，历史系师生进一步开展讨论，气氛为之活跃；学术界也出现了不同意见的争鸣，打破了长期的沉寂局面。

1959年3月25日，谭其骧在复旦大学作有关曹操评价问题的学术讲座

在这篇论文中，谭其骧首先指出，对曹操不存在翻案的问题。"说是替某人翻案，无论正翻反也好，反翻正也好，总得新的评价和旧的评价完全相反或基本上相反，才算得上翻案。"但"自古及今，果然有很多人说曹操坏，却

也有不少说他好,也有人在某些方面认为他好,同时在某些方面又认为他坏的"。他列举了近几十年来所出版的历史课本中,对曹操的评价一般并不特别坏;范文澜的《中国通史简编》和吕振羽的《简明中国通史》虽然骂了他,但只是把他当作汉末军阀的一员,对他的评价远在刘备、孙权之上;中华人民共和国成立前后专论曹操的论文或小册子,对他也是肯定多于否定。"既然过去人们对曹操的评价不全是否定的,也有肯定的,那末我们今天要肯定曹操怎能说是替他恢复名誉,替他翻案呢?"古人对曹操的评价也是有毁有誉,甚至连司马光的《资治通鉴》中的评价,也几乎是全盘接受了曹魏本朝臣子王沈的话。至于小说戏曲中都说曹操坏,不说他好,那又是历史小说、历史剧是否要符合历史事实的问题,也不是翻案不翻案的问题。

郭沫若、翦伯赞都认为,对曹操的坏话都出于统治阶级,统治阶级之所以要说他的坏话,都是封建时代的正统主义历史观在作祟,而人民群众也说曹操坏,那是受了统治阶级的影响,"是支配阶级蓄意培植的"。谭其骧列举了自晋至清对曹操的各种评价,指出:封建统治阶级站在正统主义立场上来对待曹操,也不是一贯相承、始终不变地把他看作篡逆僭窃一派的人物,偏安时代也有不把他看作坏人的。而从北宋以来的小说、戏曲都把曹操当作反面教员,显然也不是像郭沫若所说的出于统治阶级的培植,因为司马光对曹操的评价就很好。但据同时代的苏轼的《志林》记载,当时的说话人(民间说书艺人)已将曹操说成反面人物了。

谭其骧具体论述了曹操的历史贡献,归纳为四项大功。一、结束了汉末豪族军阀间的混战,统一了北方。二、征服了乌丸和鲜卑,保障了边境的安宁。三、打击了名门豪族,在一定程度上抑制了兼并,澄清了吏治。四、恢复了生产,在一定程度上还发展了生产。同时,也指出了曹操的四项罪过。一、打了农民起义军。二、曹操一生打的仗大多数属于统治集团内部的战争。为了结束混战,求取统一,这些战争是不可避免的,但他在战争过程中杀人太多,这也不能不算是一大罪。三、摧抑豪强、兴办屯田诚然对人民有利,但所谓屯田制,实际上是一种用军事手段强调束缚军民在土地上进行官六私四或对半分的高度剥削的制度。而且,不论是佃兵(军)或屯田客(民),由于他们的劳动生产得受政府设置的农官的直接管辖,身份因而降落,走上了农奴化的道路。四、在道德品质方面,他的忌刻残忍实在也是不可饶恕的。

他直截了当地提出:"评价历史人物,应该是是非非,尽可能做到恰如其分,不应该恶之则恨不得把他打入地狱,爱之则唯恐捧不上天。在郭老的笔底下，似乎曹操简直没有什么不是，即使有也算不得什么大不是，我看郭老这种看法在许多地方是值得商榷的。"

郭沫若说："曹操虽然是攻打黄巾起家的，但我们可以说他是承继了黄巾运动，把这一运动组织化了。""曹操虽然打了黄巾，但并不违背黄巾起义的目的。"谭其骧指出：黄巾起义已经基本上瓦解了东汉政权，何待曹操出来推倒？农民的基本要求是土地，是轻徭薄赋，但曹操的措施是把农民编置在国有土地之上，在农官直接控制下进行农奴式的生产，榨取十分之五六的高额租赋，怎么能说没有违背黄巾起义的目的？建安晚期同样发生了多次农民起义，说明在曹操统治下，农民的生活未必比东汉桓灵以来好多少。曹操击溃青州黄巾军后，收编为青州兵，从此青州兵不再是为了农民阶级的利益而进行战斗，而是为曹操统治集团的利益服务了，怎么反能说曹操承继了黄巾运动？

郭沫若说，由于曹操的锄豪强、兴屯田等措施，"把北部中国的农民千百年来要求土地的渴望基本上得到了一些调剂"，"把人民被奴役的情况扭回了过来"。谭其骧问道："难道说人民被编置在土地上当农奴，就是调剂了他们对于土地的渴望，扭转了被奴役的情况？"再说当时兴屯田的也不限于曹氏一方，孙氏在江东也推行了，规模也不算小，可见这也算不得是曹氏政权的特殊优点。

郭沫若认为历史上关于曹操杀人的记载，不见完全可信，他举攻陶谦一事有三种不同记载为例，认为《曹瞒传》是吴人做的，说曹操坑杀数万口是明显的对敌宣传；《后汉书·陶谦传》把杀人数字夸大成数十万，更是典型的曲笔；只有《魏志·陶谦传》的记载比较可信，而所载"死者万数"，"这里可能是战死的，也有可能是在败走中被水淹死或者自相践踏而死的，不一定都是曹操所杀"。谭其骧指出：史料中记载曹操杀人的事很多，就连《魏志·本纪》也说他"所过多所残戮"；就算《吴书》出于吴人而不可信，难道《魏志·本纪》也不可信？同样是《魏志》，为什么只有《陶谦传》可信，而《本纪》就不可信呢？

郭沫若认为曹操杀孔融二子一事不可信，理由是此事在郭颁《世语》里并无明文，孙盛《魏氏春秋》和范晔《后汉书·孔融传》才予以肯定，并说《三国志》注者宋人裴松之曾对孙说加以批评。谭其骧指出：这是郭老一时疏忽，误解了裴松之的原意，裴的原意对孔融二子同时被杀并无异议，只是对孙盛所述孔融被捕时二子"时方弈棋，端坐不起"一节认为违反常情。同时曹操经常夷人三族（父母、兄弟、妻子），并非只杀孔融一家。至于曹操杀吕伯奢一家的事,也有三种记载,谭其骧认为最妥当的办法是存疑。

郭沫若又把建安十八年曹操想把邻接孙吴边界的淮南诸郡民户搬到内地,因而引起"江淮间十余万人皆惊走",逃到孙吴方面去一事,说成是原本出于曹操的好心肠,但操之太切,反把事情办坏了。他根据《袁涣传》关于屯田的记载,认为淮南人民惊走是强迫屯田引起的,后来既然不再强迫了,"可见东渡江的十余万户其后有不少人回来的"。谭其骧指出,这大概又是郭老一时疏忽没有看清楚《袁涣传》而引起的误解,因为曹操放弃强迫屯田当在建安三四年,淮南民东渡远在其后,与屯田的强迫有什么相干?既然如此,被惊走了的十余万户其后也未必有人回来了。从这件事倒可以看出,曹魏的统治不见得比孙吴高明多少,否则淮南民也不至于因不乐内迁而情愿投奔敌国了。

郭沫若连关于赤壁之战的记载也怀疑,他援引曹操与孙权书中"值有疾病,孤烧船自退"的说法,认为"到底哪一边是历史事实呢?我们很难判断"。谭其骧在列举各种记载后指出:关于赤壁之战,《三国志·周瑜传》记载最为详核,和其他记载也相符合,不容置疑。"请大家设想:曹操以数十万大军乘流而下,意气骄盈,方欲一举而定江东,成一统,假如不是打得大败,怎肯'烧船自退'?"

郭沫若说,曹操"打了乌丸,而乌丸人民服从他"和"他打了黄巾,而黄巾农民拥戴他","这两件事体最值得惊异"。所谓乌丸人民服从他,指的是《魏志·乌丸传》所载曹操平三郡乌丸后,"悉徙其族居中国,帅从其侯王大人种众与征伐,由是三郡乌丸为天下名骑"。谭其骧说:历来用被征服的"异族"为兵的多得很,中古时期的边疆部族往往以掠夺战争为主,谁收编他就为谁服务,为谁作战,何足惊异?三郡乌丸既能为张纯、袁绍所用,为什么不能为曹操所用?

郭沫若说曹操灭三郡乌丸后,迁回原来陷落在乌丸中的十余万户汉民,他们对于曹操会衷心感激,把他当作重生父母。谭其骧认为恐不尽然,因为当时边塞部落中的汉人,不一定全是被掳去的,也有因不堪军阀割据战争的蹂躏而自动"亡叛归之"的。除非中原确实很太平了,否则他们恐怕不见得十分愿意回来。

郭沫若说曹操的民族政策"基本上是采取各族融合的办法的",执行了这一政策是有功的。谭其骧说未必,认为曹操迁边疆部族于内地,"无论对内地而言,对边疆而言,对汉人而言,对少数民族而言,都没有好处,它的唯一好处只是增加了统治者的剥削对象和兵源而已"。"退一步讲,曹操时代乌丸为患于边地,迁之内地,犹可说是有利于安边,但如后来他西征张鲁时,又迁汉中的賨人和武都的氐人于关中陇右,那只是为了怕留在汉中、武都为刘备所煽动或利用耳,于各族人民何益?徒然使氐、賨背井离乡,颠沛失所而已。"

郭沫若又说,"曹操受到歪曲的另一原因,和秦始皇一样,是政权的延续不太长"。谭其骧认为此说也有问题。"晋之代魏与汉之代秦情况不同,而略同于隋之代(北)周、赵宋之代后周,正如隋人宋人无需乎说宇文泰(北周开国皇帝)、柴荣(后周开国皇帝)一样,西晋人也无需乎说曹操的坏话。事实上西晋人确也未尝故意诬蔑了曹操,袒护了刘备。"

谭其骧的结论是:"总之,曹操是一个有优点、有缺点,功劳很大、罪孽也不小的历史人物。从全面看问题,总的评价应该是功过于罪。但我们不能,也用不着因为他有功而讳言其罪。过去有许多人并没有把他说成是罪过于功,所以这案子基本上无需翻。若一定要把他犯的罪也翻过来,说是并无其事,或虽有其事但算不得罪,那恐怕是翻不过来的,因为那是历史事实。"

在为曹操翻案的同时,郭沫若还发表了《谈蔡文姬的胡笳十八拍》,以后又针对别人的意见连续发表了《再谈……》《三谈……》和《四谈……》。在其编著的《蔡文姬》一书中,还收录了他所作的剧本《蔡文姬》和有关文章。郭沫若研究蔡文姬的目的之一,是通过她来进一步肯定曹操。谭其骧也进而研究了有关论文,于7月3日写成《蔡文姬的生平及其作品》一文,与郭沫若等人商榷。原来参与争鸣的刘大杰、刘开扬、李鼎文、王达津等都是从文学史的角度入手的,而谭其骧"就当时的历史事实、作者的生平经历和作品中所描叙的事物情景相互予以参证,从而对这整个问题中所包含着的各个问题,即作者生平的各个阶段和各篇作品的真伪",一一提出看法,在这场讨论中别树一帜。

从宋人苏轼到今人范文澜、郭沫若、刘大杰等,都对《后汉书·董祀妻传》所著录的两章《悲愤诗》表示怀疑,认为不是出于蔡文姬之手。除了从风格笔调出发的议论外,主要不外乎三点。一、据《后汉书·董祀妻传》,文姬是"为胡骑所获,没于南匈奴左贤王"的,诗中不应说是为董卓部众所驱虏。二、文姬之父蔡邕受董卓重视,在董卓控制的中央政权里爵位很高,董卓死后他才被王允所杀,文姬的流落必定在蔡邕死后,而诗中说为董卓所驱虏入胡。三、骚体一章中有"历险阻兮之羌蛮"一句,与文姬为南匈奴所掠获事实不合;又有"沙漠壅兮尘冥冥,有草木兮春不荣"二句,与当时南匈奴所处地域河东平阳一带(今山西南部)地理环境不合。

但谭其骧认为,这三点中没有一点是站得住的。因为:一、董卓的部众中多的正是羌人和胡人,《悲愤诗》中说"卓众来东下","来兵皆胡羌",这些胡兵不正是"胡骑"?二、南匈奴自中平五年(188 年)以来已分裂为两部分,其中一部分内徙河东,另一部分仍在今内蒙古河套一带,如果"南匈奴"是指留居在那里的一部分,地理环境与所描叙的就正相符合。三、董卓的部众纪律很差,当时蔡文姬在关东原籍被掳,蔡邕远在长安,而她被掳后三个月蔡邕即被杀,无从获得消息,更谈不上营救。董卓部队中的羌胡都是关中人,蔡文姬被掳后被西驱入关,入关后到过羌蛮之地,也就毫不足怪。所以可以肯定,《悲愤诗》二章确是蔡文姬的作品。

在此基础上,谭其骧进而考订,蔡文姬是在初平三年(192 年)春在原籍陈留圉县被董卓部将李傕等部众中的胡骑所虏获的。此外,并无到兴平中又被南匈奴右贤王部众虏获的事。蔡文姬被掳入关后,就马上北行进入了羌蛮区域,即今陕北高原,这一带自东汉后期已不再列入版图。郭沫若对"羌蛮"表示怀疑,怕是不了解当时各民族的地区分布情况之故。陕北高原地形多深沟高岸,与诗中"回路险且阻,还顾邈冥冥","历险阻兮之羌蛮,山谷眇兮路漫漫"等句所描写的景状正相符合。由此再向北,即至南庭所在的美稷,即今内蒙古的准格尔旗一带。从陈留圉县至美稷约合汉里三千里,诗中"悠悠三千里"(指归途,与去时所走路线相同)完全是纪实之言。文姬归汉应在建安八年(203 年),她初嫁卫仲道时 16 岁,初平三年被掳时 19 岁,归汉时 30 岁。卫仲道可能是卫觊之弟。

最后,谭其骧指出,《胡笳十八拍》中所述完全不符合东汉末年的实际,反之,见于《悲愤诗》两章中蔡文姬的亲身经历却只字未见。由此可见,这位作者不仅对文姬没胡时期的胡汉关系不清楚,连对她是在怎样的情况之下没胡也不清楚,岂会是蔡文姬自己?至于句中提到的"陇水",更与南庭相去甚远,有亲身经历的蔡文姬,无论如何不会乱用名词一至于此。所以他不赞成郭沫若的意见,认为《胡笳十八拍》是一篇能够相当深切体会蔡文姬心情的、感情炽烈而逼真的动人的好诗,但它是出于去蔡文姬时代已远,不了解蔡文姬的时代背景及其经历的一位作者之手的一篇拟作。

这篇论文发表于 1959 年第九期《学术月刊》,但另一篇后完成的文章倒先在 7 月 10 日的《文汇报》刊登了。在这篇题为"读郭著《蔡文姬》后"的论文中,谭其骧逐一指出了郭沫若在剧本《蔡文姬》和《跋胡笳十八拍画卷》一文中的错误:蔡文姬只是"左贤王部伍中"许许多多被掳来的侍妾之一,不可能是左贤王妃。曹操派去赎回蔡文姬的,是一位名不见史传的小官周近,并不是什么"大将军"。蔡文姬在胡中"生二子",郑振铎用了"子女"二字,剧本中据此安排了一子一女,实际上《蔡琰别传》中已说明是"二男"。剧本中安排了长安郊外一幕,是误解了《胡笳》本意,即使根据《胡笳》也并不是指真正的长安,而是泛指中原王朝的国都,实际上从美稷回中原根本用不到经过长安。剧本将归国的终点安排在邺,是由于作者把年代错搞成建安十三年,而建安八年时邺尚为袁绍所占,曹操还在许。

谭其骧指出:剧本最成问题的,是将单于呼厨泉和右贤王去卑安排在南庭故地。实际上,右贤王曾从河东出发参与侍卫天子东还之役,最后送到许,然后归国,此所谓"国",即其原出发地河东,不可能是南庭。而呼厨泉是在于扶罗死后继任单于的,他以于扶罗之子豹为左贤王,即刘渊之父。从于扶罗至刘渊,一直住在河东。郭沫若据《晋书·匈奴传》,在剧本中南匈奴单于呼厨泉下作了一条说明:"此人以建安二十一年朝汉,被曹操留置于邺,遣右贤王去卑回匈奴,分其众为五部,各立其贵人为帅,选汉人为司马以监督之。故在曹操手中,南匈奴等于归化。北匈奴早已西迁,其旧地为鲜卑族所占据。"但他竟然没有注意到,《匈奴传》在以下明明叙述了这五部的都尉分居于故泫氏、祁、蒲子、新兴、大陵五县,都在黄河以东当时的塞内,而塞外别有匈奴部落,至西晋初还有归附的。在这样误解的基础上,郭沫若竟说"自殷代以来即为中国北边大患的匈奴,到他(曹操)手里,几乎化为了郡县"。实际上,"等于归化"的南匈奴,只限于当时杂居在塞内黄河以东、陉岭以南诸郡县境内的五部之众而已,匈奴问题到曹操手中,并未全部解决。

郭沫若对不同意见一般都要著文加以反驳,但对谭其骧这三篇论文居然始终保持沉默,没有作出任何反应。

第十章

十年浩劫

在劫难逃

1966年5月20日下午,复旦大学历史系历史地理研究室全体成员学习《人民日报》发表的重要文章,讨论"文化大革命",身为系主任兼室主任的谭其骧当然要认真参加。当晚,九三学社在文化俱乐部召开座谈会,内容也是"文化大革命"。尽管报上文章的火药味已经很浓,但近年来习惯于频繁运动的知识分子,已习惯于迎接运动,所以作为九三学社复旦大学支社主任委员的谭其骧照例表示了积极的态度。27日下午,市政协派了两位工作人员来学校访问谭其骧,请他谈对"文化大革命"的认识,他还是表示要积极响应党的号召,拥护"文化大革命"。不过现在可以肯定,当时不要说谭其骧,就是来访问他的那两位市政协工作人员,也绝对不可能知道,"文化大革命"的结果竟会如此史无前例。

6月1日晚上,谭其骧继续查阅有关《方舆胜览》的资料,为撰写中华书局上海编辑所(上海古籍出版社的前身)刊印宋本《方舆胜览》前言作准备,到很晚才结束,当天《人民日报》发表的《横扫一切牛鬼蛇神》的社论似乎还没有引起他的警觉。第二天上午,他像平时一样到研究室处理杨图泸领羁縻州的问题,中间得到通知,下午全校召开声援北京大学师生的大会。原来被毛泽东称为"全国第一张马列主义的大字报"——北京大学哲学系党总支书记聂元梓等人揭发校党委书记陆平和宋硕、彭珮云等三人"反党反社会主义的罪行"的大字报和有关报道在《人民日报》公开发表了。在下午的大会上,校党委宣布"停课闹革命"。大会以后,全校游行,声援北大师生的大字报开始贴出。当天他感到身体疲乏,量血压为84—134,所以较早休息了。

6月3日,《人民日报》发表了《夺取资产阶级霸占的史学阵地》的社论,学校的大字报虽然还没有涉及具体对象,历史系却已经成为重点。当晚他参加了九三学社市委召开的"文化大革命"座谈会,会上得到消息,第二天学校将点名批判"反党反社会主义分子"。与会的复旦大学同事免不了要猜测此人是谁,但鉴于这是明显的敌我矛盾,谁也不敢公开议论。谭其骧心里也在排着系里可能的对象,历史系有影响的老教师就那么几位,还会是谁? 有"历史问题"或受过批判的虽然不止一人,但要说他们还在反党反社会主义未免过于严重。不过历次运动都会使人大吃一惊,不知道这次会选中谁。他想到了几个人,又一一否定了。虽然他前几天听到过要批判周予同(历史系二级教授、上海社会科学院历史研究所副所长、上海市历史学会副会长、民盟上海市副主任委员、第三届全国人大代表)的风声,但还是不敢相信这位相交十几年、秉性耿直的老友会反党反社会主义。

第二天上午,谭其骧一到学校,就见全校声讨"反党反社会主义罪行"的大字报已铺天盖地,连外系的学生也贴了这样的大字报,显然是经过组织的。声讨的对象正是周予同。震惊之余,谭其骧自然明白这绝不是复旦大学党委所能决定的,看来周予同已在劫难逃。为了适应形势,表明态度,他赶快写了一张大字报,又在其他人写的两张上签上了自己的名字。

见校党委和系总支并没有具体布置什么,上午他还是在室内工作,写完了《唐宋泸领羁縻州考》一文。下午谭其骧在家学习《毛泽东选集》,得知晚上要开全校师生大会,但直到晚饭后也没有人来通知他去参加。作为全国人大代表、校务委员、系主任、校工会副主席、九三学社支社主任而被排除在全校大会之外,不由谭其骧不感到紧张。八点多,他到校园转了一圈,见生物系已贴出谈家桢(副校长、二级教授)和卢于道(二级教授、九三学社上海市副主任委员、第三届全国人大代表、校务委员)的大字报。回家途中他到物理系卢鹤绂教授家中,知道当晚卢和其他一些老教师也没有参加,才稍稍放下了心。

6月6日是星期一,谭其骧来到系里。由于一切正常教学都已停止,杨图的编绘也无人过问了,青年教师见了他都有一种异样的感觉。他听说周予同来了学校,却没有见到,自从4日被贴大字报起,周予同一直没有在系里露过面。下午,他与陈守实(历史系二级教授)商量,看来周予同的问题非同一般,为了表明态度,两人又合写了一张批判周予同的大字报。在以后几天里,他忐忑不安地等待着,既希望本该出现的事早些出现,又害怕意想不到的事突然来到。所以除了上午到校看大字报外,就在家学《毛泽东选集》,晚上有空还继续写《方舆胜览》出版前言。他曾去中文系教授蒋天枢、哲学系教授全增嘏家,他们也有一种在劫难逃的感觉,但也都一筹莫展,不知明天还会降下什么样的灾难。

6月11日傍晚,有人告诉谭其骧,老教室大楼中各系都贴出了一批大字报。吃完晚饭,他急忙赶去,见每系都占用了两三间教室张贴本系的大字报,而在历史系的教室中贴他的已有五六张。仔细读完,他稍微定下心来,因为大字报上除了空洞的帽子外,并没有揭发出他什么问题。系内被贴的还有周谷城(一级教授、第三届全国人大代表)、陈守实等。在楼里转了一圈,发现谈家桢、朱东润(中文系主任、二级教授)、周同庆(中国科学院学部委员、物理系一级教授)的大字报都不少,而贴苏步青(副校长、中国科学院学部委员、数学系一级教授)的大字报最多。第二天是星期天,谭其骧又去老教室大楼,见到研究生和青年教师贴他的大字报已增加到十多张,语气相当尖锐。但苏步青的大字报增加最多,已挂满三教室,谭其骧看后产生了苏步青"问题似亦最大"(见谭其骧日记,以下引文同)的感觉。

以后,大字报与日俱增,被贴对象越来越多,罪行和帽子也不断升级。看大字报和抄录贴自己的大字报,成了谭其骧每天的主要工作。14日,陈守实教授的大字报明显增加,16日已被称为"狗教授""贼教授"。贴周谷城的大字报自15日起猛增,教室中张贴不下,移至楼下大厅,大字报中要求将他撤销一切职务,实行劳动改造;到16日,贴周的大字报已扩大到大楼门外,并增加了"反革命分子"的帽子,与周予同并列为"反党反社会主义的反革命分子",学校广播台整天播放批"二周"反革命罪行的内容。当天,章巽教授也被贴了两张,至此历史系教授中,除蔡尚思外已全部被贴大字报。面对这样的情况,谭其骧感到"意志消沉",再也无法继续工作,当天晚上他与在家的两个女儿作了长谈,要她们对可能发生的事情有所准备。

运动继续升温,越来越多的"牛鬼蛇神""反动学术权威""反党反社会主义分子"被大字报推出。18日,经济系二级教授吴斐丹已被大字报加上"反革命分子"帽子,并贴到了大楼门口。19日,已调离复旦的前党委副书记、副校长陈传纲的大字报大量出现,副校长兼教务长吴常铭、党委常委兼组织部部长李庆云、教学科学部副主任刘振丰等,都成了点名的对象。20日,因大字报大批出笼,谭其骧上午去看了两次,针对朱东润、谈家桢、焦启源(生物系二级教授)、严志弦(化学系二级教授)等的大字报都已贴上大路,连德高望重的校长陈望道的大字报也在楼内出现了。

就在6月20日,校园中贴出《把矛头转过来,指向党内的一切牛鬼蛇神》的大字报。一部分学生认为"文化大革命"的重点是揭发批判党内走资本主义道路的当权派,因此应把矛头指向党委,多数学生则表示要坚决保卫党委,他们以更激烈的行动来斗争教师中的"牛鬼蛇神",以显示他们的革命造反精神。当天下午,历史系首次批斗了二周,而周谷城进校时差一点被打;生物系学生给焦启源戴上了写着"反党反社会主义分子"字样的高帽子,又逼着谈家桢高声朗读贴他的大字报。晚上两派学生在校园游行,口号声不绝。第二天早上,吴斐丹进学校时被揪斗,揭发苏步青和外语系教授戚叔含的大字报贴上大路。

谭其骧还是天天到校看大字报,抄录贴自己的大字报,参加学习。在24

日的小组会上,他主动作了检查。25 日,当学生追问他大字报内容是否正确时,他回答基本正确,有的略有出入。

耳闻目睹,坏消息不断传来:6 月 26 日,风传周同庆已被内定为"反党反社会主义分子"。27 日,历史系党总支委员胡绳武成为党内重点批判对象。30 日,听说李平心自杀,西安交大彭康、浙江大学刘丹、武汉大学李达都已被揪出。7 月 3 日,上海报纸开始点名批判周予同。5 日,贴陈守实的大字报上路。6 日,外语系贴了黄有恒和伍蠡甫二位教授的巨幅大字报,外语系主任杨岂深教授和哲学系二级教授全增嘏被列出"十大罪状"。7 日,贴经济系教授萧纯锦的大字报上路。12 日,贴历史系苏乾英教授的大字报上路。13 日,贴哲学系严北溟教授的大字报上路。25 日,党委副书记王零在全校大会上宣布,哲学系主任、二级教授胡曲园被列为重点批判对象。

7 月 7 日,一位青年教师在谭其骧的办公室门口贴了一张大字报:"警告谭其骧、吴杰(历史系讲师)经常将门锁住,窃窃私语……"从此,只要他在里面,系主任办公室的门再也不敢关上了。13 日,一张大字报出现在他的办公室内,指责他不按时上班。但直到 7 月底,对他的揭发批判还没有升级。13 日下班后,谭其骧居然心血来潮,去了福州路的古籍书店。在几乎空无一人的店内,他买回了一部《四部备要》本的《经义考》,在当天日记中记下了"价仅一元,平均一册不到三分"的话,显然对自己的收获颇为满意。

7 月 28 日,历史系门外挂出了两块警告牌,勒令谭其骧等人每天要准时到校看大字报,汇报思想。一位讲师主持会议,让谭其骧和陈守实、苏乾英、田汝康、靳文翰、程博洪、王造时(著名的"七君子"之一,"反右"时戴帽)、章巽等教授和讲师吴杰、"摘帽右派"吴浩坤逐个表态和自我批判,然后由他与三位青年教师进行批判。第二天起,谭其骧上午八时到系签到,下午参加大扫除劳动,当天他的血压升高到 110—140。

7 月 30 日,揭发谭其骧"八大罪状"的大字报贴上了复旦"南京路"(校内干道),并且注明"未完待续"。他闻讯跑去抄录,不久见旁边一群学生在围着戚叔含哄斗,赶忙躲避。8 月 2 日上午,他找研究室党支部负责人汇报自己的态度,交代存在的问题,同时也指出了大字报中的不实之处。这位负责人没有表态,只是要他写外单位二人的材料。谭其骧自然不会知道,这位负责人正忙于组织对他的揭发批判。在 3 日的学习会上,谭其骧发言作检查。在他发言结束后,一位同样受到大字报冲击的教师、他以前的学生立即针对他说的"勤勤恳恳工作"作了严厉批判,以示与他划清了界线。在作了认真准备后,5 日上午谭其骧对自己散布资产阶级思想、说社会主义国家农业不过关、说有的学科用不着学《毛选》、主张"论从史出"等"罪行"作了全面检查,但一位教师又提出他不久前发表的《清官与好官》是一株"大毒草",应列入批判。

8月6日,复旦大学刮起了一股"斗鬼风",学生和教师中的"革命左派"纷纷寻找批斗对象。上午,研究室六位教师联名贴出揭发谭其骧的大字报,使谭其骧感到意外的并不是大字报的内容,而是这些自己多年的学生也站出来与他划清界线了。当天下午和晚上,苏步青、谈家桢、焦启源、萧纯锦等被戴上高帽子批斗,连宿舍里的小孩也是一片打倒声,校园中的口号声一直持续到第二天清晨五时半。7日是星期天,谭其骧在家里待了一天,只听到学校口号声不绝,不断传来有人被斗的消息,他听到的就有本系教授苏乾英、化学系二级教授赵丹若、党委宣传部部长徐震等人。晚饭后接到通知,到学校去听在上海市大中学校师生代表大会上北京负责同志的报告录音。路过工会时,见正在批斗谈家桢夫人傅曼云。当谭其骧晚上十一时半上床时,口号声还不断传来。

8日上午,谭其骧按时到校。那天天气炎热,他穿了一件圆领汗衫,手持一把蒲扇,走到历史系学生宿舍楼附近看最新贴出的大字报。忽听到有人高喊:"大家注意,这就是反动学术权威谭其骧!"(事后得知,此人也是他的学生、研究室一位负责人。)一批学生一拥而上,将他团团围住。有人喝令他跪下,还没有等他反应过来,就有人将他双手反拧,按着他跪倒在地。在一片打倒声中,将一顶高帽子戴在他头上,大瓶墨汁往他身上浇来,汗衫上被写上"牛鬼蛇神"等字,又被七手八脚撕破。批斗后,学生们逼他脱下鞋子,光着脚在校园游街。被折磨到十点多,学生才将他放走。在宿舍门口,又被一群小孩围住呼"打倒谭其骧",家门口已被楼上一位保姆贴上了"反革命老窝"等两张标语。回到家中,谭其骧失声痛哭,久久不能平静。他将脱下的这件破汗衫放入橱中,以后抄家时被发现,成为他对抗运动的罪证。

下午,系总支书记余子道来他家慰问,劝他不要灰心丧气,要"正确对待"。见他皮肤被抓破多处,颈部和腰部也被扭伤,余子道让他在家中休息几天。但余子道刚走,研究室负责人就打来电话,责问谭其骧为什么不去,要他下午四点钟到研究室。李永藩告诉他谭其骧受了伤,又经余子道准许请假,也无济于事。五时,此人又打来电话,声称"群众不答应",勒令他立即到校。谭其骧到后,这位负责人等三人先要他谈被斗后的思想,从晚上八时开始举行全室批斗会,结束时限令他三天内作彻底交代,每天七时半到室看大字报,汇报思想情况。晚上九点多,还没有吃过晚饭的谭其骧才在一片

"滚下去"的吼声中,拖着沉重的脚步离开研究室。

被撕破的已不仅是他的皮肤,更是他的心。这个六年前由他创办的研究室如今成了斗争他的前沿,那些曾经由他一手教会编绘历史地图的学生如今正向他发出一发发炮弹,他的办公室也成了监督他的"牛棚"。他想快一点离开学校,但他走不快,不仅是因为极度疲惫,还由于他实在不愿意远离他心中的研究室——这里有即将完成的杨图,有他十几年的心血和三十多年的追求,有他视为生命的事业和荣誉——尽管转眼间都已成了落花流水。事后他才知道,这三天中被斗的教授、干部有数十人,其中两人就此告别人世。

从此,谭其骧经历了无数次的批判、斗争,写不完的检查、交代、认罪,还得违心地揭发、批判其他人的"罪行"。从8月31日开始,每天要在红卫兵的监督下,挂上"反动学术权威"的黑牌,游街示众,劳动改造,轮流到宿舍、办公楼和厕所打扫,清扫校园场地,干拔毛豆、捞水草、翻土、挖沟、挑粪、施肥等重活。

10月10日,历史系成立"文化大革命"委员会。15日,某学生代表系"文革"委员会宣布对谭其骧等人的规定:自下周起每天七时半学语录,八时至十一时劳动,星期一三五下午学习,星期二下午二时半楼前集合,星期一七时半要交两份汇报。为此,整个星期天谭其骧都在写检查,直到晚上十二点。

12月5日,在谭其骧的日记中又出现了"杂览"的记录。到了1967年1月造反派"夺权斗争"的高潮,他的"杂览"也越来越多,从1月中旬至2月7日,共有15天,除了"写汇报"的日子外,几乎每天晚上都在看自己的书。2月8日是农历除夕,当天的日记写着:"连日翻阅东北地志地图,注意其城市位置所受铁路线之影响。读日人所著《白山黑水录》(清光绪间),谈及帝俄筑东省铁路之计划。"这应该是前阶段"杂览"的总结。至3月16日,日记中又有16天有"杂览",直到17日当了造反派负责人的那位资料员"宣布加强管制,以后每星期仍须写汇报",才暂时中止。

谭其骧逝世后,我意外地在他的遗物中发现了五页抄在500格稿纸上的旧稿,题为"东北地区县治移驻铁路线",辑录了吉林、辽宁、黑龙江和内蒙古四省区数十个县、市治地移往铁路沿线的资料。说明他"杂览"的结果,是总结出了东北地区在铁路建成后,县级行政区域的中心普遍移到铁路沿线的规律。虽然这未必就是"文革"时所录的原件,但肯定是1967年初"杂览"的成果。尽管还没有整理成文,但显示了一位不懈探求真理的学者在极端困难的条件下所作的努力。

1967 年 6 月 1 日,系里动员全体师生下乡参加三夏劳动,资料员通知谭其骧随同下乡接受监督劳动。5 日到达罗店公社天平大队中申宅生产队,他与吴浩坤、吴杰、余子道被编在四年级一队。队长规定他们每三天口头汇报一次,劳动结束后写书面汇报一份。从 6 日起,57 岁的谭其骧就和其他人一样,每天五时半起床,六时学《毛选》,七时吃早饭,七时三刻出工,十一时吃午饭,下午一时出工,四时至五时与社员一起学语录,六时半收工。割麦,运麦,脱粒,捡麦穗,采蚕豆,摘棉苗,锄地,一天的劳动常使他吃完晚饭就躺在床上动弹不得,但每逢到汇报的日子还得起来完成这项改造任务。所幸那位态度凶恶的纪某只听取了第一次汇报,以后改由另外两位教师听汇报,其中一位就是本所的赵永复,他们态度和气,从第三次起甚至根本不要谭其骧等人汇报了。

三夏劳动结束不久,就传出了要教授们紧缩住房的消息。6 月 28 日,谈家桢家首先搬进了二户。7 月 18 日,他与陈守实被通知各自让出两间。他原来住的是四间半(一个小间)一套住房,差不多被紧缩了一半。他赶快回家整理书籍,搬走书橱、书架,忙到 8 月初才勉强腾出。8 日,体育室一位教师一家搬入。在理书的过程中,他销毁了吴晗的《春天集》,邓拓的《燕山夜话》《陈布雷日记》,还将抽印本上的"反动"人名涂去。实际这些做法非但没有使他避祸,反而增加了以后的交代内容。在理书时他又忍不住找了一些书看了起来,8 月 1 日起写了"同城二县"的札记,以后还看了《宋人轶事汇编》等书。9 月 29 日,他又心血来潮,去了古籍书店,见除了还有一柜台的中医书之外,已经完全是《毛选》、语录和毛主席像了。

12 月 1 日上午,历史系召开"揭发控诉资产阶级知识分子统治历史系滔天罪行大会",主要批斗二周,谭其骧与陈守实陪斗。揭发中提出了谭其骧的"三大罪状":说台湾在清代不属于中国文化范围,西藏属印度文化区域,澳门不应归还中国。这三句话或者完全是无中生有,或者是歪曲原意,谭其骧自然不能保持沉默,他大声争辩,在一片打倒声中被强按低头。散会时,他们被勒令第二天到学生宿舍报到。

2 日上午,又是列队训话,打扫厕所。结束时的训话斥责谭其骧昨天态度恶劣,引起群众公愤,"文化大革命"已一年多,仍不知认罪,群众绝不会随便放过;同时宣布恢复每天上午的监督劳动,经常性的成员是谭其骧、二周(周予同因病经常不参加)、陈守实、苏乾英、吴杰六人。以后,不是打扫厕所,就是清理场地,但红卫兵又想出了新花样,要他们背诵"老三篇"(《为人民服务》《愚公移山》《纪念白求恩》），劳动前后要背，中间也要背，有时集体背，有时二人一组背。谭其骧曾与周谷城分在一组，周背得不如他熟，但相互影响，两人都背错不少。

在 6 日的大字报中又出现了 1 日会上提到的"三大罪状"，谭其骧觉得事关重要，无论如何必须澄清，开始起草声辩书。又根据室负责人的要求，写了"'杨图委员会'是一个怎么样的组织"的材料，连同历届审稿会的名单上交。

12 月 16 日，研究室召开"批判资产阶级统治研究室罪行大会"，批斗王零、徐常太和谭其骧。22 日下午，研究室举行"彻底揭露批判党内资产阶级代表人物相互勾结利用统治历史地理研究室罪行大会"，并在校门口贴出海报："勒令反革命修正主义分子杨西光、王零，旧党委徐常太，资产阶级权威谭其骧到会受审。"

1968 年在一次强大的寒潮中来到，预示着又是冷酷的一年。1 月 3 日，李铁民、余子道加入劳改队；负责监督的韩某训话，规定今后每周要交一次汇报，有事随时口头汇报，劳动前要背《愚公移山》，结束后要背《为人民服务》。他要大家选出队长二人，结果谭其骧与余子道当选。系主任和党总支书记双双担任"牛鬼蛇神劳改队"的队长，这不能不说是复旦大学历史系历史上最悲惨、最可耻的一页。两天后，劳改队又增加了徐常太、柏明、吴浩坤三人。

3 日下午，"造反有理串联会"贴出声明，规定走资派及反动学术权威今后每月领 18 元生活费，家属每人领 12 元，副教授以上自动减薪，房屋重新调配。6 日领工资后，谭其骧立即让李永藩上交 60 元于系办公室，以示自动减薪。陈守实闻讯，赶紧照办。他们又去"造反有理串联会"填表，"自愿"将下月工资减半。但到了 2 月 5 日，谭其骧拿到的工资仅 75 元，其余全部被冻结。

1 月 25 日，复旦大学革命委员会成立。"飓风兵团"接管了劳改队，采取了冻结存款、抄家、逼令交出存款等"革命行动"。3 月 29 日，劳改队又由"文攻武卫连"接管。3 月 15 日，历史系召开"清理阶级队伍誓师大会"，会后掀起揪斗高潮。由于全国各地都在进行清队，找谭其骧调查的纷至沓来，应接不暇。实际上有的调查对象谭其骧根本不了解（如浙江大学教过的学生），但也不得不一一应答，大多还要求他写出书面材料。在为外单位、本单位其他人写证明材料的同时，他又被要求写出详尽的自传和专题交代、思想汇报。

在批斗会上对批斗对象动手动脚已是家常便饭,谭其骧也不能幸免。多年后,李永藩和其他人告诉我,研究室中一位负责人、党员、谭其骧的学生之一曾打过他。我问谭其骧,他说:"我自己不知道。"在整党时,市委调查组的同志直接向他了解,谭其骧说:"别人这样说。当时我低着头,确实有人在我头上、背上打冷拳,不过我看不见是谁,不能随便说。至于此人打吴杰,打苏乾英,是我亲眼看见的。"5 月 21 日,谭其骧从六号楼回系,因在路上看了大字报而晚到了一会,监督人员见面就打了他两拳。当时对审查、监督对象殴打的事已相当普遍,由于谭其骧已不记日记,这只是偶然留下的记录。

6 月 5 日,谭其骧再次被带至中申宅参加三夏劳动,所不同的是,这次除了同样参加繁重的劳动外,还增加了大量现场批斗。下乡当天,谭其骧等就按规定订了"下乡守则"。9 日,他们被拉到田头示众。11 日开忆苦思甜会后,又把他们作为斗争的靶子。15 日,三年级在南垄生产队斗徐常太、吴杰、谭其骧、吴浩坤、姜义华被带去陪斗。

7 月 3 日下午,研究室中一批教工在那位造反资料员的带领下来到谭其骧家查抄,带走全套《禹贡》半月刊和旧报纸、手稿、文件等一大包,历年日记也被抄走,书柜、书橱全部被贴上了封条。多年后李永藩告诉我,当时曾有人主张将书全部搬走,她闻言高呼,"毛主席要他画地图,现在还没有画好,谁敢拿走书,以后画不成地图就找谁算账",所以书才没有拿走。

在抄家中发现,谭其骧还保留着被斗时戴的高帽子和牌子,次日受到"企图秋后算账""反攻倒算"的训斥,并被责令写出"认罪书"。在此前,谭其骧已将最近一本日记中自"文革"开始至 1968 年 1 月 10 日的日记撕下,他考虑再三,为避免被发现后说不清楚,就将撕下的日记散页上交了。这些散页奇迹般地保存了下来,后来回到了谭其骧手中,而今成为我撰写这些文字的可靠根据。

8 月 26 日,上海市革命委员会派工人毛泽东思想宣传队(工宣队)千余人进驻复旦大学,工宣队接管全校大权,造反派全部靠边站了。一切又被推倒重来,原来交代过的问题、写过的汇报、谈过的认识又得向工宣队重新表达一遍,而批斗会、政策攻心、学习班以至逼供信,也一一重演。10 月 28 日至 11 月 10 日,谭其骧等又被勒令下乡参加三秋劳动,监督管理自然更加严厉。

11 月 29 日,全隔离的封闭式"政策学习班"开始,谭其骧奉命带着铺盖住进学校,等待他的会是什么前途呢?

"一批二用"

谭其骧是在"政策学习班"中迎来 1969 年的。新年伊始,照例学习"两报一刊"(《人民日报》《解放军报》和《红旗》杂志)的《元旦社论》。但经过整整一个月的交代、检查,工宣队知道对这些审查对象再也挤不出什么油水了。更重要的是,在毛泽东作了对资产阶级知识分子"一批二用"的指示,并且具体谈到了复旦大学周谷城等人的情况后,对谭其骧等人的"一批二用"再也不能拖延了。于是,一方面他们开始与谭其骧谈"出路"问题,另一方面对他发动了最后一次全面批斗。

在 1 月 6 日后的几天里,又成为工宣队"依靠对象"的那位资料员要谭其骧设想今后杨图如何画,本系过去的教学坏在哪里,今后应如何改。14 日,两位工宣队员要他谈对出路的意见,他表示听候安排。15 日,资料员将他带到校组织组,由军训团某负责人问他"文化大革命"以来的想法和对今后出路的打算。那人还问:"你还能不能教书?"谭其骧回答得很干脆:"不能。""画图没有你行吗?""行。"但那人还是问了对今后搞杨图的看法。

与此同时,他们要谭其骧学习《南京政府向何处去》《敦促杜聿明等投降书》《论人民民主专政》《人民解放军宣言》等毛泽东著作,要他拿出行动来,说他还没有交代彻底,不揭发别人也是不彻底的表现。1 月 27 日,对他进行第三次大会批判,内容是肃反、"反右"中的问题和所谓"为帝修反说话"的罪行。2 月 4 日,在新教室大楼召开了全系"高举毛泽东思想伟大红旗,彻底清算谭其骧罪行大会",这也是对他的最后一次批斗大会。在此期间还让他写了一系列交代。

2 月 7 日,学习清华大学工宣队、军宣队对知识分子再教育给出路的经验,座谈体会。10 日,校军训团负责人找了谈家桢、郭绍虞、周予同、蔡尚思和谭其骧座谈。12 日,一位工宣队员和两位教师找他谈话,大意是:一、正确认识自己;二、正确对待群众;三、坚信工宣队、革命群众能贯彻党的政策。还说,给出路后还是要时刻注意,还是要批判,不能翘尾巴,不能有情绪,要采取积极态度,振作起来,"多做多错,少做少错"的想法是错误的,不要想自己哪天能出去,不要比,春节期间多想想。

由于准备让他们这些审查对象回家过春节,14 日又宣布了三条规定:一、不准到公共场所;二、春节期间写出书面汇报;三、春节后汇报活动。

在放他们回家前，系工宣队负责人王某与周予同、陈守实和谭其骧谈话，要他们写一份参加"政策学习班"以来、学习清华经验以来、接受批判以来的体会和对周谷城的看法。

春节四天"假期"后，谭其骧又住进了学校。2 月 22 日下午，他参加了军训团团部的座谈会，到会的还有二周、苏步青、谈家桢、刘大杰、蒋学模。在他们发言后，王参谋长说："有人还没有说心里话。谈家桢讲得不错。"政委方耀华说：

> 主席的政策一贯是对知识分子团结教育改造，希望你们能爱国，能为人民服务。主席给出路，你们要不要？有问题要交代，犯了罪要认罪，不能认为离开了我就不行，臭豆腐干你还得吃。有什么问题不要留尾巴，你们七人中有人还没有交代清楚。对革命师生要有正确态度，对你们的批判完全正确，批判是为了挽救。你们宣传封资修，怎么无罪？研究帝王将相，是为了反对他，消灭他，还是为了继承他？对你们现在批，以后还要批。主席的思想就是革命，批判，斗争。希望你们有生之日做到读毛主席的书，照毛主席的指示办事，也希望你们做一个为工农兵所欢迎的知识分子，为人民、为社会主义服务，再不要毒害青年。要用毛泽东思想战胜头脑中的资产阶级思想，认清形势，跟上时代。主席对你们很关心，多次接见你们，但你们还是反对毛泽东思想。再不要去干坏事，做一个有益于人民的人。给什么出路是有区别的，要看你们问题清不清，表现好坏。

工宣队团长张扣发说：

> 你们受到红卫兵小将的冲击，对这个问题要正确认识，对红卫兵的态度也就是对"文化大革命"的态度问题，受到冲击较多的人认识较好，较少的人认识较差。希望你们为人民服务，你们要研究帝王将相也可以，但要是为了消灭他们。能改最好，有的人怕不行，不能等改好了再工作。批判你们，是为了化消极为积极，肃清流毒。下星期二自己批自己一个问题，自己考虑要害问题，相互批判，不能消极等待。要敢于把自己的观点摆出来，尽管是错误的，但态度是积极的。批不见得比斗好受，因为要触及灵魂，是痛苦的。在批的基础上给出路。想不通的也可以讲。对你们不存在解放问题，因为教授头衔没有动过。大家再准备，

下星期二先批苏步青、周谷城,但不是先批到就先解放。生活上可以不降低。有几个人今天没有找,因为问题还没有交代,苏步青也只交代了一部分。

王参谋长说:"要树立无产阶级世界观,有困难,有活思想,及时向系工宣队反映。"他宣布,第一次先批苏步青的"学好数理化,走遍天下都不怕"和周谷城的"时代精神汇合论"。

24日中午,学校广播台开始播批判谈家桢、苏步青、周谷城、刘大杰、蒋学模五人的文章。当晚,工宣队要谭其骧赶紧准备自我批判,可能明天会上会点到。谭其骧开夜车至十二点,25日上午又赶了半天,才写好批判稿。下午一时在大礼堂召开"高举主席思想伟大红旗,批字当头,给予出路大会",二周、苏、谈、刘、蒋和谭其骧等七人坐在台上的批判席上。先由周谷城作自我批判,接着由其他六人进行批判,然后工宣队员、历史系学生徐某批判,最后张扣发讲话,宣布对他们"给出路":回班组学习,其中有人已安排了搞业务的时间,生活费刘大杰发150元,蒋学模发130元,其余五人各发120元。

会议结束回系后,工宣队栾连长、王师傅和室内一位教师找周予同和谭其骧谈话,要他们回去各写大会体会一份,准备自我批判;还宣布他们可以立即回家,明天起参加班组学习,谭其骧分在第二班。由于正下雪,又没有人帮忙,谭其骧便将行李留在系里,带着零星物件回家了。

第二天起,谭其骧就开始在"革命群众"内部享受"批字当头"的待遇了。早上六时三刻到校集合作"早请示"(在毛主席像前敬祝"毛主席万寿无疆,林副主席身体健康,永远健康",唱《敬祝毛主席万寿无疆》等歌曲,朗读数段毛主席语录),参加操练。八时起到六号楼231室参加班组学习,谈昨日大会体会,联系《纪念白求恩》,检查罪行。十时至团部谈昨日大会的体会。下午一时起班组学习讨论。晚六时半到第八宿舍接受批判,因迟到一分钟又忘记向毛主席请罪,被指责为"翘尾巴"。在谭其骧谈了昨天大会的体会后,有人提到张团长说有人"上推吴晗,下推党小组"。谭其骧忙说这是运动初期的思想,以后认识到自己有罪。又问:"是什么罪?"答:"不用毛泽东思想挂帅,不走群众路线。""你是镇压群众!"又问谭其骧:"你的问题要害何在?"他一时答不上,众人就责问:"为什么避而不谈反对毛泽东思想?"大家认为他态度很坏,毫无认识,翘尾巴。散会后,两位工人和两位教师把他带到另一间屋子里训话,说他对毛主席感情很差,又指出他老婆很反动,必须加强教育,否则会把他拉过去。

27 日晚上，历史系召开批判会，主要批"学历史地理用不着毛泽东思想""政治上反动学术上仍有成就"等观点。工宣队员发言时说，不为人民服务就谈不上成就，帝国主义国家的炼钢是为帝国主义服务的，所以不能说炼出了钢就是有成就。军训团的杨某说："你满口历史事实（指台湾在明以前不属于中原王朝管辖），为什么看不到解放后二十年的历史事实？没有毛泽东思想，能取得工农业、科技、教育各方面的成就吗？思想不革命化，不用毛泽东思想挂帅，一切生产学术成就都办不到。"今天的读者对这些言论会感到莫名其妙，或者会怀疑发言者是否神经错乱，但当时谭其骧听了，只能唯唯称是，否则就又是对工人阶级和解放军的态度问题了。

3 月 4 日，全校召开第二次"批字当头，给予出路大会"，批苏步青的"学好数理化，走遍天下都不怕"，上台坐批判席的除上次七人外，增加了陈守实和戚叔含二人。结束时宣布陈、戚二人归队，每月发生活费 100 元。晚上，谭其骧赶写两次大会体会"第二生命的开端"，直到后半夜三点。

13 日上午，历史系批周谷城的"民族投降主义"，采用全校大会的方式，二周、陈守实和谭其骧坐在台前，周谷城自我批判后，由他们三人批。谭其骧指出：对民族敌人并不是不可谈和，但要看对国家民族是否有利，如《布列斯特和约》及 1953 年朝鲜停战谈判，就是有利的。而绍兴初年南宋方面正取得战争胜利，秦桧却割地求和，实在是出于个人私利，邀主宠，固相位，牺牲国家和民族利益。况且秦桧本来就是金人纵归的间谍。金国人也需要和谈，秦桧是为敌人服务。话刚说完，就被群起而攻之："大毒草。""玩弄史料。""不应该以朝鲜和谈比拟。"谭其骧一位学生竟诬蔑他以前讲通史时也曾为秦桧辩解，还有人乘机随声附和。

14 日上午，学校在大礼堂召开第三次"批字当头，给予出路大会"，批谈家桢的"马克思不能指导 X"，谭其骧等七位"权威"依然上台接受批判。但这一次没有宣布新的"解放"对象，而且态度较前两次严厉，谈家桢被斥为"翘尾巴"，这大概是出于阶级斗争和革命大批判常抓不懈的需要。

22 日刚上班，历史系革委会就开大会，宣布有六人将下乡劳动，谭其骧是其中之一。九时召开全校大会，工宣队负责人讲话，谭其骧才知道他的下乡居然是"斗、批、改和教育革命措施的一部分"。那位负责人说：

> 同济、交大、华东师大、复旦即将搞教育革命。最近，北大、清华、华东师大和复旦提出了讨论意见方案，要加速斗批改，掀起教育革命新高潮。

1.大学习:学习《论教育革命》《在延安文艺座谈会上的讲话》《在全国宣传工作会议上的讲话》《新民主主义论》《青年运动的方向》。2.大批判:批判修正主义教育路线,批判资产阶级反动学术权威和反动观点。让谭其骧下去是给出路的进一步措施,批修要与斗私结合起来。3.大讨论:怎样用主席思想办一个社会主义的新型大学,领导权、队伍、体制、教材等问题都要大讨论。周谷城、刘大杰也提了方案,与青年提出的差别太大。我们要革命,不要改良。4.大调查:向工农兵调查,开教师、干部、权威座谈会,搞试点。

这次先下去六十多人,希望你们能作出应有贡献。苏步青下工厂,被批得体无完肤,一道题也算不出来。林副主席说:"革命的群众运动天然是合理的。"要正确对待群众,不要翘尾巴,这是重新教育人的极好机会,要促进思想革命化。短期劳动学习班一月或二三月,拜贫下中农为师,服从工人阶级领导,主要学"三忠于"(无限忠于毛主席、毛泽东思想、毛主席的革命路线),提高路线斗争觉悟。

去青浦县朱家角山湾大队,与贫下中农同劳动,同住,同吃,同学习,同批判,每星期六集中搞批判。每月伙食费12元,交粮票30斤,每月休息一次,中间不得请假。贫下中农怎么做我们也怎么做,早上五点出工,晚上六点收工。一定要坚持早上起来、吃饭、临睡前三次"请示",如贫下中农不做,我们也要做。可以借凳子、床板、草垫,弄坏东西一定要赔。下雨不出工与农民一起学习,每星期小结一次。

24日下乡后,谭其骧与几位教师分散住在第五生产队的农民家中,开始几天主要是与农民一起劳动。但为了迎接党的九大的召开,工余的大量时间用在搞"红化"(用毛主席像、语录、标语和"忠"字等布置成红色的"忠字化"的环境)。在九大开幕、新闻公报发表、闭幕的三天,照例要在晚上收听完广播后举行游行,回来后再座谈到后半夜,第二天再学习。所以实际用于讨论"教育革命"的时间很有限,仅用一个下午讨论了"教改方案",又匆匆进行了一次大会交流,就草草收场了。

4月29日,"试点"结束,谭其骧回校不久,编绘杨图工作恢复,他总算得到"用"了。

尽管从此以后,他是复旦大学教授中被用得最多的人之一,但"批字当头"并没有丝毫减弱,而且"资产阶级知识分子"的帽子是不会摘除的,至多只是承认他"改造得好"而已。1973年4月,长江流域规划办公室召开长江流域文物考古工作座谈会,邀请他和杨宽参加。复旦大学党委批准他和杨宽去,却增派了一位研究室负责人与他们同行。这是谭其骧自 1966 年后第一次获准外出出席学术会议,显然党委对他还不放心,需要派一位可靠的人随时在政治上把关,或者作必要的监督。

1974 年,上海学习清华大学的经验,对所有正、副教授进行突然袭击式的考试。1 月 5 日上午,复旦大学的正、副教授按事先通知集中到 1237 教室,主持人宣布立即进行考试,试卷是本校各科的入学试卷,包括政治、语文、数学、物理、化学。政治考的内容有党在社会主义时期的基本路线、毛主席讲话原文及其发表时间地点、列宁论帝国主义的特点、鞍钢宪法、三大纪律八项注意;语文有《红楼梦》《三国演义》《水浒传》《西游记》《儒林外史》《天问》《资治通鉴》《论衡》《聊斋志异》等的作者及写作时代等;数理化除了一亩等于几方丈一类题目外,谭其骧对大多数题目都没有看懂。考试下来,他对社会主义时期的基本路线只能举其大意,帝国主义的五大特点只写了三点,鞍钢宪法没有答,三大纪律八项注意也没有写全,数理化只做了亩的面积这一题。当天下午,市革委会一办来人找他与全增嘏、王福山(物理系前主任、教授)、朱伯康(经济系教授)座谈参加考试的体会。

值得注意的是,谭其骧已在此前"当选"为第四届全国人大代表,但也没有能享受考试的"豁免权"。

朱永嘉在复旦大学办了《学习与批判》杂志,几次要谭其骧写文章,到了 1976 年初,朱永嘉对他说:"我们的杂志已出了一年,你怎么还没有写文章?"谭其骧说:"你们要的大批判文章我实在不会写,我只会写考证文章。"朱说:"考证文章也可以,只是要简单一些。"谭其骧不得已,以毛泽东的《浪淘沙·北戴河》中"东临碣石有遗篇"中的"碣石"为题,写了一篇《碣石考》。稿子交去后,朱永嘉还嫌繁琐,又让一位青年教师作了删节。1976 年朱永嘉又提出编《中国通史》,并指定由谭其骧主持。谭其骧知道,在当时情况下,要编成一部通史谈何容易,可是又推脱不了,急得他毫无办法。幸亏不久"四人帮"被打倒,此事随着朱永嘉的被捕而胎死腹中。

为毛泽东注释"大字本"

1972 年 12 月 25 日上午,谭其骧接到复旦大学历史系青年教师、当时借调在上海市委写作组工作的王守稼从写作组打来的电话,询问《旧唐书·傅奕传》中的典故,先后两次,谈了一个多小时。以后得知,王守稼等人正在完成一项重大任务——为毛泽东要阅读的古文作注释。

据当时担任上海市革命委员会常委、复旦大学革命委员会常委的朱永嘉说,为毛泽东作注释的任务是由姚文元下达的,每次都由姚打电话给他,通知具体篇目,然后他再组织注释,完成后送姚文元审定,再由姚送毛泽东。注释的题解一般都经过姚文元的修改。毛泽东阅后,基本都批给全体政治局委员阅读,有的还专门批给某人(如江青)看。朱永嘉也曾将一些注释本送给当时主持上海市委日常工作的马天水作参考。

这些文件都在上海澳门路中华印刷厂排印,正文用四号老宋、注文用小四号老宋,全部繁体,长30厘米、宽20厘米,用60克米色道林纸,线装;以后每次又加印了两册宣纸本。参与这项工作的人都称之为"大字本"。注释的具体组织工作交王守稼负责。至于毛泽东选择这些文章的目的,看了注释后的反应,有的当时向注释人员作过传达,多数并没有具体说明,谭其骧等只是奉命注释而已。

1973年1月2日上午十一时,朱永嘉来到复旦大学200号楼楼上的历史地理研究室,向谭其骧等人布置了注释任务,要求谭其骧为全部注释把关。由于时间紧迫,其他人的注释稿还没有出来,所以谭其骧自己也先开始注释,他分到的是《三国志·吴书·吕蒙传》。从3日起,注释成为谭其骧的主要工作,花了整整五天时间完成了《吕蒙传》。8日夜间谭其骧家中煤气泄漏,9日起床后他感到头痛,作呕,四肢无力,但休息到九点就去学校作注释了。

13日,朱永嘉将谭其骧召到复旦大学党委会,又就注释工作的重要性和具体要求谈了半个多小时,总之是要他负责为青年教师和其他人作的注释初稿把关,尽全力完成这项政治任务。当时需要注释的文章主要是历史类的,但以后增加了一些诗词赋,对这些文学作品的注释,朱永嘉和写作组一般没有交给谭其骧"把关",只有在修改《江梅引》(南宋洪皓所作词)的注释时听取了他的意见。当晚谭其骧开始看邹逸麟、王文楚所作的《三国志·魏书·夏侯渊传》注释。

14日是星期天,他晚上修改至一时,15日晚上又改至近一时,至16日下午三时改毕。当晚又开始改《晋书·桓伊传》,由于白天都要开会,每天也工作至深夜,至21日(星期天)上午改毕。此时,《吕蒙传》和《明史·朱升传》的校样已经送到,经他改正后在十二时一刻送走。

《吕蒙传》注引《江表传》中一段关于吕蒙在孙权激励下发愤学习的记

載,"蒙始就学,笃志不倦,其所览见,旧儒不胜",为毛泽东用以勉励高级干部重视学习时所引用,也成为全国军民学习的重要内容。朱升向朱元璋提出的"高筑墙,广积粮,缓称王"的建议使毛泽东受到启发,他向全世界发出的"深挖洞,广积粮,不称霸"的号召无疑受到《朱升传》的影响。

谭其骧在 22 日下午校《夏侯渊传》校样,晚上开始审校《晋书·谢玄传》的注释,到 25 日上午还没有全部改完,但市委写作组已来催索,只能将稿子先送印刷厂排印,到时在校样上再改。26 日下午三点,他到研究室看《晋书·桓伊传》的清样。晚上他在《晋书·谢安传》注释的排样上校改到一点,第二天上午接着改,到下午三点,在 16 页中改完了 8 页,交写作组取走。28 日(星期天)一早,写作组送来了《谢安传》注释,要他全部看完,当晚他看到一点,第二天看到半夜十二点三刻,30 日上午将注释改完。31 日下午起改《晋书·刘牢之传》,直到晚上二时。2 月 1 日上午九时将最后改定的《谢玄传》送到学校,正好接到王守稼来电,下午四时一定要将《刘牢之传》送去,可不必细看。不久又得到通知,四时是将稿子送到写作组的时间,谭其骧午饭后顾不得休息,将《刘牢之传》注释大致看完,下午二时半交邹逸麟和王文楚送往写作组。

3 月 5 日上午,朱永嘉又交给历史地理研究室三篇注释任务。为此,研究室在晚上开会作了研究,并传达了朱永嘉带来的讯息:毛泽东在看上次注释稿时,发现了一个错字,"濉溪"的"溪"错成了"漢"。不过经查对原稿,此字是中华厂排错的,但负责校对的人没有校出。大家听后既惊又喜,惊的是如此重大的政治任务,稍有不慎就会出大问题,要是在关键地方出错如何得了?喜的是这些注释果然是伟大领袖毛主席亲自阅读的,并且看得那么仔细。

会后回家,谭其骧就查阅郭沫若对屈原《天问》的注释,作审改注释的准备,以后几天又夜以继日,至 11 日(星期天)半夜十二点三刻将《天问》、柳宗元《天对》的注释稿改定。12 日起改《三国志·魏书·张郃传》注释,至 16 日结束。当天开始看《三国志·魏书·张辽传》注释,至 24 日凌晨一时二十分完成。当天下午,谭其骧在医务室量出的血压是 100—160,医生要他半休一周。但他没有时间休息,27 日起注释《旧唐书·李愬传》,至 4 月 5 日完成。6 日又花了一整天时间对这三篇稿子作校对。

6 月 24 日虽然是星期天,谭其骧却与平时一样去研究室工作,因为新的注释任务下达——注《史记·汲黯郑当时列传》。他参加至 30 日,此后转入其他工作。

7月27日上午十时,朱永嘉来研究室,布置注释《旧五代史·李袭吉传》。29日,中文系教师胡裕树交来了《李袭吉传》注释初稿,谭其骧立即投入工作,直到晚上十二点二十分。30日,他从早上注至凌晨一点一刻,到31日下午四点完成,送至陈守实(历史系教授)处,估计陈守实又作了加工。8月4日清早,胡绳武(历史系教师)来通知,要大家八点去中华印刷厂校对《李袭吉传》,谭其骧、陈守实、胡裕树乘学校的吉普车先到康平路141号市委写作组,再由写作组派车送至印刷厂,王守稼陪同校对,至下午三点校毕回校。

8月5日又是一个星期天,晚上朱永嘉找到历史系,要谭其骧立即着手注释柳宗元《封建论》。为了抓紧时间,谭其骧、胡裕树与中文系的顾易生等集中在复旦大学四号楼注释,连续两天日夜突击,至7日下午四时完成。9日上午八时半,谭其骧、胡裕树、顾易生乘吉普车往中华印刷厂,由董进泉(历史教师,当时借调在写作组)及历史研究所一位借调在写作组的人员陪同,校对《封建论》注释稿,至下午二时半校毕。

《封建论》的注释之所以要得如此急,是因为毛泽东在8月5日写了一首《读〈封建论〉呈郭老》的七律:"劝君少骂秦始皇,焚坑事件要商量。祖龙魂死业犹在,孔学名高实秕糠。百代都行秦政法,《十批》不是好文章。熟读唐人《封建论》,莫从子厚返文王。"

8月11日下午,章太炎《秦政记》的注释稿送到,谭其骧改至次日凌晨二时。第二天整天在赶,至后凌晨二时半结束,13日早上姜义华(历史系教师)来家取走稿子。谭其骧累极,上午补睡觉,但到下午三时又开始校改章太炎《秦献记》,也是到次日凌晨二时。休息了几个小时,谭其骧又起来工作,上午十时将一部分已完成的稿子送到学校。回家后再干,到下午一点多实在支撑不住,才上床睡了一会。五点多周维衍、邹逸麟来拿走一部分稿子。六点完稿,晚饭后又修改,七时二十分由周维衍取走。第二天(15日)上午九时去中华印刷厂校对《秦政记》《秦献记》两篇。下午等了很久排印稿还没有出来,朱永嘉赶到工厂,召集工人讲话,强调这项工作的重要性,要求工人务必尽快完成。

当时广州中山大学教授杨荣国正来上海作"评法批儒"报告,由于杨荣国的特殊地位,上海市革委会十分重视对他的接待。当问杨荣国想会见什么人时,杨提出要见谭其骧,朱永嘉立即作了安排,预约的时间就是这天下午。所以朱永嘉讲完话后,就与谭其骧去和平饭店与杨荣国会面。五时谭其骧又回到工厂,校到七时半才结束。这是注释中最紧张的一次。

8月18日下午,王夫之《读通鉴论·秦始皇》节选的注释稿送来让谭其骧校改,当晚他改《论秦始皇变封建为郡县》一文至凌晨一时,第二天工作至凌晨两点半,第三天上午十时交出一部分。下午从二时赶到晚上八时半,由邹逸麟、周维衍分三批拿走。

8月30日校改的是韩愈《石鼓歌》注释,31日校阅的是杨宽(历史系教授)所作《石鼓文》注释。由于《石鼓歌》涉及先秦的石鼓文,而杨宽是先秦史专家,所以专门请杨宽注出初稿。

1974年4月2日,谭其骧因下午去历史研究所讲课,上午顺道去了康平路写作组,请他们代买去北京的飞机票。见到陈旭麓(华东师范大学历史系副教授,当时借调在写作组)、王守稼、董进泉等后,他们谈及正在作《天问》《天对》注释,要谭其骧帮助看一下稿子。谭其骧因4月4日就要去北京,只答应大致看一下。3日晚上,谭其骧将稿子看毕,第二天清晨动身去北京前让家人交给胡裕树。

8月11日,谭其骧审阅邹逸麟注释的刘禹锡《天论》。但当时正值《中国历史地图集》第一册中的商周图急需定稿,不久又得参加市里召开的"法家著作注释会议",所以他直到26日才又看了一次《天论》注释稿。由中文系王运熙等注释的牛僧孺的文章,他也仅在10月10日上午参加了一次讨论。

11月中旬起,谭其骧陆续参加了在香港路和市总工会举行的"法家著作"注释审稿,如19日、22日讨论《谏逐客书》《韩非子·解蔽》,28日上午审《商君书·强国》,12月3日在家审《韩非子·五蠹》,4日改《荀子·王制》,5日至8日改《王霸》和王夫子《论治河》。这些注释稿显然并不属"大字本"的范围,但同样属政治任务,他自然也不敢怠慢。

11月23日上午,谭其骧又应召赴康平路,与陈旭麓等商议注释《后汉书》中的《李固传》和《黄琼传》。中午由陈旭麓招待在食堂吃饭,至下午四时结束。24日(星期天)早上历史系教师许道勋就将注释稿送来了,谭其骧在上午看完两张,下午、晚上继续看,但不断有人来催促,至凌晨两点看完30多张。25日早上起身后,他又看了2张。因工作时间过长,眼睛发痛,就去研究室处理一些杂务,下午三点起继续审改,七时写作组工宣队员王某取走一批,谭其骧继续工作到凌晨三点。26日上午完成5张,下午完成五六张,傍晚取走一批;晚上完成8张,至十二时半结束。28日下午,谭其骧去康平路看《黄琼传》《李固传》的校样,接着又与邹逸麟、王文楚、王守稼、董进泉一起去中华印刷厂校对。到晚上六时半,工作大体完成,他与王文楚先回家。邹逸麟的家离厂很近,他与王守稼一直等到正式付印。

　　这次的注释要得如此紧急,是因为毛泽东要将这两篇文章批给江青看。《黄琼传》中"峣峣者易缺,皦皦者易污""阳春之曲,和者必寡;盛名之下,其实难副"和《李固传》中"表曲者景必邪,源清者流必洁""以天下与人易,为天下得人难"等话,都被毛泽东引用。不久毛泽东的批示层层下达,这几句话也成为广大干部必须弄懂的内容。

　　12月10日,写作组送来《谢安传》等注释,晚上谭其骧初步翻阅了一下。11日上午,他去康平路,王守稼告诉他《谢安传》四篇的注释要重新整理修改,以便出版。下午谭其骧就开始校改,至凌晨两点。第二天又干了一天,到凌晨两点半改定《谢安传》。但他发现其他人做的《谢玄传》《桓伊传》和《刘牢之传》注释仅仅是转录一下,与要求相差甚远。上床后,他又翻阅了所附的《淝水之战》一文,觉得错误很多。13日上午,他打电话告诉王守稼,王要他修改。晚上谭其骧开始修改此文,发现无从入手,只好将意见一一写出,忙到十二点半。14日上午李霞芬来将意见拿走,谭其骧请王守稼决定要不要改。15日傍晚,谭其骧去朱永嘉处,朱仍然要他修改《淝水之战》,并要他另写一篇。17日上午,周维衍来谭其骧家,告诉他王守稼打来电话,提了写作组方面的三个方案:修改《淝水之战》;写一封信指出其中的错误;另外写一篇。谭其骧选择了修改,18日白天和晚上,他都在改文章,至凌晨一时才改毕,第二天又花一天时间抄清。

　　12月27日起,谭其骧参加上海出席四届全国人大一次会议代表团的学习,但29日回家时见有周维衍留下的李斯《谏逐客书》要他修改,当晚改到十二点,第二天一早继续,至十点结束。1975年1月3日至4日上午,谭其骧在离家出席四届全国人大前修改了晁错《论贵粟疏》的注释。

　　1975年5月5日,谭其骧一到研究室就接到王守稼的通知,要他赶快去写作组。到后才知道是因为北京大学写作组对《江梅引》的注释提出了意见,姚文元交上海征求意见,由王运熙与顾易生负责,要他发表意见。由于有了不同意见,这次修改特别谨慎。7月8日,王运熙又就《江梅引》的注释征求谭其骧的意见,并请他校改了注释全文。

　　8月中旬,又有《晋书》中的几篇传记要求作注释,其中一部分是以前曾经注过,要求修改后重新排印的。谭其骧负责的是《刘牢之传》和《王弥传》,前者是修改,自8月11日至13日;后者是新注,自13日晚至17日凌晨一时完成。

　　22日下午,谭其骧去写作组听取关于注释工作的批示。这是毛泽东与江青对庾信《枯树赋》注释所作的批示。1975年5月,毛泽东对《枯树赋》的注释提出了四条意见,后来又提了三条意见,被整理出一份题为"主席对几条注文的意见"的文件。江青将《枯树赋》等几篇赋的注文交北京大学、清华大学注释组讨论后,两校(梁效)注释组写了一份《关于〈枯树赋〉〈别赋〉〈恨赋〉注文的问题》的材料。江青将两校的材料送给毛泽东,并写了一封信:"供参考,请批示。只此一份,印三个赋,需要注的好些。《悼李夫人赋》请留下参考,有关注文这份,请退我,最好有主席的批注。"不久,毛泽东作了批示:"此注较好。我早已不同意移植之说,上月曾告卢荻。关于注释的问题,请你们过细的研究。毛泽东 一九七五年八月"(转引自《毛泽东晚年过眼诗文录·前言》,花山文艺出版社 1993 年)。谭其骧虽然没有参加这些赋的注释,但因为是毛泽东的最新指示,所以也被要求听取了传达。结束时,王守稼要求他继续注释《苏峻传》和《孙恩传》。

由于又有了批判《水浒传》的运动,他不得不先看了张政烺、余嘉锡的《宋江考》,并参加了 25 日下午新华社来校召开的座谈会,到 26 日晚上才开始《苏峻传》的注释。27 日、28 日搞了两天,《中国历史地图集》第七册的青藏幅又等着他定稿。9 月 1 日他接到国家文物局通知,3 日去河北承德参加北方文物考古座谈会。他赶忙抄清了元朝宣政院地图的校改记录,准备在承德的发言稿。2 日上午去研究室,校完了《刘牢之传》的清样;下午,又与地图出版社谈了地图稿中的问题;晚上整理行李时,却没有找到原来用过的发言稿和边疆各区的讲义稿。3 日一早他赶到研究室,还是找不到讲稿,只能匆匆登车去机场,到北京后他才发现离家时连皮带也没有系上。

9 月 27 日谭其骧返回上海,修改清朝地图新疆幅、改正唐时期地图东北幅、研究黄河源资料等事又迫在眉睫。10 月 8 日下午王守稼来找他,提醒他还有注释未了。13 日王守稼和董进泉又来催他作注释,他只能腾出手来,从 14 日开始注释《苏峻传》。当天接到通知,15 日上午去康平路写作组看批示。19 日半夜注完《苏峻传》,但第二天用吴士鉴的《晋书斠注》复查,又改了一天,到 21 日上午交出。11 月 12 日,《苏峻传》的清样送来,由他改定。

但剩下的《孙恩传》,谭其骧只在 12 月 2 日、3 日作了注释,以后再无下文,王守稼也没有再催。究竟是什么原因,因王守稼已于 1988 年 12 月病逝,无从询问。据其他当事人回忆,1975 年后不再有注释任务。

第十一章

编绘《中国历史地图集》（下）

"批"字当头　恢复编绘

1969 年 5 月 6 日下午，才获得"一批二用"两个多月、刚结束在青浦农村四十多天劳动改造的谭其骧，"文化大革命"以来第一次接待了两位《文汇报》记者。当时正值学习林彪在党的九大所作政治报告，记者采访的名义是要他谈学习体会。听了他自我批判式的体会后，他们要他谈谈接受"用"的打算。当时谭其骧名义上已是"一批二用"的对象，却只享受到了"批"的待遇，还没有任何"用"的机会，自然谈不出什么内容，更不敢有什么打算。这时两位记者直截了当提出了杨图，详细询问了编绘杨图的前因后果。

据朱永嘉说，这次采访是由他安排的，目的是要通过记者的内部报道引起张春桥等人的注意，推动杨图编绘工作的恢复。

几天后，由文汇报革委会办公室编的第 359 期《文汇情况》送到了中共中央政治局委员、中央"文革"小组成员、中共上海市委第一书记、上海市革命委员会主任张春桥的桌上：

本市资产阶级学术权威学习"九大"文献后的反应（二）
谭其骧希望继续搞历史地图

复旦大学在三月底组织了一部分政工干部和教师下乡劳动，原历史系主任谭其骧也参加了。最近他刚从农村回来，今天起，参加系里举办的教授学习班，一起学习林副主席的政治报告。

听到钱伟长立了新功，心里很焦急，
表示要在"用"的过程中接受批判，接受改造

他对记者说，对于林副主席报告中有些内容的理解，自己还"吃不准"，"到底什么叫'一批二用'，过去对反动学术权威似乎没有这样提过。不知应该怎样来理解，我想'一批二用'后面，总应该有个'为什么'"。接着，谭其骧谈到自己的情况，他说："我总不能等着'一批二用'，不干事，让人民养着过日子，这是不行的，我还能干些事，我希望能'一批二用'，能尽自己的力量干一些工作。最近，听说北京钱伟长立了新功，听到后，心里很焦急。我希望自己能急起直追，也能为人民立新

功。我想,我应该在'用'的过程中接受批判,接受改造。"

说他如参加画历史地图,多少可以起点作用

记者问他今后有什么打算,谭其骧支支吾吾地不愿回答。隔了一会儿,他说:"其实今后我们到底能不能干,能干的话具体做些什么工作,自己是无法决定的,要看领导上的意见。"记者又问他:心里到底是否考虑过希望将来干些什么?开始谭也不愿直接回答,迟疑了片刻,才吞吞吐吐地说:"我有一个活思想,对领导上也没有说过,随便和你们聊聊,你们可不要向领导反映。我今年五十九岁,还能做些工作,这十几年来,我一直在搞历史地图的编绘工作,一个人的一生中,能有几个十几年呵!这些年我也够辛苦的了,可以说是复旦所有教授中最辛苦的一个,有时星期天也不休息,每天三班时间都泡在这上面。我希望将来还能继续让我画,能够搞出一个结果来。不过,有的时候,我也确实有过不想再搞的念头,画历史地图太繁琐了,不是短时期能够搞出来的;我对毛泽东思想的领会还很差,弄得不好要犯错误。我是研究历史地理的,还有许多其他专题可搞。如果有可能的话,我还想搞搞其他研究。如果我参加画历史地图,多少可以起点作用。"

认为历史地图还是有必要搞的

谈起历史问题,谭其骧显得兴致勃勃。他说:"历史地图总是要画的,这是毛主席交下的任务。不过当初是范文澜和吴晗负责抓,毛主席具体的指示,吴晗没有告诉我。十几年来,有过几次反复,一开始是打算在'杨图'(指清末民初杨守敬画的木刻本历史地图)的基础上加加工。尹达、侯外庐、翦伯赞等人,自己不动手,讨论时光提意见,要求越来越高,这也要,那也要,计划越变越庞大,越画越繁琐,这个工程十分浩大,成为全国许多单位协作搞的一项工作,仅复旦大学历史系就有二十几个人参加,其他如南京大学、云南大学、民族研究院等十来个单位,都有人参加,直至'文化大革命'开始后才停下来。看来,历史地图将来还是有必要搞的,它对历史研究和地理工作者都有帮助,例如关于古河道的位置,有助于地理工作者考察地下水。在国防上的意义不是很大,边界争端的一些地方要在五万分之一的地图上才能看清,而我们画的历史地图是二百万分之一,因此作用不大,只是从历来边界的变迁,也能说明一些问题。例如从一八二〇年清朝全盛时期地图来看,乌苏里江、黑龙江

东北一大片土地都是我们的。苏联占领我们的土地是不少的,在新疆那儿也有一大片,过去巴尔喀什湖、伊犁河以东一带是我们的……"

希望有人帮助出主意、定方针,自己在下面干些具体工作

接着,谭其骧说:"今后如果让我继续画历史地图的话,最好有人帮助出主意、定方针,让我在下面干些具体工作。"他说:"工宣队曾经批判过我这种'怕'字当头的想法,但是我至今还改不过来。"记者问他:"为什么改不过来?"谭说:"我过去贯彻了修正主义一套,犯了罪,我不是政治挂帅,而是业务挂帅,不走群众路线,但历史地图的'编例'是我订的,当时也征求大家意见,大家没说什么,有的是别人不懂,跟着我干了,因此我就有罪。"至于"编例"究竟哪些地方不对,谭说:"在揪斗我时,批判我画的历史地图是为帝王将相服务的。原因是,我原来考虑根据一本比较通用的历史书把它的地名全部标出来,当初选了《资治通鉴》,可是这本书中许多是记载帝王将相活动的情况,因此别人就说我是在为帝王将相服务,这是我的罪。"问他从现在看,选择这本书是否可以时,谭其骧不愿正面回答,隔了好长一会才支支吾吾地说:"如果不根据历史书,每一个地名都要自己进行一番分析的判断,那么工程就更加浩大了。"

谭其骧几次表示,希望能把历史地图搞出来。他说:"不过这要全国统一来考虑,要有个统一机构来抓,单上海一个地方动还是不行的。"他又说:"搞历史地图是很繁琐的,时间可能拉得很长,今后如果要搞的话,不要搞得太繁琐,可以先搞出一稿出版再说,以后还可以陆续修改充实。"

在谈到落实政策时,谭其骧说:"听了林副主席的报告,看了前一时期报上登的南开大学经验,心里很焦急,我们这儿还有不少人'挂'着。"问他对学校中落实政策的情况认为怎样,谭连连摇头说:"我没有想过,没有想过,这个问题没考虑过,有些人'挂'着,他们也许政治上是有问题的,这我就不了解了。"(通联组)

张春桥立即召来朱永嘉了解详情。朱永嘉告诉他,编图的事是毛主席交代下来的,具体是由谭其骧在主编,但"文革"前的确是由吴晗抓的,与吴晗有关。张春桥说,只要是毛主席交办的事,就可以恢复。

得到张春桥同意后,朱永嘉马上通知了驻复旦大学军宣队政委方耀华,要他直接负责恢复杨图的工作,不要受其他运动的影响,尽快抓起来。不久张春桥又催问:"图动工搞了没有?要快点搞,谭其骧要积极工作。"5月15

日上午九时,在复旦大学军训团团部召开了恢复杨图工作会议。会议由市革委会第一办公室主任、上海警备区政委杨一民主持,朱永嘉代表市革委会参加;除了方耀华、工宣队团长张扣发和进驻历史系的一位刘指导员外,历史系师生参加的有徐彪(学生,校革委会委员、系革委会主任)、程显道(青年教师、历史地理专业 65 届毕业生、系革委会负责人之一)、周维衍(原研究室党支部书记)、林汀水(研究室教师)、邹逸麟,谭其骧是临时被通知参加的。

会议决定:杨图恢复工作,要快一点,争取一两年结束,大体告一段落;要从备战的角度考虑问题,站在党的立场上,"备战,备荒,为人民";要作为革命事业来搞,不要作为名山事业搞。

会议确定:北方边界可以打破,不受什么限制。地名不要搞得太繁,从实际出发,要古为今用,为当前阶级斗争服务,要使大多数人看得懂,不是为少数专家服务。对参加搞图的同志来说,要体现出三年无产阶级"文化大革命"来的提高。要吸取学习"样板戏"的经验,把革命性与科学性结合起来。有些制度该坚持的还要坚持,不合理的要改,要走群众路线,要突出政治,加强思想政治工作,不能单纯军事观点。

这次会议显然是经过事先准备的,与会者中肯定有人参加;对谭其骧来说,尽管他已风闻要恢复编图,但对具体准备过程一无所知。处在他当时的身份,自然只有接受"批"和"用"的义务。会议所确定的原则,从一开始就使恢复后的编绘工作不可避免地受到了那个特定时代的影响。此前不久发生的珍宝岛事件已使中苏之间的冲突达到最紧张的程度,"苏修"已成为中国的头号敌人。所谓"北方边界可以打破,不受任何限制",就是意味着在编绘历史地图时,凡是历代中原王朝或历史时期的中国的北方边界,都应该尽可能地画大,以便能为当前的"政治"服务。在这种原则的指导下,谁能想办法把历史上的边界画得最靠北,谁就是突出政治,坚持毛主席的革命路线,就是爱国;谁要坚持历史事实,坚持实事求是,谁就是不突出政治,就是坚持资产阶级反动路线,就是卖国。所以尽管有时也说要"尊重历史事实",实际上只能曲解历史,迎合"政治"的需要。

会议要求谭其骧:本人要作自我批判,积极工作,政治面貌应该振奋起来,现在不是为刘少奇资产阶级司令部服务,而是为无产阶级司令部服务,不要缩手缩脚。现在不是主编负责制,而是民主集中制,但该看的也要看。还向他举了电影导演谢铁骊的例子,说他过去拍《早春二月》(据柔石小说改编的电影,"文革"前夕受到批判,定为"大毒草"),挖空心思,而拍《智取威虎山》(京剧革命样板戏),拍了 6000 米,还是不理想。

第二天晚上，两位工宣队员和程显道、周维衍找谭其骧谈话，问他昨天上午参加会议后的体会，最后要他准备在下星期对以前的编图工作进行"斗私批修"。

从5月19日开始，历史地理研究室举办学习班，成立了由工宣队负责人徐以万、军训团成员、校党委委员王耀忠及程显道、周维衍组成的领导班子。除教师外，还有两名红卫兵和一名工宣队员参加。第二天开始分两组，就"领导权"问题开展大批判。所谓"领导权"问题，就是指"文化大革命"前，重编改绘杨图的领导权被以吴晗为首的"资产阶级反党反社会主义分子"所把持，而吴晗又重用了谭其骧这样的"资产阶级反动学术权威"，在编绘工作中实行主编负责制和专家路线，实行资产阶级专政。现在要恢复编图，首先就要将领导权夺过来，牢牢地掌握在无产阶级革命派的手中。吴晗远在北京，原来代表"资产阶级"掌握领导权又兼有"反动学术权威"身份的谭其骧自然成为批判的主要目标。

谭其骧被责令先发言，但在发言后就被指责为"没有将自己摆进去"，受到猛烈批判，认为他完全站在原来的反动立场。谭其骧再次发言，表示既然革命群众认为自己的立场还没有转过来，为了不影响革命工作，今后可以做具体工作，但不愿再看图审图了。这马上引来群众激烈的批判，认为他是向"革命群众"要挟，有人还责问谭其骧："难道没有你，图就画不成吗？"下午开大组会，在大批判的压力下，谭其骧表示不敢再坚持己见，又被指责为消极对抗。其实谭其骧的检查再诚恳也不会减轻批判的火力，因为这是恢复工作前必须进行的步骤，否则就不符合"大批判开路"的革命路线了。

21日和22日继续边批判，边表态，所有到会者都表示要全心全意投入工作。23日，朱永嘉代表市革委会来室催促，当即决定先搞清时期图。作这样的决定主要是考虑到当时中苏对峙、"反帝反修"的需要，同时清图已完成的基础也比较好。下午《文汇报》记者又来找谭其骧，专门采访了编图的问题。"文汇报"革委会办公室当时就编成《文汇情况》第403期上报，这篇题为"复旦历史系恢复绘制地图的工作，准备画出《清图》向建国二十周年献礼"的报道还专门加了一个副标题——"谭其骧也参加了这项工作既高兴又害怕"。从报道中可以看出，尽管谭其骧动辄得咎，处境十分困难，但他还是利用这次采访的机会，直率地表明了自己的意见：

> 谭其骧说：听到让我参加历史地图的绘制工作，心里确实很高兴。这项工作，我已经搞了十几年，对它是有感情的。不过心里也有些害

怕,过去已经搞得头昏脑涨了,想想任务很繁重,非常担心,如果搞不好,这是对不起毛主席的。

谭其骧认为,把绘制《清图》作为献礼,现实意义比较大一些,因为清朝较有独立性,不像其他朝代,会彼此涉及,不便单独拿出来。他说:"现在还没有一张好的《清图》,原来的杨图只画到明代,光绪、宣统时,虽然已有现代印刷术,可是留下的地图,已把边境许多土地都丢掉了。乾隆、嘉庆时期留下的地图都是木刻本,很简略,由于当时测绘技术不正确,以及后来山川的变迁,因此有些地名与现在的地理位置很难对上口径。国民党时期搞的那些地图,都十分粗糙,没有多大价值。现在我们如果能画出来,意义是很大的。"

谭其骧谈到,他在一九五六年时,曾花一年时间,搞过一张四百万分之一的《清图》,选的是一八二〇年,清朝全盛时的地理位置。这次绘制的《清图》,是准备在原来这张地图的基础上放大,画成三百万分之一的。工程量还是比较大的。

谭其骧又说:"大家提出绘图要为反帝反修服务,这是对的,不过现在看来困难很大,尽管我们准备在边界多画几个点,但是边界仍然不可能画得很详细,要依靠我们画的地图来外交斗争是不行的,这些地图至多只能对人民进行一些爱国主义的教育。"谭认为主要的困难是看不到材料,许多材料都是属于机密的,因此他就无法作出判断。另外,即使看到了一些零星材料,要把地名在地图上正确标出,还必须查阅历史记载。现在这方面的困难是很大的,特别是新疆、西藏,过去这些地方的边界是没有条约的,要确定位置,更需要历史资料。目前在西藏有不少藏文材料,有的留存在佛经中,要从中找出资料,困难是相当大的。

在谈到边界问题时,谭说:"这个问题是很复杂的,过去的人不如现在国家观念这样强,由于边境上往往是非汉族的人居住,中央管不着,关系不能稳定,因此边界线是模糊不清。沙俄是在十七世纪占领西伯利亚,与我们发生了冲突,订了《尼布楚条约》,确定了边界,这样,后来就可以看出它侵占了我们多少土地。而在新疆、西藏一带却不同,沙俄是在十九世纪才侵占中亚细亚的,从清朝顺治到康熙(原文如此,应作同治到光绪),断断续续签订了六七个条约,才算把帕米尔高原、乌兹别里山口以北的边界确定了,因此现在要清算苏修究竟占领了我们多少土地,还讲不大清楚。在帕米尔高原、乌兹别里山口以南地区,苏修至今仍然占领着。"谭其骧说:"边界问题是复杂的,一定要研究大量材料才能判断。但是有些人即使有了材料，也不一定判断得正确，过去就有这样的情况，有些人不大会使用材料。如果把边界画得不正确了，那就很麻烦。"

最近，准备参加历史地图绘制的同志，正在对过去绘制过程中反映出来的修正主义路线进行批判。谭其骧与记者交谈时，流露出一些情绪。

谭其骧说："这次批判主要对象还是我，首先批判过去的领导权问题，这是正确的。不过我现在也不参加领导了。"他又说："别人批判我看不起群众，我不相信群众能够搞得成，这是错误的。不过，画地图还有些专业性的东西，总应有一个熟练的过程，不是什么都是一下子画得出的，这也不是我不相信群众。""有些同志批判我不为工农兵服务，我思想是确实没有想到尽可能使历史地图让工农兵都看得懂，但是，是不是一定要工农兵看得懂了就算为工农兵服务了呢？我曾经说过，任何人要作用任何一本工具书都必须经过学习，这句话，我看不是完全错的。过去别人批评我画的图都是为帝王将相服务的，其实所谓××陵，××陵，都是一些地名，是《资治通鉴》上有记载的。"

谭其骧目前还存在"怕"的思想。工宣队刚通知他参加工作时，他曾表态说："今后领导上要我干什么我就干什么，要我出主意，我是不出了。"后来别人批判了他这种想法，谭表示现在对这问题仍未完全想通。领导上最近提出绘制历史地图由过去的"主编负责制"改为"民主集中制"，但最后仍要谭其骧看一遍，并希望他如果认为自己意见是正确的，应该坚持。谭其骧说："我心里确实很怕，其实过去也是这样，都要我最后看一遍，看图不比看文章，必须逐点逐点根据资料来核对，很花时间，过去的工作往往到我这一关就停下来了，今后可能仍会发生这问题，别人会有意见的。另外，我过去有这样的教训，我为了对图负责，别人点错了就给他指出，弄得别人很不开心，今后可能仍会发生这种情况。"

谭其骧还谈到，这几天还批判了过去少慢差费的路线，他说："我过去对多快好省的认识是有问题的，以为'多、快'了，就不能'好、省'。不过，我们当初搞的时候，也并没有要'慢慢搞'，每次也都希望一二年能结束，只是因为计划脱离实际，时间越拖越长。"

最后，谭其骧说，领导上要我们在二十八日前订出计划，我觉得这样太仓促了，可能会搞得很粗糙。过去我们是有教训的，老是更改计划，将来可能会有反复，不如现在讨论得充分些。他又说："这次画地图，不必像过去那样繁琐，例如过去我在画宋朝地图时，为了判别'城、镇、堡、塞、关'相当于州、县、镇哪一级,花费了不少时间,现在看来,不必去做这样的工作了。在标志行政域上,可以简化一下,这样可能会缩短一些时间。不过,领导上到底有什么具体要求,还不明确,如果明确了,那就更好办。"

谭其骧觉得目前的困难还很大,他说:"这次参加工作的,几乎有一半是新手,恐怕会影响速度。另外在资料上也有些困难,有时必须看些外文材料,但熟悉外文的人不多。过去是与其他兄弟单位例如南京大学、云南大学等合作的,现在不知他们能不能继续搞。"

谭其骧的担心不是多余的,事后都被他不幸言中了,但当时踌躇满志的"革命领导班子"是完全听不进去的。要不是朱永嘉坚持让谭其骧最后把关,他们或许根本不会让谭其骧参加。实际上到那年国庆,编绘工作还根本没有眉目,而《中国历史地图集》第八册清图的完成和出版是在几年以后。

经过这几天大批判的"开路",5 月 24 日终于开始了实际行动,讨论修改1965 年最后一次杨图会议所定的编例。几位红卫兵也参加了编绘工作,其中三位 70 届的学生到 1970 年 7 月毕业分配时还被借用了一年。

忍辱负重

5 月 25 日开始,谭其骧就投入了紧张的工作。虽然当天是星期天,他还是在家里修订了清图的改编草案,供第二天讨论。接着又开出边疆地区的参考书目,查阅资料,准备讲稿,并在 29 日花了一整天时间向研究室人员讲解清代的疆域政区和国界。6 月 2 日开始正式工作,谭其骧排江苏省的地名表,星期一排出后嫌太繁,星期二又改变方法,至星期四完成,星期五又自己去市区的上海图书馆借书。下一周参加青藏组的讨论,并修改清图体例。他还得参加各种学习、批判、劳动(日常劳动,下厂,挖防空洞)、军训、学唱样板戏、补充交代问题、接待外调等,所以尽管整天忙碌,能用于编图的时间往往并不多。如从 6 月 16 日到 21 日的一星期内,实际工作时间只有 13 个半小时,整个 7 月份的工作时间也只有 102 小时,8 月份有一周只工作了三个半小时。

不过更使他痛苦的,还不是身体和精力的疲劳,而是无休止的批判和不公正的待遇。且不说编图工作的领导他根本无权参与,对与外单位的联系一无所知，就是具体做法也动辄得咎，常常受到无端指责，弄得不知所措。如刚刚在"天天读"时批他不发挥作用，不拿出经验来，又要在全室大会上指责他是"过去一套"，有纯业务倾向，提出要将编例的讨论与大批判结合起来。一会儿要他不能束手束脚，一会儿又要他把"文革"前的明图编例拿出来作为批判的靶子。9月23日"天天读"时，工宣队卢某指责他排江苏表拖了两星期（实际只花了三天），又说他在图上搞错了两个县治，一位进入"领导班子"的青年教师竟说他1956年编的图上每个省的县治都有错。过了两天，又批他排挤青年，招降纳叛，以名利诱惑青年的"罪行"。外交部关于中苏边界争端的文件发表后，室内规定每天早上"天天读"学一段文件，就要对他批判一次，并责令他每天写一篇自我批判文字。10月14日晚上他写批判至十一点半，第二天晚上又写到半夜，才写成两千几百字。16日上交，当晚工作至九点后又得准备写第二、三段（因已有两天）的批判。显然这不仅是对他思想上的折磨，也是对他身体的摧残。

直到12月，批判的火力还相当猛烈，如10日"天天读"他发言后，有人就批他"只培养出了一个人""拉右派进研究室"，甚至要他交代搞《延昌地形志》有什么反动目的。

关于"只培养出了一个人"这种话似乎不需要任何说明，明眼人一听就知道说这话的人是一种什么心态。时至今日，谭其骧究竟培养出了多少人已不必再费笔墨了。"拉右派进研究室"却纯粹是一场历史的误会，但在当时的确是谭其骧的一大罪状。"文革"前，在辽宁某县城一所中学工作的青年孙进己对历史地理和民族分布等问题很有兴趣，曾写信向谭其骧请教，在回上海探亲时也找过他。他觉得孙进己基础不错，也有自己的见解，曾向系总支提出，能否将孙调入研究室。组织上一了解，孙是右派分子，谭其骧得知后自然不敢再提，岂知到了"文革"时就成了他"招降纳叛"的具体行动。可是到了中共中央发出文件，为被错划的"右派"分子改正时，孙进己却没有能享受到改正的待遇，原来在他的档案中根本找不到当年划为右派的决定，他本来就没有被划为右派，当了二十多年右派只是某一位负责人当年随口一句话，谭其骧要拉的人根本就没有戴过右派帽子。

《延昌地形志》是清代学者张穆的一部未完成的著作，稿本收藏于上海图书馆。原来魏收修《魏书》时，北魏已分裂为东魏和西魏，东魏由权臣高欢执政。魏收为了取悦高氏，在编撰《地形志》（相当于一般正史的《地理志》）时不采用北魏全盛时的延昌年代（512—515年），却记载了东魏末武定年间（543—550年）的行政区域。由于东魏的实际控制区有限，西魏部分和南北边疆地区的行政区划不是沿用旧制,就只能留下空白,所以《魏书·地形志》所载根本不能代表北魏的全盛面貌,一直受到学者的批评,张穆就企图改以北魏延昌年间为标准年代,利用《魏书》及其他史料,编一部反映北魏全盛时代疆域政区的《延昌地形志》。"文革"前为了编图的需要,谭其骧曾从上海图书馆借来此书,将其目录印出作为参考材料,并想组织人员在张穆的基础上将延昌年间的疆域政区梳理清楚,以便编出以延昌年间为标准年代的地图。这本来是正常的业务,但在政治嗅觉极其灵活、路线斗争觉悟大大提高的无产阶级革命派面前,凡是谭其骧积极要干的事自然都有其反动目的,尽管最后连他们自己也不知道这目的究竟是什么。

到 12 月 12 日"天天读"时,又集中批判谭其骧在 10 日的发言,指责他在检查中说"忘记了",是翘尾巴;他谈及"文革"前编图工作的教训有重复劳动、改变计划,是向革命群众挑衅;还说他的问题不是执行资产阶级反动科研路线,而是初则独霸,继则拒绝青年参加,引诱青年走白专道路,排挤青年,拉牛鬼蛇神,最后消极怠工。

但谭其骧还是忍辱负重,在业务上尽量发挥作用,同时坚持自己的正确主张。如中原组提出要将清代主要战争的地名全部收入,他就指出近代的战争地名既收不胜收,又往往与今地名没有什么变化,主张只收 1840 年以前的。针对一些人吹嘘通过革命大批判进度大大加快,他指出要重视扫尾和汇总工作,并以明图青海幅为例来说明。对旧编例中合乎科学性的条文,他也耐心解释,力争保留。而那些革命造反派虽然表面气壮如牛,实际却离不开这位"反动学术权威",他写了清图、明图的编例,边疆地区编例,布鲁特和哈萨克的编图提纲,广西边界的处理方案,明代蒙古幅表示疆域政区的方案,明图西北幅增补疆域的建议,并校阅了全部图幅。

在此后的编绘工作中,还是贯彻"大批判开路",每开始一个图组,必定先要对谭其骧批判一番,尽管都得依靠他写出编例。如 1970 年 1 月 19 日批判唐、宋图编例,他对"求大求全"和"客观主义"作了自我批判,但却被认为是假批判,会议从下午三点一直开到晚上八点多。批判的结果是取消了"文革"前已经开编的唐大中年间的图组,使唐朝由两个分别显示前后期的图组减为一个。7 月 8 日,谭其骧不得不对过去编图工作中的"爬行主义"作自我批判并接受群众的批判。9 月底开始修改两汉至南北朝图幅,谭其骧又得从自我批判旧图例开始,接受批判。到 11 月初作出的决定是,东晋十六国、南朝宋梁陈、北朝东西魏北齐周等图都只画州郡而不画县治。工作量当然大大减少,但图的质量无疑也降低了。

1970 年 2 月 9 日，复旦大学传达中央 25 号文件，开展"一打三反"（打击现行反革命分子，反对贪污、盗窃、投机倒把）运动。一些人又把谭其骧列为对象，11 日中午突然派人到他家中抄走了信件、笔记。有人又提出了谭其骧的所谓历史问题，重新派人外出调查，希望能找到新的问题。5 月 25 日召开第三次编绘工作会议时，他们明知谭其骧甲状腺瘤切除后已出院回家，两天前还接待了一次外调，却不让他参加。27 日朱永嘉发现谭其骧未到会，他们才通知他参加后三天的会议。

8 月初又在北京召开了一次工作会议，会上讨论的清图前言、编例和其他各册图的有关材料都是由谭其骧撰写或准备的，如撰写前言是他 7 月 13 日至 19 日的主要工作，但他不仅无权参加会议，事后也没有征求他的意见。相反，除了集中下乡以外，任何其他活动都无一幸免，每遇政治活动还少不了成为批判的靶子。如 1970 年 12 月，首批工农兵学员入学，60 岁的谭其骧奉命与革命师生一起，参加在校门口的欢迎仪式。8 日十二时至下午一时半、晚七时至八时，9 日中午至下午二时多、晚六时，10 日傍晚至七时半，11 日下午四时三刻，12 日中午，17 日七时至九时半，这几天谭其骧依然要参加从上午八时至晚上十时的日常工作，结束后往往还要在家里加班。1971 年 3 月 15 日，从早上七时到八时半，到校门口迎接拉练返校队伍；晚上的全室大会又是结合参观泥塑《收租院》，批判他的"资产阶级生活方式"。10 月 29 日上午听林彪事件的文件传达时，谭其骧因已在学校听过，加上前一天晚上睡得太迟，精神不济，有瞌睡现象，遭到支部委员、工宣队员鞠德三的斥责。休息时鞠又找他谈话，称这是对毛主席的态度问题，令他在会上作检查。

最令谭其骧不满的是，由于主编负责制已作为资产阶级反动路线而受到彻底批判，包括来"掺沙子"的红卫兵在内的一些人不但自己会在编稿中犯下莫名其妙的错误，还常常擅自修改他的编稿。但一旦被他发现，他还是不顾受到批判的压力，提出异议。如 1971 年 1 月 7 日，他发现隋、唐图幅上的"大江"（长江当时的名称）已被改为长江，就向室负责人提出抗议，并写成书面意见；当晚又提出明以前灵州附近黄河应按《读史方舆纪要》《大清一统志》的记载改作古今不同。可惜他个人的精力毕竟有限，而且并非所有被改的编稿都能让他看到，一些令人啼笑皆非的错误就这样留在以后内部出版的《图集》上。根据恢复编绘工作后制定的《工作责任制条例》第五条——"定稿由三结合领导小组成员和编稿人员代表数人组成专门小组，负责各朝图幅最后审查、定稿和各编稿单位图幅的汇总统一工作，力求保证图幅的政治性和科学性"，谭其骧还没有资格参加定稿小组。如此重大的一项学术成果的定稿权居然掌握在红卫兵、工宣队、军宣队和几位学术上并不成熟的中青年人手中，今天看来似乎不可思议，却是当年谭其骧不得不接受的残酷事实。

"为政治服务"

1969年5月24日，由复旦大学工宣队、军宣队、校革委会盖章的信件发往中国科学院历史研究所革委会负责同志：

> 接春桥同志和上海市革命委员会指示：我校历史地理研究室所承担的国家任务——《中国历代舆地图》工作必须立即上马。为了落实无产阶级司令部的战斗号令，我们已成立了由工宣队、军宣队、革命师生组成的三结合领导小组，负责领导编绘《中国历代舆地图》工作。目前全室人员正在举办毛泽东思想学习班，落实市革会决定，认真总结经验。六月初，历史地图的编绘工作即将全面展开。
>
> 你处原是编绘《中国历代舆地图》协作单位之一，承担夏、商、周的任务，现在工作已进展到何等程度？对《中国历代舆地图》的编绘有什么设想与考虑？今后如何进一步搞好协作等，望请速告。

同样内容的信件同时发往原协作单位——中国科学院民族研究所、近代史研究所，中央民族学院历史系，南京大学历史系，云南大学历史系，国家测绘科学研究所历史地图室。

与"文革"前不同的是，那时中国科学院哲学社会科学部是重编改绘杨图的主持单位，上海市委和复旦大学党委只是负配合之责，此时张春桥权倾一时，上海市革委会是各地的马首，已反客为主，俨然是编图的主持单位了。

就在编图的工作恢复不久的1969年8月17日，由研究室向各协作单位提出了这样的意见：

> 《中国历代疆域政区图》中中原王朝分幅图中除了画标准年代的疆域外，还应画出王朝曾达到的最大疆域。在不影响原来分幅比例尺的原则下，或在标准年代分幅图上补充最大疆域的那块地方，或作插图附在该分幅图中，如明代哈密八卫应在明陕西幅中表示，又如明代洪武年

间王朝疆域曾到西拉木伦河，洪武时这块疆域应补画在京师幅中，当时政区地名如系蒙古前期图幅中未画上应补，这样可粉碎苏修所谓"中国疆域北以长城为界，西以嘉峪关为止"的无耻谰言。以后各朝都应这样做。

在当时的情况下，只要有人提出这样的建议，谁也不会反对，也不敢反对。但由于中原王朝疆域的盈缩一般不可能在同一年代中出现，往往在某一方向达到了极盛，另一方向却缩小了，所以这样做实际上必定要将属于不同年代的疆域合在一幅图上，以拼凑出一个"极盛疆域"来。

为了使明图能显示明朝的极盛疆域，在 10 月 25 日决定将其标准年代改为宣德三年（1428 年）。但这样做也未必能达到目的，于是一部分人提出干脆取消标准年代。11 月 12 日，经朱永嘉参加讨论决定，仍用宣德十年，但边界要画极盛版图。

11 月 20 日，各协作单位碰头会在复旦大学召开。根据会前发出的通知，会议主要讨论以下问题：一、编绘工作如何更好地突出毛泽东思想，如何更好地为无产阶级政治服务，特别是为反帝、反修斗争服务；二、根据"鼓足干劲，力争上游，多快好省地建设社会主义"总路线的精神和当前备战的要求如何高速度、高质量完成编绘工作；三、总结、交流前一阶段的工作情况；四、制订今后编绘工作的计划和措施；五、讨论图幅中存在的一些疑难问题，着重边区图幅中有关问题的处理；六、各单位今后如何进一步搞好协作关系；七、制订《编绘工作责任制条例》；八、其他（如经费问题等）。

代表复旦大学汇报情况的是领导班子成员之一、工宣队队员徐以万，代表上海市革委会讲话的是朱永嘉，各单位来参加的也是工宣队、军宣队队员或较年轻的研究人员，没有像谭其骧那样的"反动学术权威"。谭其骧只是作为复旦大学一名普通的编绘人员参加讨论，当天下午三时后的"头头会商"就与他无关了。

这次会上讨论并安排了明、清图稿的绘制和印刷出版，又研究了汉、唐、元图的编绘要求。谭其骧从会议期间就开始拟订有关图册的编例，在会议结束时完成了汉图编例草案。

会后，谭其骧继续忙于撰写各册的编例，解决编稿中的疑难问题，增补缺漏。12 月 20 日下午四时，室领导突然召集会议，传达了刚得到的北京消息：中共中央政治局委员、中央"文革"小组顾问陈伯达关心《图集》。

由于《图集》涉及边界和民族方面的敏感问题，1970 年 1 月谭其骧就接到任务,要他撰写有关送审材料,准备通过民族研究所和中央民族学院上报外交部。4月,北京传来消息:外交部已将送审图幅退回,但只是一般地看了西北与东北两个地区;总的意见是:边区地区政治性强,每个点一定要有充分的资料根据,不能搞错,今国界外的各点文字资料均要保存,以便审查。朱永嘉打电话问张春桥,张回答说:"最近外交部较忙,时间挤不出来,我们自己仔细复核一遍。特别是边界问题,一定要力求准确。在此基础上可打印一百份成图样张,呈送毛主席和中央其他负责同志审阅。"5月3日下午,历史系召开全系大会,宣布张春桥即将赴京向毛主席报告历史地图集工作,朱永嘉讲话,研究室人员纷纷表决心。朱永嘉还带来一份上海市革委会准备上报给毛主席、林副主席、中共中央的《关于编绘〈中国历史疆域图〉工作的报告》,研究室立即转发给各协作单位。事后上海市革委会要求在8月15日前将清图装成若干册,送中央审阅。

12月23日,复旦大学历史地理研究室向各协作单位通报:

> 今接上海市革会有关方面负责同志电告:清图送审报告和样本经周总理看后已转给康老(康生)。康老同志亲自挂帅,并会同郭老(郭沫若)、外交部、国务院科教组、历史所等单位组成专门小组审查。
>
> 这是无产阶级司令部对我们工作的最大关怀、最大鼓舞、最大鞭策。我室同志得悉这个好消息后大家都很振奋,纷纷表示一定要鼓足干劲,高速度、高质量地完成编图任务。

当时确定的计划是,"力争七册图集于七一年十二月二十六日这个光辉日子全部出齐,每册印一千五百本"。1971年1月,该计划以复旦大学党委、工宣队、军宣队、革委会的名义上报上海市革委会,并申请当年经费55万元。由于已明确由郭沫若与外交部审查,此后复旦上报的材料都送郭沫若4份、外交部5份。

1971年1月15日,领导小组决定将五代总图原定的后唐长兴二年(931年)改为后晋天福八年(943年),主要是考虑到939年静海军节度脱离南汉独立,这样可不至于把今天越南的一大片领土划进来,而且那时东北地区东丹割据势力与中原政权的关系也较密切。在回答云南大学来信询问时,领导班子一位成员答:"关于五代总图标准年代的改动问题,我们没有接到中央新的指示,但是上海市革会有关同志口头跟我们说过:选择标准年代最好能避开与越南、朝鲜等兄弟国家大块土地的进出问题。郭老最近在北京与有关编绘同志谈话中也是那个意思：今国界线外的地区，凡涉及友好国家，图上最好能有与内部不同的表示。根据这个精神，我们考虑五代总图年代还是改一下好。"这位"市革会有关同志"，应该就是朱永嘉。

1971 年初，中央民族学院制图组将清图中有关中俄、中朝边界的资料送外交部审查，并请示要不要编绘清代后期中俄边界变迁形势图以揭露沙俄帝国主义鲸吞我国领土的罪行。2 月 18 日上午，外交部领事司一位负责人去中央民族学院，口头传达了外交部的几点意见。他说，我们觉得绘这一部图很好。关于中俄边界变迁形势图，根据当前斗争形势，是非常需要的。从我们的角度，提五点要求：

一、你们的报告提出要补画清代后期中俄国界变迁形势图。我们希望不仅画清代后期，能不能包括明代或明代以前北部边界变迁的情况。如有困难，最好从《中俄尼布楚条约》以来的变迁都包括进去。

二、你们送来的报告提出画东段中俄边界的变迁，中段、西段同样需要，最好都画。这样涉及各个单位，请你们各单位协商一下。

三、整个中俄边界的变迁，最好都包括明代以前的情况，绘在一张图上，用不同颜色表示，注明各个朝代、年代。

四、边界线上各点和边界线的画法，要有充分根据，希望在画出图的同时，整理出文字资料，并注明出处。

五、建议你们向上海市革委会负责同志汇报，向《中国历史疆域图》编绘组建议组织有关单位协商一下，看这样一幅图好不好画。这是我们的希望，画不画，由编辑组决定，请你们协商。

3 月 19 日，复旦大学革委会向各协作单位发出通知，传达以上意见，建议于 3 月 29 日在北京召开编绘工作会议，并请外交部条法司派人参加。民族学院很快回电，称此会必须报请国务院批准，有关方面也没有作出答复。4 月下旬，复旦大学决定 5 月 6 日在上海召开第五次编绘工作会议。

4 月 27 日，上海市出席全国出版工作会议的绳树珊，口头传达了周总理接见他们时对《中国历史疆域图》的指示：

当绳树珊问到送总理和春桥同志关于编绘《中国历史疆域图》的报告有否批下来时，总理说："春桥同志最近很忙，还没有来得及研究。"当绳问历史上的边界问题如何处理时，总理说："工作要继续抓紧搞好。

关于边界问题,我们是历史唯物主义者,还是按历史事实画出。我们画的是历史地图,应该反映当时统治阶级统治的范围,不必区分是否兄弟国家。"

八个协作单位都派代表参加了5月6日开始的工作会议,在十多天的会期讨论了一至六册(原始社会至明)图中的问题,谭其骧除参加讨论外,还忙于与到会的外单位同志研究涉及的学术问题和协调各图幅间的一致性。但决定权当然还属于领导班子。6月9日,复旦大学革委会向上海市革委会第一办公室报告:《中国历史疆域图》第四、五、六三册的编稿和清绘工作基本完成,143幅图稿将分批交中华印刷厂制版。

5月18日下午,谭其骧路遇朱永嘉,朱给他看了毛主席批示同意的关于"二十四史"标点工作的文件,要他准备参加。21日,室内正式传达,大部分人承担了校点"二十四史"的任务。朱永嘉要谭其骧为这项工作把关,审定"二十四史"校点稿成为他和研究室的主要工作。

5月19日,谭其骧收到云南大学方国瑜关于隋唐爨部南界的考释,觉得对史料的一些解释并不妥当,写信提出了意见。8月9日,他收到了云南大学关于隋唐边界的意见书,仔细研究后,觉得有必要加以答复,从23日开始撰写,因其他工作极多,直到9月20日才写完。他又根据这一结果修改了隋唐图幅有关界线。

在这篇近2万字的答复中,谭其骧与方国瑜讨论了三个问题:

一、隋南宁州总管府南界。方国瑜主张大致按今红河、文山二自治州的国界线画,根据是《隋书·梁睿传》《隋书·韦冲传》《南诏德化碑》和《新唐书·南蛮传》中的记载。谭其骧认为这四个论据都难以成立,南宁总管府的南界在今通海以东大致以曲江、盘江为界,通海以西约以今峨山、新平县南界为界。二、唐剑南道戎州都督府南界及西界。方国瑜认为唐开元前戎州都督领地包有旧兴古郡南部,并推定《太平寰宇记》所载距戎州最远的几个州应在今曲江以南。谭其骧指出《寰宇记》所载戎州距"旧管蛮夷新旧州"的里距错误很多,不可轻信,而张九龄《曲江集》中的《敕安南首领爨仁哲书》所载的界线并非"暂时之事",是稳定的,应该是今天绘图的依据,所以原画的安南北界,不是向南移至今国界,而是应该北移,东以盘江与戎府为界,西以曲江及今石屏、元江的北界,折南以哀牢山脉与姚府为界。三、南诏在爨地的南界。在逐条分析了方国瑜所采用的史料后,谭其骧指出:南诏南界达到今国界的可靠年代是大中初,所以在以乾符五年(878年)为标准年代的南诏图上，这条界线可大致按今国界来画。

这本来是一个不难解决的学术问题，但在"爱国"和"政治"情结的影响下，方国瑜却认为是重大的政治问题。

1972 年 1 月 22 日傍晚，朱永嘉带来了中国科学院历史研究所的林甘泉和陈可畏，交下了为郭沫若主编的《中国史稿》配插图的任务。此后，新任务接踵而至，编写《秦始皇》《曹操》小册子，编写《农民战争史》，为毛泽东注释古籍名篇，编写《沙俄侵华史》，修改《辞海》中涉外条目等，这些工作大多要由谭其骧把关或审定，对地图的事只是处理个别重大学术问题或编图中的未了事务。到当年底，编图工作基本完成。

1973 年 1 月 10 日，又在复旦大学召开了一次协作会议。由于谭其骧此前已被任命为历史系革委会副主任，并经常被当作复旦大学落实老知识分子政策的典型，所以由他代表复旦大学汇报工作。对他来说，这同样是一项痛苦的任务，因为他不得不说一些违心的话：

> 协作会议开过很多，这次特别重要，正式出版前我们还要做很多工作，但协作会议不能不开。许多重大问题需要作出决定，不能再拖。过去有一种依赖领导的心理，依赖送审。这种想法不对。领导可以作原则指示，如周总理，如外交部文件，但不可能代替我们做具体工作，不可能一点一线地替我们审，所以不能等。想每幅图每个具体问题等领导表态、修改才出版，一辈子出不了。市委要我们自己讨论决定，争取在年内出版，是完全正确的。

> 大家知道，我们编这套图是伟大领袖毛主席亲自交下来的任务，1954 年冬交下，1955 年开始工作。但从 1955 年起直到 1966 年"文化大革命"前，搞了十一年之久，一本也没有搞出来，虽然草图是搞了一些出来，但质量很差，所以"文化大革命"后大部分重新搞。为什么？主要是那时的工作是由杨图委员会领导的，而这个委员会是由吴晗一手把持的，完全搞修正主义一套，利用这个名义捞政治资本。委员会里拉了翦伯赞一类的资产阶级学阀，指手画脚，夸夸其谈，根本不听群众的意见、实际工作者的意见，几个人高高在上，一会儿这样，一会儿那样，发号施令，使工作人员积极性受到打击。他们在工作中不政治挂帅，口口声声政治由杨图委员会负责，群众不必过问。干了多少年，还不知道为什么要画这个图。因此多年不出成绩，画出来的图质量不高，甚至存在严重问题，就不足为奇了。所以我们这套图的编绘过程，也使我深深体会到

主席所说"这次无产阶级'文化大革命',对于巩固无产阶级专政,防止资本主义复辟,建设社会主义,是完全必要的,是非常及时的"这个教导无比正确。没有"文化大革命",这个图是出不来的,出来也是不符合无产阶级需要的。

"文化大革命"后,从1968年6月恢复工作起,至今三年半,情况大不相同。我们在无产阶级司令部、市委、各校坚决执行无产阶级革命路线的新党委、新党支部的领导之下,坚持搞政治挂帅,走群众路线,时刻把思想路线教育放在第一位,因此群众的觉悟、干劲也大大提高了,为革命而画,为打击帝修反而画,取得了很大成绩。在一年以前初稿已全部完成,现已印出四册样图。但各单位的进展不平衡,复旦比较落后,我们的文字资料整理基本上还没有动手,而兄弟单位基本上都已写好,不仅已拿得出来,并且质量也比以前大大提高。图能达到今天的成果,也是"文化大革命"的丰硕成果之一。今后必须继续牢记毛主席"路线是个纲,纲举目张"的教导,坚持批修正主义。

我们已经取得很大的胜利,是否可以满足了呢?不能。我们还没有完成,还没有正式出版。而要正式出版,还有很多工作要做。元旦社论提到毛主席最近教导我们:"胜利了,不要忘乎所以。过去军队打仗,打了胜仗,就要总结经验,提出新任务,继续前进。"我们完全有必要这样做。我们的新任务就是把我们的图从图幅内容、制图方法和表示方法等提高到正式出版的标准,我们必须继续前进。这次会议的目的主要是讨论决定我们下一阶段的战略战术,以求达到最后胜利,达到正式出版的水平,出版后要能让毛主席老人家看了满意。毛主席1954年冬交下这个任务,我们要求今年冬出齐,就是十九年;明年出齐,就是二十年。等了二十年之久,已经对不住他老人家了;要是等了这么久,末了拿出来还不能使他满意,那就太不像话了。我们也要不辜负广大读者的期望。

还有一点很重要,就是要能真正起到为当前现实斗争服务的作用。拿这样的标准来衡量,我们已经完成的显然还不够,还需要加一把劲加工。同志们都参加实际工作,谁都心中明白,还存在着多少问题。有些问题是编绘过程中就发现的,当时是没有提出来讨论,找出满意的处理办法,对付着上了图,如疆域范围的处理,历史地理与边疆政权的空白。有些是这一年多时间内有时用到,在使用过程中发现的问题,如为《中国史稿》编插图发现的问题,有边区的,也有内地的。除内容外,在制图方法上也有不够令人满意，需要进一步提高的地方。过去曾要求各单位互审，后来并未做到，实际上这一道手续不能省。

　　总之，最后一道关要把好，特别是边疆地区，关系到对帝修反的斗争。我们这本图内部控制发行，但几千本出去，难免不流传出去。要作流传出去的打算，因此一点一线必须有把握，站得住，驳不倒。最近苏修又在大肆造谣，歪曲中苏边界的历史，欺骗苏联人民，迷惑世界舆论，说什么黑龙江以北、乌苏里江以东原来是不受任何人管辖的地方，是十七世纪俄国人到了才得到开发的；《尼布楚条约》是在清军压力下签订，不平等，俄国割让了大片土地；《瑷珲条约》《北京条约》收回了一部分，至今没有全部收复；新疆是中国新的疆土，1755 年到 1759 年才为清朝所兼并；巴尔喀什湖不是我国的边界所及，1864 年《塔城条约》所割让的领土从来就不属于伊犁。真是一派胡言。但不明真相的人容易受骗，所以我们必须画出确凿有据、驳不倒的、有充分说服力的图来。我们的图虽然不公开出版，但对沙俄侵华方面写文章的、写书的人可以作为根据来驳倒这些谬论。我们必须实事求是，尊重历史事实，要画就有根据。无根据的不能画，因为一旦流传出去，给帝修反分子拿来作把柄，反而不好。

　　总之，这次会议很重要，许多重大问题要靠这次会来解决。会后我们还要求各单位留几位同志在这里，和我一起搞最后定稿的工作。会后几个月是我们十多年来工作的最后一关，必须做好，不允许马虎从事。我们相信，这一年多来，大家通过第十次路线斗争，通过批修整风，路线觉悟、马列主义水平已大大提高，只要我们团结起来，鼓足干劲，这个任务是能够完成的。我们这个工作自始至终是一个大协作的工作，我们过去已经取得的胜利是由于我们协作得好，团结得好，今后这几个月至一年多时间内，我们必须更进一步团结起来，争取更大的胜利。我们复旦负责联系汇总工作，但过去工作没有做好，特别是最近一年因为接了别的工作，放松了图的工作，今后我们一定要追随各兄弟单位之后，向各单位学习，共同把我们这最后一仗打好。

会上还向大家传达了这样的消息：张春桥修改了前言。周总理将图交外交部、郭老和历史研究所审，郭老为此专门召集了会议。毛主席已看到了地图。

　　张春桥对前言的修改其实只有一处两个字，即将"但是有的国家不仅继承了帝国主义侵略我国的衣钵"中"有的"二字改为"还有两个"。

这个会议讨论了编绘中尚未解决的一些重大问题,如:历史上疆域范围的处理和界线的表示,各政权政治中心的表示方法;分裂时期各政权间界线的处理,没有资料根据的内部界线如何表示;等等。会议决定将图名改为《中国历史地图集》,作者则署名为"编辑组",还要求各协作单位派代表参加定稿小组,作出版前的最后审定。

会议到 22 日结束,会后谭其骧与中央民族学院的郭毅生、云南大学的尤中和朱惠荣商谈确定东北、云南图幅中的问题,春节后又与刘宗弼、金竹安讨论了图幅排列次序、目录编排、扩大图的名称,与南京大学施一揆、陈得芝商谈修改蒙古地区图,与云南大学会谈宋图、战国秦图和清图中的问题,并陆续审阅、改定各册图幅。但由于时间紧迫,他所审阅的范围只能限于已经发现问题或有问题尚未解决的那一部分,直到 8 月底还没有结束。

8 月 24 日,谭其骧接到周维衍通知,要他准备去北京向外交部汇报。他匆匆结束手头工作,开始准备秦至唐历代在今越南境内的边界、五代至清中越边界的资料,写成报告,又查阅了历代西界的资料。9 月 10 日,他与王耀忠、赵永复一起去北京开会。

北京审图

自从《中国历史疆域图》的样本、有关边界的图幅和资料上报后,周恩来曾要外交部、郭沫若和历史所审阅。周恩来工作繁忙,不可能亲自过问,而在当时的特殊条件下,郭沫若年事既高,又不愿多发表具体意见,外交部和历史所也感到难以接手,所以审图的事久拖未决。张春桥急于在他手中完成图的编绘和出版,扬言如外交部不审就不用等,照样出版。在这种情况下,周恩来决定委派外交部副部长余湛主持审图。

1973 年 7 月 28 日下午三时至七时半,余湛召集会议,听取中国科学院民族研究所制图组和中国历史博物馆关于清代新疆图幅的边界和沙俄侵占我国西北领土示意图的边界画法的汇报。在听取汇报的过程中,余湛作了很多插话,会议结束时又作了指示。

9 月 11 日,谭其骧等到达国务院第二招待所,第二天就与外交部国际条法司沈伟良商谈了会议的开法,并与其他单位协商了汇报的内容。13 日下午,审图会议在历史博物馆召开,余湛、沈伟良等听取汇报。

谭其骧首先汇报了清图编绘的原则和存在的问题：

"文革"前历史图画了十一年，只画到明朝，没有画清朝，因为怕，怕与当前存在的边界问题关系太密切。"文革"后的 1969 年 5 月底，在张春桥同志、上海市革会关怀领导之下复工，大批判带路，首先批判了过去不画清图的思想。大家一致认为，学术主要应为现实斗争服务，清图与当前关系密切，不仅要画，而且要先画，要当作重点。开始几个月复旦一家搞，接着市革会与原协作单位联系，邀请它们参加。各单位的分工基本上同"文革"前一样：中央民族学院负责东北，南京大学（负责）北方，民族所（负责）西北，近代史所王忠同志（负责）搞西藏，云南大学（负责）云南两广，海疆归复旦（负责）。复旦负责汇总，并派人去参加民院、民所、近代史所的编绘工作。

1970 年 7 月打出样子，由市革会送审，12 月总理批示交外交部、郭老、历史所审查，至今已二年多了。这二年多来，根据总理、外交部指示，自己发现问题，各单位对各自的图幅进行了许多修改。至于复旦，没有尽到汇总之责，制版以前根本没看，打出样子以后也没有认真仔细看。

目前存在的主要问题，首先是怎样做到按照历史事实。原来编图中有把疆域尽量画大的倾向，或者强调区分友好国家与不友好国家，学习了总理的指示后，大家统一了认识。但遇到具体问题，各单位或各编绘者之间的认识就不一致，对同样的资料往往有不同的解释、不同的倾向。

其次是材料不足。如一些历史地名与今地图上的地名究竟是什么关系？有些地段只能按解放前未定界来画，还有的只能按照山脉来划分。

再就是藩属画不画？哈萨克和布哈拉都画了一部分，但哈萨克与布哈拉的情况不同。

最后还有标准年代问题，按照现定的标准年代，帕米尔、拔达克山、博洛尔和光绪年间刘锦棠收复六帕如何表示，都需要讨论。

接着由各方面汇报，当天仅汇报了东北的中朝、中俄边界和北方蒙古界，蒙古界还未汇报完，已到了六点半。第二天继续汇报，上午由南京大学汇报蒙古幅国界及内外蒙古界线，下午继续谈西北边界，然后由谭其骧谈两广边界，云南大学汇报刚开了头。当天会上决定，根据《尼布楚条约》的满文本和俄文本,将中俄待议地区定为乌第河以南、兴安岭以北。复旦又派项国茂(研究室教师)来京参加会议。

从 15 日至 18 日,会议继续听取了云南和西藏边界的汇报。接着商定,由外交部参加的会议仍在博物馆举行,编绘单位内部会议在招待所根据需要随时召开,已经确定要修改的图幅及时交地图出版社修改,由谭其骧负责改写边界画法的说明,并起草向中央的请示报告。

从 9 月 19 日至 25 日,结束了有关清图的讨论。又经过多次讨论和商谈,至 10 月 24 日决定清图按 1840 年的版图来画,不同年代的疆域在图上标明。在此期间,他们查阅了故宫档案馆的有关地图、北京图书馆的有关书籍,阅读和讨论了周总理 1957 年在云南政协的讲话,在 10 月 20 日改定了请示报告。

10 月 10 日开始讨论明以前的原则和明图的边界处理意见,着重讨论了准格尔、亦力把里、乌斯藏、朵甘思等问题,至 29 日结束。20 日后,谭其骧与各单位的与会人员迁至和平里招待所。

10 月 25 日开始内部讨论元图,先后讨论了东北、北方、西北、西藏的边界和将新疆地区划归岭北甘肃行省的方案,至 11 月 1 日结束。11 月 5 日,谭其骧写出明以前图编绘原则,并将修改了的元明图界线交地图出版社。

11 月 2 日,在讨论如何写元明阶段的请示报告后,内部研究了两宋图的汇报。7 日上午,谭其骧与王忠、项国茂及沈伟良等去和平门附近阿沛·阿旺晋美的寓所拜访,询问他有关唐朝以来西藏的历史疆域,但对明朝在西藏的都司卫所与五王的关系,阿沛也不十分了解。13 日晚,谭其骧得知南大等单位对他的汇报有意见,决定以后由各单位自行汇报。至 15 日,辽金两宋图结束。

11 月 20 日下午起讨论隋唐图,谭其骧认为此后的关键在于如何确定领土与藩属等关系,所以迫切需要补充这方面的材料,同时希望外交部将清图报告早日送上去。但在多次讨论中,大家对藩属政权、独立政权、直辖领土无法形成统一的认识。24 日,余湛提出:凡是已经归入中原王朝版图的地区,以后又独立了的,都定为割据政权;外交部的同志还在谭其骧起草的基础上提出了明以前图编绘的七条原则。经多次讨论后,12 月 8 日决定按新七条处理图幅。但涉及具体问题后,发现七条仍有不适合的地方,到 14 日修改为六条,到 22 日的内部会议才由陈得芝执笔写定这新六条,并确定了画示意图的范围,中原王朝与边疆政权用同一颜色。在此期间,决定台湾从明图开始画入版图,其他凡置州县(包括羁縻)均作为归入版图处理;决定帕米尔应画入清版图内。谭其骧还与邓锐龄商议了哈密力的处理,决定暂时不改。

11 月 27 日下午,谭其骧与沈伟良、王厚立去大跃进路(今交道口南大街)七条二十一号拜访了乌兰夫,向他谈了编图的情况,乌兰夫听后没有发表具体意见。

鉴于需要讨论的问题还很多,沈伟良与谭其骧商定,在春节前暂时休会。12 月 26 日,王耀忠、赵永复、项国茂和南京大学的丁国范、陈得芝离京。谭其骧留下参加了中国地理学会编纂"中国自然地理"丛书的讨论后,于 30 日返回上海。临行前,他与外交部工作人员陶明商谈了修改明以前六条原则,请他向外交部负责同志转达自己对中原王朝与边疆政权间界线的看法,并在 30 日凌晨赶写出了元明两广边界说明。

谭其骧回校后,花了几天的时间向学校领导写了一份近万字的书面报告,又在室内介绍了审图会议和与中国地理学会商定参加编纂《中国自然地理·历史地理》的情况。1974 年 1 月 23 日是春节,但学校已在准备传达中央 1 号文件,大搞批林批孔。谭其骧仅处理了一些紧迫的材料后,就又准备去北京了。

2 月 3 日,朱永嘉要谭其骧在会上坚持中原王朝与边疆政权不分色的原则,并作了三点指示。一、工作必须抓紧。二、不能只认中原王朝为中国,中原王朝与边疆政权应用同样颜色;若上报用分色、不分色两种方案,要求注明主张两种不同方案的单位名。三、条例不要订得太死,以免作茧自缚。王耀忠要他转达外交部,因运动太忙不能去,但如必须出席时可打电报来,到时马上就去。

谭其骧、赵永复、南京大学的陈得芝等于 2 月 5 日到北京,仍住在和平里招待所,6 日就向沈伟良汇报了朱永嘉的三条意见。此后几天,他主要整理南海诸岛的资料。外交部自然知道朱永嘉的意见实际上来自张春桥,所以准备由余湛出面给张春桥写一封信,14 日开始就请谭其骧等到会人员讨论起草。15 日晚上,上海打来电话,对谭其骧作了两点指示:一、对讨论的问题应求得一致意见;二、不赞成给春桥同志写信,如要写就应写给政治局。16 日下午,沈伟良、柯在铄等参加了商谈,决定暂时不写信。

2 月 19 日上午。在历史博物馆举行了 1974 年的第一次审图会议,讨论明以前的编图原则,各方争论激烈,仍然不能统一。下午转而进行内部讨论。就在当天早晨,谭其骧收到家里电报,妻子李永藩"18 日于第六人民医院切除,化验结果后日知晓";当晚十点又来一电,"母癌即归"。他急忙与研究室联系,请了解实际情况,次日下午得到答复,李永藩将动大手术,学校同意他回去。外交部帮他购妥机票,他于 21 日下午回上海。

23 日李永藩动了手术,谭其骧稍作安排后,第二天就找朱永嘉汇报北京的情况。朱要他将会上双方发言的内容写出来,如外交部向张春桥写信,就可作为向王洪文、张春桥、姚文元写信的根据。他每天往返于复旦大学宿舍与市区的第六人民医院之间,还得抽时间写报告,常常弄得精疲力尽。3 月 3 日,终于写完报告,交给朱永嘉。接着又开始整理南海诸岛资料,改写《沙俄侵华史》的元明部分。

周维衍于 2 月 25 日晚到达北京,代替谭其骧参加审图会议。在 3 月 3 日的一封信中,他说:

> 我们编辑组自行聚会商量,交换几次会上提出的各种不同意见的看法,开了几天会,大家认为主要在三个问题上跟外交部的一些同志有分歧:一是各政权之间的界线和最外边界线如何表示,全国统一着一种颜色还是按政权分别着色问题;二是《图集》中是否要画出历史中国的疆域范围问题;三是要不要表示臣属关系问题。经过反复讨论,编辑组同志取得了一致意见:即改变原先各政权之间用一级政区界线,最外边用国界线的表示方法,代之以内外一律用政权、部族界;各政权统一着一种颜色,不按政权分别着色;图上不画出历史中国疆域范围;不表示臣属关系。这个方案编辑组认为比较好,既符合历史事实,政治上对内对外又都有利,实际处理过程中也行得通。
>
> 昨天星期六上午外交部安排了会议,余湛、沈伟良和别的单位的几个同志都参加了会议。我们谈了编辑组的方案,并说明了理由。会上只是集中地议论了要不要画出历史中国的疆域范围和如何画出,以什么做标准的问题,外交部同志也觉得这个问题确实很棘手,不好办,没有把握,不敢作结论。余湛认为我们的方案图上是可以处理了,但问题仍存在,到底什么算是历史中国的疆域范围。现在写文章,编教科书都存在这个问题,送到外交部要求审查解决,外交部也没法处理,因此希望趁机请示中央解决一下,他准备以个人名义给春桥和中央其他领导同志请求指示。既然如此,我们打算写一个较详细的书面意见给外交部,希望他们把我们的看法如实地向中央反映,这个书面材料估计下星期初可写成。
>
> 在会上,我们对外交部领导组织这次审图会议提了个意见,要求抓紧,改变过去那种对会议没有个计划安排,弄到哪里是哪里的做法,提

出每星期至少开两次审图会,并把这两次会议排进余湛的工作日程里去;其他时间则编辑组活动,准备材料,讨论问题。余湛表示同意。我们还提出整个会议进程要订个计划,每一册图审查的日程安排,争取何时把审图会议开结束,等等。余湛赞同这样,并派沈伟良下星期一下午跟我们一起商量制订开会计划,估计这么一来会议可抓紧些。

3月16日上午,谭其骧接到校党委十时半开会的通知,朱永嘉传达张春桥意见:元明以上图不再交外交部审查。朱要谭其骧搞一份报告,写明审图会议有什么收获,还有哪些问题需要外交部审,用意显然是要将审图会移至上海,由编辑组自审,不再要求外交部负责,想搞得快一些。下午谭其骧到研究室与王天良(研究室教师)等商谈后,晚上就动笔写报告,当晚一直写到半夜两点。第二天也写到半夜两点半。第三天上午学校就派人来催,他只得不停地写,到下午二时半完成了这份长达25页的报告。22日晚上,朱永嘉打来电话,询问他是否给北京写过信,又要他转问郑宝恒(研究室教师)是否与北京有过联系。估计是朱永嘉或上海的什么人听到了来自北京对他们拟议中的方案的反应。

李永藩经手术切除肿瘤后,没有发现癌细胞转移,经治疗后逐渐康复,谭其骧决定去北京继续参加会议。他于4月4日中午到达北京,下午就参加了秦汉图的讨论,晚上开始看西沙、南沙资料。此后每星期三、六上午在历史博物馆举行审图例会,与外交部人员一起逐册讨论,其余时间内部讨论,或准备资料,或修改已审定的图幅,或协商解决问题,例会到5月18日结束。5月20日,又在历史博物馆就西藏和堪察加半岛问题召开了一次汇报会。

一个多月间讨论和解决的主要问题有:两汉北边汉与匈奴、鲜卑的界线,东北玄菟、乐浪郡的东界;南海诸岛的画法;十二条编绘原则,上报编绘原则和《图集》的发行办法;葱岭以西回鹘改用黑汗,括注喀喇汗;唐代安南北界的画法;陈可畏提出的元明时堪察加半岛在境内的论据;元明西藏图;三国、西晋图将乌孙划出西域长史府;南海不注珊瑚礁;等等。

其中对今云南开远市以南唐安南都护府北界的争论,是1971年争论的继续和扩大。对这条界线的画法有三种意见:一是云南大学其他同志的意见,主要根据唐樊绰的《蛮书》;二是方国瑜的意见,在上面一条线之南;三是谭其骧的意见,在上面一线之北,根据是《曲江集·敕巂仁哲书》,其中记有开元二十四年(736年)的确切界线,与《图集》采用的标准年代只差五年。方国瑜认为此五年中有很大变动,却举不出具体事例。经反复讨论,余湛决定采用云大其他同志所定中间一线,实际上只是一种折中办法。当时大家都服从了,但谭其骧和方国瑜心里都不赞成,所以以后方国瑜旧事重提,谭其骧也一直想写文章重申己见,只是因为其他工作太忙才没有写成,为此他与我谈过不止一次。他逝世后,我将他1971年答复云大的意见整理后在1994年第四期《复旦学报(社会科学版)》上发表了。

会议确认《图集》用"中国历史地图集"的名称,确定由地图出版社内部发行,先出8开本,供领导同志和专业部门使用;然后出16开本,适当增加发行量。

5月19日至6月17日,谭其骧与各方面商谈图幅的修改,起草各图册的报告,补充有关资料。

6月5日上午外交部的余湛送来了周恩来、张春桥等作的批示,附件中有朱永嘉给王洪文的信、周维衍给朱永嘉的信和三月初谭其骧在上海所写的2月19日会议情况报告。6月5日下午,全体人员在博物馆开会。由于周总理已明确表态,中原王朝与边疆政权采用同一颜色等自然已不成问题,再加上审图例会已经结束,也不存在移往上海的必要,所以会议主要讨论了中央指示下达后应注意和应做的事项。

6月18日,余湛来招待所为谭其骧送别,20日谭其骧回到上海。

在放暑假前的7月17日,研究室总结工作,会上只宣读了张春桥的批示。因为要校第一册商、春秋战国图,谭其骧与赵永复、钱林书不放假,从20日起就投入工作,还与作者之一杨宽作了多次研究。8月底,应外交部的要求,谭其骧转入整理中越边界资料,同时继续审校《图集》的一、二、三册。

《中国历史地图集》第八册(清时期)的8开本在年底印出,实际发行已在1975年下半年。8月15日,新华书店上海发行所发出"关于做好专业单位《中国历史地图集》发行工作通知"。

第八册出版后,谭其骧等曾经问过朱永嘉是否应该呈送毛主席、周总理和中央领导,朱永嘉请示张春桥后得到的答复是,等出全后一起送。但到1976年9月毛泽东逝世,《图集》还没有出全,毛泽东自然没有能看到这套他自己要求编绘的历史地图集。

谭其骧在可能情况下,继续对图稿做一些补改工作。如1975年4月,他根据长沙马王堆汉墓新出土的西汉地图重画了秦长沙郡、汉初长沙国的南界。6月下旬修改汉唐的西域图,7、8月间修改唐安东都护府图,8月下旬修改元明青藏图,9、10月间修改唐图东北幅,11月修改唐安北、单于都护府和五代西域。

西北边界 波澜又起

1975 年 6 月 13 日,谭其骧陪同国家文物局局长王冶秋去新疆检查文物工作并作考察后回到北京,正逢中国历史博物馆的"中国通史陈列"在作了较大修改后,准备在国庆节重新开放,其中有一幅清代西北边疆的地图急需改定,王冶秋要博物馆的洪廷彦请谭其骧去商议。6 月 16 日,谭其骧到馆与洪廷彦研究了这幅地图,又当场查阅了《嘉庆一统志》等有关史料,提出了修改意见。洪廷彦与文物局的金冲及都赞成他的意见,即通知馆内地图组作了修改。根据这些史料,谭其骧认为清图新疆幅的西界一带的几个湖泊和吹河下游也应作相应修改。

1976 年 1 月 14 日,民族研究所历史室致函复旦,对清图新疆幅提出了一些改动意见。18 日,谭其骧与朱永嘉谈及此事。19 日朱来电,说以不改为原则,并让谭其骧起草了给余湛的信,让研究室答复民族所方面:

> 有关《中国历史地图集》第八册清图新疆幅西部界线及哈萨克、布鲁特等民族注记要改动一事,已向上海市委有关领导作了汇报。经研究认为:该《图集》内容繁复,其中必定会有些缺点错误。对此春桥同志曾作过批示,有错误允许在再版时修正。基于《图集》已经正式出版、内部发行,有关新疆的那段界线和哈萨克、布鲁特民族注记等问题,我们拟仍按经北京审图会议审定,并由中央领导同志批转的画法处理,十六开本亦不予改动。为此,我们已发信给外交部余湛同志谈了这个想法,如有不妥,余湛同志自当复示。

但考虑到图的质量,谭其骧在 2 月 21 日致函民族所同志,提出对新疆幅西境几个湖泊和吹河下游修改的方案,但他们认为不必修改。谭其骧回信说明理由后,他们仍未接受,要求外交部开会审定。余湛同意开一个小会,约定在谭其骧到北京时顺便举行。

7 月 14 日,谭其骧得知周维衍将去北京开会,他估计外交部会利用此机会开会,所以从当天晚上开始,连续几天赶写了一份说明理由的材料《关于清图新疆幅伊犁西境几个湖沼的位置》,准备让周带往北京。19 日上午,谭其骧在研究室内介绍了材料的内容,周维衍却表示不同意,而是赞成民族所的观点,经过争辩仍不能一致。中午,周去北京。

因此,谭其骧在 20 日又写了一份《关于清图伊犁西境边界内外几个湖泊的补充说明》,将这两份材料分别寄给外交部和历史博物馆的洪廷彦。在给洪的信中,谭其骧提出,如洪赞成他的观点,请代表他在会上申述意见。

23 日,赵永复为谭其骧借得苏联穆尔扎也夫所著《中亚细亚》一书,谭其骧从中找到了新的证据,当天他又写成一篇《关于清图吹河下游的处理方案》寄给洪廷彦。

不久,外交部召集会议,洪廷彦与民族所的几位同志参加。当时正值唐山大地震后不久,就在一辆大轿车中开会。在洪廷彦说明谭其骧的意见后,主持会议的沈伟良表态同意,民族所方面未提出异议。会议决定,清图新疆幅应与历史博物馆陈列图的画法一致,今后有关地图也按此画法。

1977 年 5 月 13 日,刚结束了长江中游考察的谭其骧得到消息,《图集》第五册北部界线的画法也出了问题。原来这一部分是由南京大学负责编绘的,两汉图幅将坚昆、丁令(零)的北界作为历史时期中国的北界,有一段画在苏联(今俄罗斯)境内的安加拉河以南,即所谓南线;隋、唐图幅以契骨、黠戛斯的北界为中国北界,有一段画在安加拉河一线,即所谓北线;外交部审图时通过了。会后复旦大学在汇总时,觉得前后不统一,画在北线并没有可靠的根据,所以将隋唐图也改成画南线,而从元图开始仍画北线。第五册图就照这样印刷出版,一部分已开始发行。但地图出版社发现第五册与元明图这一不同后,认为是严重问题,坚持要按元明图统一,并于 4 月 8 日通知新华书店,第五册暂停发行,等候处理。5 月 5 日又通知新华书店上海发行所,已发行的全部收回。16 日,地图社报告外交部,要求对北界的处理作出决定。

为谨慎起见,谭其骧又查阅了北部边界的资料。《汉书·匈奴传》提到坚昆"东去单于庭七千里,南去车师五千里",并没有提到它的北界。同书《苏武传》称匈奴曾让他牧羊"北海上"以及"丁零盗武牛羊",说明丁零在今贝加尔湖一带,但也没有明确它的北界。东汉、魏、晋的史料没有提到这两个部族。北魏时,丁零的后裔高车是柔然的属部,《魏书》记载东部高车的牧地在已尼陂,即今贝加尔湖。坚昆在北朝后期被称为契骨,《周书·突厥传》说它"国于阿辅水、剑水之间"。阿辅水即今阿巴根河,剑水即今叶尼塞河。但这些史料都没有涉及它们的北界。唐代称契骨为结骨或黠戛斯,置有坚昆都督府,隶属于安北都护府。据《通典》《唐会要》《册府元龟》《新唐书》等记载,黠戛斯的南界是贪漫山(今萨彦岭),剑河"经其国","北入于海"。安北都护府所属还有骨利干,据《新唐书·黠戛斯传》,其牧地在黠戛斯之东。但这些史籍中也找不到任何关于它们北界的材料。黠戛斯至元代被称为吉利吉斯,据《元史·地理志》西北地附录:"其境长一千四百里,广半之,谦河经其中,西北流。又西南有水曰阿浦,东北有水曰玉须,皆巨浸也,会于谦,而注于昂可剌河,北入于海。……昂可剌者,因水为名,附庸于吉利吉思,去大都二万五千余里。……即《唐史》所载骨利干国也。"谦河即唐剑河,今叶尼塞河;阿浦水即今阿巴根河;玉须水可能即今叶尼塞河东岸支流乌斯水;昂可剌河即今安加拉河;"海"即今北冰洋。从这些史料中不难看出,由于这些部族都是游牧民族,其占有地区或活动范围本来就没有明确的界线,对其北界更无确切的记载。所以谭其骧认为,将隋唐时的北界画在今安加拉河东西流处并没有确凿证据,不能因为元朝吉利吉斯的北界画在这一线,就一定要将隋、唐的北界也定在那里。他又与室内同人商议,大家一致意见维持原来的画法,决定由谭其骧等去南大协商。5 月 21 日,历史地理室向外交部余湛、沈伟良报告:"对于这个问题我们正在与南京大学同志联系中,并准备向您和上海市委文教组陈锦华同志详细汇报。"同时报告了陈锦华。

24 日,谭其骧与周维衍、赵永复、项国茂去南京大学协商。25 日下午二时,双方在南大历史系元史研究室开会讨论,南大方面参加的有韩儒林、蒋赞初、陈得芝、丁国范、邱树森。主要发言的是谭其骧、周维衍、陈得芝、丁国范,但争辩至五时半,仍不能取得一致意见。26 日上午又开了四小时的会,依然没有统一。双方依据的史料完全一样,并且也都认为仅仅根据这些记载,不可能将界线画得十分准确。但对史料的理解不同,所以南大方面倾向于用北线,而复旦方面主张用南线。虽然大家都认为照目前的办法问题也不大,但在地图社坚持要统一的情况下就难以维持,所以只能决定向外交部报告。下午谭其骧开始起草报告,晚上又到韩儒林家抄录了《元史·地理志》的有关内容,直写到半夜,次日清晨继续写完,与其他三人一起改定后交给南大方面。此材料经南大同志改定后,由复旦大学寄往外交部。

6 月 1 日,谭其骧与周维衍去衡山宾馆,向市委常委、文教组负责人陈锦华作了汇报。7 月 18 日,谭其骧接到通知,外交部定于 8 月 2 日开会。

8 月 2 日,谭其骧与周维衍到达北京后,就忙于在住处外交部招待所(原六国饭店)起草发言稿,第二天下午三点才写完。5 日下午,与沈伟良商定先开预备会议,又继续准备需要打印的材料。

6 日上午九时,预备会议在外交部六楼国际条法司举行,到会的除复旦和南大双方外,还有外交部、地图出版社、民族研究所、中央民族学院、历史研究所、近代史研究所、地理研究所、历史博物馆等各单位的有关人员。地图出版社介绍情况后，复旦、南大发言，接着就展开辩论，其他与会者也时有插话，至十一点三刻结束时毫无结果。

11日上午九时，在外交部三楼会议室举行正式会议。余湛讲话后，谭其骧代表研究室揭批"四人帮"，并检查过去的工作，接着就北界展开辩论。发言中赞成取北线的有历史所的陈可畏，历史博物馆的周继忠，民族所的肖之兴、杜荣坤；民族所的邓锐龄分析了有关材料而没有表态。会议没有得出结论，但余湛的意见已倾向于取北线。12日，谭其骧去外交部见沈伟良，希望约时间专门向余湛解释有关史料。

原定15日开会，早上接到陶明电话，会议改至第二天。谭其骧就去了中央民族学院郭毅生家，饭后在郭家午睡，醒来后才知道上午余湛曾约他去谈话。他立即回招待所，路上又遇大雨，六点才到，下午来访的沈伟良也没有能见到。

16日上午九时半继续在外交部开会，谭其骧与周维衍发言后，丁国范、陈得芝、郭毅生、杜荣坤、周继忠、邓锐龄相继发言，除郭毅生外都主张用北线，但都没有具体解释《元史·地理志》的记载。至十一时半，余湛问大家除此以外还有什么问题，然后就宣布散会。18日上午十时，沈伟良、王厚立、陶明来招待所，谭其骧与周维衍再次谈了隋唐图的北界不宜用北线的理由，沈伟良、王厚立相继发言，明确表示余湛的意见是用北线，会上不再讨论。中

《中国历史地图集》内部本书影（左为8开精装，中为16开蝴蝶装，右为8开散装）

午,周维衍向南大提出一个折中方案:隋唐图用复旦主张的南线,金以后用北线。谭其骧并不赞成,但也不反对他与南大协商,结果这一方案也遭拒绝。

20 日上午九时半,在外交部召开了最后一次会议。余湛宣布对隋及五代辽东边界所作的决定,然后又对明瓦剌,五代高丽、广源州、七源州及唐尼婆罗等一一作出决定,再讨论文字资料及分送编绘人员图册等事项,至下午一时结束。

26 日,谭其骧去外交部会见沈伟良,初步商定了文字资料的整理办法和印数。实际由于以后又开始了对内部本的修订,这项计划并没有实行。

《中国历史地图集》的第七册于 1978 年出版,至此内部本八册出全,从 1955 年算起已有 24 年。

《中国历史地图集》修订出版

1979 年初,谭其骧大病后恢复了工作,复旦大学历史地理研究室开始酝酿起草《中国历史地图集》公开出版的请示报告。当时除了考虑在公开出版前对原稿作必要的修改补充外,还有续编民国图的打算。当年底,地图出版社给国家测绘总局打了报告,要求公开出版《图集》。

1980 年 1 月 16 日,复旦大学党委副书记徐常太、历史系总支书记孟伯衡与谭其骧研究了《图集》的公开出版和续编第九、十两册的问题,决定由谭其骧给中共中央总书记胡耀邦和中共中央政治局委员、国务院副总理方毅写信,反映《图集》是全国有关专家、学者二十年辛勤劳动的结果,无论在内容的丰富性上还是编制的科学性、准确性上,都远远超过了以往的同类历史地图,包括我国台湾和外国出版的。这是中华人民共和国成立以来我国史学界一项具有重要意义、质量较高的科学成果,呼吁尽快公开出版。

这封信批转中宣部后,领导同志在 4 月上旬的《工作简报》上表示原则上同意公开出版发行《中国历史地图集》,并提出由中国社会科学院主持,就公开出版《图集》所涉及的一些学术问题和其他问题,与有关单位协商处理,最后报送中央审批。

4 月 13 日下午,利用谭其骧去北京出席中国史学会代表大会之机,由中国社会科学院常务副院长梅益主持,在京西宾馆召开会议,讨论《中国历史地图集》公开出版的问题,副院长张友渔,历史研究所负责人尹达、林甘泉,外交部代表沈伟良,地图出版社社长沈静芷、副社长张思俊,历史所刘宗弼参加。会议决定对《图集》作必要修改,争取早日出版。

会后,谭其骧开始考虑修改方案,发现问题并不简单,为此拖了一段时间还没有动笔,同时让周维衍等拟出初稿。6月3日,社科院来信催问修改方案,谭其骧只得腾出手来,集中精力逐册研究,至6月20日完成方案,寄往社科院组织局和历史所。

9月14日上午,梅益在社科院历史所主持会议,讨论由谭其骧起草的《图集》修改方案,尹达、沈伟良、方国瑜、高德(社科院规划局)、陈可畏、刘宗弼、史为乐(历史所)、邓锐龄、郭毅生、陈连开(中央民族学院)、王世民(考古所)、杜荣坤和地图社的江涛、邹明芳出席。谭其骧介绍了方案后,尹达、沈伟良、方国瑜、江涛等相继发言,邓锐龄、陈可畏对修改方案提了意见。第二天上午继续开会,十二时梅益作了总结,决定在复旦将方案改定后,由社科院上报中央批准,修订的准备工作可以着手进行。会前社科院已确定这项工作由规划局负责,由高德与谭其骧和各方面联系协调。8月27日,高德与谭其骧第一次在北京赵家楼招待所见面,此后高德长期负责《图集》和《中华人民共和国国家历史地图集》的组织协调工作,与谭其骧密切配合,也结下了深厚的友谊。

20世纪70年代末,谭其骧与复旦大学历史地理研究室同事研究《中国历史地图集》修订事宜(左起吴应寿、谭其骧、邹逸麟、王文楚、周维衍)

回校后,谭其骧召集邹逸麟、周维衍、赵永复等人,讨论修订方案和具体工作计划,并就承担修订任务的安排,征求了民族所、中央民族学院、南京大学等单位有关同志的意见。1981 年 4 月 6 日,邓锐龄、中央民族学院洛桑群觉、陈得芝应邀来复旦参加《图集》修改工作会议,与谭其骧、周维衍、魏嵩山（研究室教师）、赵永复、钱林书（研究室教师）讨论确定了修改方案和分工,决定修改工作由复旦一家承担,必要时约请有关单位的个别人员参加,以加快进度。22 日,谭其骧将修改方案交我作文字润饰。5 月 1 日方案定稿后寄送社科院。

《中国历史地图集》修改方案如下:

一、修改原则

这次修改工作,一定要根据党的十一届三中全会精神,实事求是,严格按照历史事实。在此前提下,注意有利于祖国的统一和民族团结,有利于我国的对外斗争。

由于《图集》内部本已流入中国香港、日本、美国,存在着被国外及香港书商翻印的可能,为争取主动,《图集》应尽快公开出版。因此,既要保证质量,又要力争缩短修改时间,对有些关系不大的错误或缺点,尽可能少改、小改或不改,留待第二、第三版时再改。

（一）关于总图部分

《图集》内部发行本各时期都是先绘各地区的分幅图,然后拼成总图,以某时期全图为名。边区各分幅图当时都按中原王朝在该地区辖境最大时编绘。王朝对各边区统辖范围的伸缩在时间上一般并不一致,因而各分幅图所依据的年代各不相同,先后或差上几十年乃至百多年。而总图则就是由这些分幅图拼凑而成的,实际这个时期的中央王朝却从来没有存在过如图中所呈现那样的疆域政区。

此次修改,首先得改绘这种不用一个年代的总图,要求改成一律按统一年代编绘。在确定总图的统一年代时,应注意选取中原王朝和边区政权的疆域政区都比较稳定、比较明确的时期。有的时期不免要顾此失彼,那就首先顾中原王朝,其次顾东北、北方、西北地区。

（二）关于分幅图部分

分幅图中所存在的问题,拟按轻重缓急,分别处理。

1. 错误比较重大,史证又相当明确者,应改。

2. 重要点线与考古发现遗址有显著差异者,应改,并增补新发现的

215

重要考古遗址。

3. 内部发行本原图处理方法显然违反历史事实者,应改。

4. 不属于显著违反历史事实而属于处理方法不当者,暂不改动。

5. 点线的定位稍有偏差者,不改。

6. 对有些点线编者有不同意见,或读者曾提出过异议而一时无法判定是非者,不改。

7. 内部发行本原图有些图幅受比例尺限制。在制图时删去了作者草图中的一些地名,以致有些见于杨守敬《历史舆地图》的地名,不见于本图集,此次修改,务必做到所收地名不少于杨图(南北朝宋、梁、陈、东西魏、北齐周无分幅图,不在此例),除杨图误收或误考者外,不得删减。如原图幅不能容纳,应对图幅作适当安排和调整,使之尽量收入。

8. 内部发行本编例规定:图上只画出具有政区性质的部族地区,凡有政区建置的地域,一律不标民族注记,考虑到若要求普遍加画民族分布,不仅工作量太大,图面清晰度也大受影响,难以处理,故此次修改对此例仍不作改变。但为了避免引起边境少数民族的误解,这个问题应在卷首总编例中予以说明。

9. 适当增加若干少数民族建立的政权图幅,力求尽量体现各兄弟民族共同缔造祖国历史。

各图组的编例、图例、目录,一俟图幅修改完毕,都得相应作些修改。

二、修改办法

(一) 关于总图部分

第一册无总图。第二至第八册总图中,秦、西汉、西晋、五代不需要改动,需要改动的分为二种:一种只需要小改,计有东汉、三国、东晋十六国、隋、辽宋五幅;一种因王朝前后期疆界的变化太大,拟改画为二至三四幅总图,分别反映前后期或盛世衰世的不同疆域政区。

1. 东汉时期全图 第二册

内部发行本原图中原地区以公元 140 年(永和五年)为准,西域地区以东汉政府第二次设置西域都护府、西域"五十余国悉纳贡内属"的公元 94—107 年为准,北边地区以檀石槐统一鲜卑诸部的公元 156—178 年为准。现拟统一改为 140 年为准。西域地区改标西域长史府和乌孙。长史府辖境较都护府时代缩小,不包括乌孙、大宛,乌孙作为国内另一政权处理,大宛应划作国外政权,疆界略同三国图,内容稍有改动。北边地区鲜卑疆域尚未到檀石槐时代那样广大。西部界线及西界之外分布着什么部族，尚待考证。内容稍有改动。

2．三国时期全图　第三册

内部发行本原图魏蜀吴三国，以蜀亡前一年即三国鼎峙最后一年公元 262 年为准，北边地区以鲜卑轲比能死后至三国末年即 236 年至 262 年为准。今拟改为统一用 262 年。估计改动不多。

3．东晋十六国时期全图　第四册

内部发行本原图以淝水之战前一年公元 382 年为准，但因前秦平定西域在 384 年，为了要把西域画入前秦境内，故西域又改以 384 年为准。今拟统一用 382 年，前秦与西域之间加画政权部族界，但可在西域地区加注"384 年入前秦"字样。

4．南北朝时期全图　第四册

内部发行本原图一幅，中原以北魏迁都洛阳后二年齐魏南北对峙的公元 497 年为准；而北边西域则以 435—449 年为准，其时南方实为刘宋，非萧齐。今拟改画四幅：一、宋魏对峙时期，即以 449 年为准。西、北边界可采用原图，唯宋魏双方内地州郡都需要作较多改动。时魏都尚在平城；宋尚有淮北五州，与魏以河为界，与原分幅图出入不大。二、齐魏对峙时期，仍以 497 年为准。双方内部州郡可采用原图；北边地区不需要作大改动；西域地区则北魏势力已退出，高车副伏罗部、哒、吐谷浑各占领了一部分，改动较大。三、梁、东西魏鼎立时期。四、陈、北齐周鼎立时期。这两幅即以原分幅图的 546 年和 572 年为准。三国内部州郡据分幅图予以简化即可，所需加画边疆民族柔然、铁勒、突厥、吐谷浑、契丹、勿吉等政权，估计工作量不会太大。

5．隋时期全图　第五册

内部发行本原图以 612 年（大业八年）为准，西南地区以 597 年（开皇十七年）隋平南宁置南宁总管府为准，西突厥以 611—617 年射匮可汗在位时为准。今拟统一用 612 年。南宁州总管府已废，其辖境大部分已在隋版图之外，改标东西爨等部族名。西域地区改动不大，也可能不需要改动。

6．唐时期全图　第五册

内部发行本原图中原以 741 年（开元二十九年）为准，北边西边各以唐势力极盛时期 647—669 年和 658—702 年为准。今拟增改为三幅总图：

（1）669 年（总章二年），北边西北边区以原分幅图的标准年代为基础，因此改动不大（北边基本不动，西北疆界也基本不动，建置要变动一些，如北庭都护府，毗沙、疏勒都督府尚未建立，比较容易），但东北地区改动较大（黑水、渤海都督府未建，有大片地区没有政区建置，只能标注部族名），内地诸州的建置治所都得一一查对有无变动。

（2）741 年，内地东北可不动，但漠北已完全不在唐版图内，地属东突厥；西域葱岭以西诸都督府多为大食所吞并，版图缩小，境内府州建置与民族分布也有变动。

（3）820 年（元和十五年）。此时唐境内州县分辖于四十余方镇，图上需要画出各镇辖境与治所。东北渤海，漠北回鹘，西南吐蕃、南诏皆甚强盛，除渤海因原分幅图即以此年为准，仅需简化绘入总图外，回鹘、吐蕃、南诏三国与原分幅图年代不同，皆需另行查改编绘。南诏改动估计不太大；吐蕃与唐以清水之盟所定边界为界，不难画出；唯西北新疆及中亚地区时为吐蕃、回鹘、大食所分据，三方疆界，有待考订。此幅反映中唐以后全国形势，可赖以补足内部发行本原唐图组缺点，唯工作量较大。

7. 辽北宋时期全图　第六册

内部发行本原图辽、宋、夏以女真起兵反辽前夕 1111 年为准，西域地区以黑汗吞并于阗前夕 1001 年为准。今拟改为统一用 1111 年。其时于阗已为黑汗所并，此外有何改变待查，估计不多。

8. 金南宋时期全图　第六册

内部发行本原图南宋以 1208 年（嘉定元年）为准，金以 1189 年蒙古尚为北边属部之一时为准，西域以 1154—1164 年疆域未越过阿姆河时为准。今拟改为两幅。

（1）用 1208 年，南宋不改，金此年为泰和八年，《金史·地理志》本以此年为准，改起来不难。北边成吉思汗已统一蒙古高原诸部，各部改作蒙古汗国境内部族处理，见于记载的部族较多于 1189 年时，疆域较 1189 年的"蒙古诸部"有所扩展。西域河中地区已叛离西辽，花剌子模侵占了起儿漫等地。拟增加 1142 年（绍兴十二年）金宋和议时总图一幅，增绘北方、西北民族。

（2）增画一幅，以绍兴宋金达成和议时 1142 年为准。宋境内路府州县基本同 1208 年，改动不多；金境内改动较多，时都城尚在上京。夏、西辽、吐蕃、大理情况大致与 1208 年相差不多。唯其时漠北诸部的分布,估计需要费一番功夫才能摸清楚。

9. 元时期全图　第七册

内部发行本原图元朝疆域内以 1330 年(至顺元年)为准,察合台后王封地以 1306 年至 1330 年为准。现拟统一用 1330 年。其时察合台后王封地虽在事实上已分为东西二部,且政治中心在河中(撒马尔罕),在今国界外,但二部仍为一统一体,其东部又在今国界之内,故在 1330 年总图中仍全部予以画出。元代在高丽国境内设有征东行省,原图因国与省并建,征东行省丞相由高丽国王兼摄,境内又不设府州县,体制与一般行省不同,故将高丽作为邻国处理,不提征东行省。现拟在以 1330 年为准的总图和分幅图中邻区高丽国注记下加注征东行省。另增加一幅,以元灭南宋统一全国之初的 1380 年为准。其时疆域较大于 1330 年时,西北有新疆地,东北征东行省未建,东宁路尚在境内;行政区划则不论行省或路府与 1330 年差别皆颇大;吐蕃地区尚未置宣政院,领以总制院。估计工作量不小。

10. 明时期全图　第七册

内部发行本原图明朝直辖区以 1582 年(万历十年)为准;羁縻区的哈密等卫以 1436—1506 年六卫同时存在时为准;奴儿干都司以 1403 至 1433 年全盛时期为准;北边鞑靼瓦剌政权以 1418 年鞑靼阿鲁台受明册封至 1430 年为准;西域亦力把里以 1484—1509 年疆域比较稳定时为准,一共采用了五个不同时代。现拟增改为两幅:

(1) 用 1433 年(宣德八年),东北地区可基本不动。哈密卫有沙州卫无罕东左卫。鞑靼瓦剌地区变动不大。西北地区费尔干、塔什干恐不在境内,有待考证。内地府州卫司建置治所变动较大,须一一查对。西南缅甸、底马撒、大古喇、老挝等宣慰司国与司并建,可按元图对高丽地区办法处理。原图青藏地区图幅无标准年代,现亦用 1433 年。

(2) 用 1582 年,内地不动,边区变动甚大。东北奴儿干都司已废,诸卫所多数已不再承袭,须用部族分布代替都司卫所建置。哈密等卫已先后为吐鲁番、青海、蒙古所侵占。鞑靼与瓦剌各分裂为几个乃至几十个独立部族。西域天山以北为瓦剌、哈萨克所占,察合台后王退处南疆,分裂成许多政权。

11. 清时期全图　第八册

内部发行本原为一幅,以 1820 年(嘉庆二十五年)为准,下距鸦片战争二十年。其时一统封建王朝疆域尚基本完整,东北、西北尚用军府制度,未建省府州县。现拟增画一幅以1908年(光绪三十四年)为准的清末全图。其时列强特别是沙俄已通过签订多次不平等条约侵占了大片中国领土;奉天、吉林、黑龙江、新疆已建立省府州县;台湾建省后为日本侵占。图上应加画历次被占领土的界线,并注明年代。

(二) 关于分幅图部分

1. 台澎地区和海南岛。台澎地区自古以来与中国大陆密切相关,但一直是一个当地土著民族的自主区,并不属于中原王朝直接管辖。宋以前台澎全在大陆王朝版图之外,南宋元明仅将澎湖收入了版图,明末西班牙人、荷兰人侵占台湾,清初郑成功驱逐荷兰侵略者,在台湾建立了奉明朝正朔的政权。直到1683年(清康熙二十二年)郑氏政权为清朝所灭,台湾才成为大陆上王朝疆域的一部分。内部发行本原图自三国以来历朝都把台澎作为大陆王朝的领土处理,显然与历史事实不符,此次修订,在总图上,因通例海面上不画政权界,可无需改动;但在分幅图上,必须作为邻区处理,改着邻区颜色。

又,海南岛汉武帝时收入版图,元帝时放弃,至南朝梁才复置州郡,自秦至南齐亦应作邻区处理。因此,下列诸幅应作改动:

第二册　秦淮汉以南诸郡:海南岛、台澎改着邻区色。西汉交趾刺史部:海南岛改着邻区色,注记仍旧。扬州刺史部:海南岛改着邻区色,注记仍旧。东汉交趾、扬州:台澎改着邻区色,注记仍旧。

第三册　吴、西晋交州、扬州:台澎改着邻区色,注记仍旧。

第四册　东晋、宋:台澎改着邻区色,注记仍旧。南齐越州、江州:台澎改着邻区色,注记仍旧。"越州"州字移标雷州半岛上。梁、陈:台澎改着邻区色,注记仍旧。

第五册　隋淮南江表诸郡:台澎改着邻区色,注记仍旧。唐江南东道:台澎改着邻区色,注记仍旧。五代吴、吴越、闽与南唐吴越:台澎改着邻区色,注记仍旧。

第六册　北宋福建路:台澎改着邻区色,注记仍旧。南宋福建路:澎湖着福建色,台湾仍着邻区色。

第七册　元江浙行省:澎湖着福建色,台湾仍着邻区色。明福建省:澎湖着福建色,台湾仍着邻区色,岛上注记应有所改动——台湾之称起于明末,专指台南一带,不能作为1433年或1582年的全岛名称。

2. 唐代自七世纪八十年代至八世纪四十年代,突厥雄踞漠北,是当时一个很重要的少数民族政权,内部发行本原图没有专幅予以表示,不足以体现各民族共同缔造祖国历史。现拟增补一幅，以716年（开元四年）为准。又，吐蕃全盛时期占有陇右、河西、安西四镇及剑南西山等地，版图极为广大，原分幅图跟着唐朝也以741年为准是不恰当的，现拟另选足以显示其极大版图的820年（元和十五年）绘成分幅图，与唐后期总图年代取得一致。原分幅图内容可适当补入741年全图。

3. 羁縻府州、卫所，土司、土府州县，羁縻都护府、都督府、州、县、卫、所，土宣慰司、宣抚司、安抚司、招讨司、长官司等，土府、土州、土县等，其长官都由世袭的部族酋长或小国国王担任，具有半独立、自治性质，有的和王朝关系极为疏阔，性质完全不同于正式地方行政区划，大小也迥不相侔，内部发行本原图采用同样符号注记，很不合理。但改动起来，牵涉图幅很多，制图工作量很大，拟暂不改动，留待再版时考虑。

4. 内部发行本原图往往把中原王朝的边郡（或府、州、卫）界线尽量画出去，将许多荒无居民点的地区包在郡界内，这样处理并无正面资料依据，但一般也并无明确反证，拟姑仍其旧。特别不妥当者，或删去界线，或另用他法表示。

5. 内部发行本原图把一些州县管辖所不及未开化的少数民族地区任意分辖划属邻近州县，这是不符合实际情况的，但关系不很大，拟姑仍其旧。此外改或不改皆按九条标准处理。

以上总图和分幅图的修改和增补的基本设想，在实践中可能会遇到困难，届时按具体情况，酌情处理。

三、表示方法

1. 内部发行本原总图国境内各政权不分色，分幅图中对邻区不分同一政权的另一政区、国内的另一政权或邻国，均同用一色，读者不易于分辨，此次改版，总图国内各政权应尽可能改为分政权着色，一律采用较深色，各邻国不分色，一律采用一种淡色，使读者可凭色彩较易辨别政权之别与内外之分。

2. 历史上某些地区属瓯脱地带，勉强画界不符合历史事实。拟用着主区颜色相同但较淡的颜色表示。

3. 各政权势力交错地区，用两种相应颜色交错表示。

4. 长城用两种符号，有遗址和记载确实者用实线，其他用虚线。

四、图幅排列

内部发行本各幅以各政权京畿附近为中心，按逆时针方向排列，这样往往不符合历史习惯。现拟按历史上传统习惯排列，并相应修改目录。

五、计划安排

1981 年 6 月底完成第一、二、三,三册;9 月底完成第四、五,二册;年底完成第六、七、八,三册。

六、具体措施

……

3. 署名:图集是一部学术性著作,建议公开出版时编辑者、出版者都要署真实的单位名或编者姓名。由于此图编绘工作时间将近二十年,参加过的人员为数甚多,各人所做的工作在数量上和质量上相去悬殊,如何署注,应另行讨论。出版者应署地图出版社。

这份方案经高德征求有关领导意见后又作了一些修改,寄回谭其骧。在收到谭其骧同意的答复后,社科院于 1981 年 6 月 25 日将《关于公开出版〈中国历史地图集〉的请示报告》报中宣部并转中央书记处。

由于原来负责青藏地区编稿的近代史研究所的王忠因病无法工作,而汉文史料又相当有限,青藏图幅的修改难度很大。5 月 27 日,在北京参加中国民族史讨论会后,谭其骧请邓锐龄约常凤玄、王辅仁、孙尔康、马久、扎西旺堆等见面,请他们对西藏图幅特别是其中的明清图的修改提出意见。10月 15 日,他致函高德,建议约请民族所、民院若干西藏学者审图。12 月 15日上午,谭其骧在北京听取了王森、邓锐龄、黄颢、祝启源、洛桑群觉、王尧、王辅仁等人的意见。以后邓锐龄、王森、常凤玄、黄灏、祝启源、洛桑群觉等参加了第五至第八册青藏地区图幅的修改工作。

会上有人提出,唐分幅图采用元和十五年(820 年)为标准年代,画出吐蕃的极盛疆域,拥有今甘肃大部、新疆西部、青海全部、四川西部和云南一部分地区,是否会被当时少数严重地方民族主义情绪的人所利用? 或成为某些人提出"东藏"或"全藏"自治的根据? 但多数人认为,吐蕃盛时势力曾达到上述地区是历史事实,即使我们不画,也不能隐瞒真相,何况吐蕃的疆域在历史上变化很大,这幅图不能成为少数人的借口。还有人提到,宋、元图上的亚泽地区领有今尼泊尔的西北一块地方,历史上的亚泽王系,据藏文史料系吐蕃王室的后裔,但外国也有人认为此王系来自印度。

谭其骧认为,吐蕃图幅同样应该坚持历史事实,也应该画出吐蕃历史上的极盛疆域,历史上与邻国的界线不能因为今天是否友好而采用不同标准。1982 年 1 月 31 日,谭其骧在给邓锐龄的信中写道:

唐图册中的吐蕃分幅图用 820 年,原是根据各民族一律平等待遇这一原则拟订的。汉族的唐朝可以画全盛时期,藏族的吐蕃也应画它的全盛期。□□同志怕为鼓吹东藏自治者所利用,已在 12 月 15 日会上提起过,……我个人总觉得,只要我们是根据历史事实画的,就不必怕这怕那。中原王朝管到边疆非汉族地区要画,边疆民族政权管到汉族地区,也应该画。只有一视同仁,才能消除民族隔阂,体现各民族共同缔造祖国历史,用不着去理会那些别有用心者。但兹事体大,□□同志既然再次提出异议,我不敢径自予以否决,也只得请梅益同志决定。

来信又提到画 820 年存在着史料不足,搞不大清楚的困难,这是实际情况,但不能成为不画 820 年分幅图的理由。因为业已通过的修改方案中,不仅要求吐蕃分幅图改以 820 年为准,唐时期全图不是除 741 年一幅外,又要求增加 669、820 年两幅吗? 在 820 年全图中,吐蕃的疆界还是避免不了要画的。

梅益得知他的意见后,向中共中央政治局委员、中国社会科学院院长胡乔木作了介绍,胡乔木同意谭其骧的意见。1982 年 2 月,在中国社科院有关此事报给胡耀邦、乌兰夫和习仲勋的一份简报上,胡乔木在谭其骧的意见下写道:"我认为谭其骧老教授的意见是客观的和公正的。""《中国历史地图集》是全国有关学者积数十年努力的重大科学著作。"胡耀邦等阅后都圈批"同意"。

从 1981 年 6 月,复旦大学的有关人员开始了《图集》的修改,具体分工是:杨宽(复旦大学历史系教授)、钱林书负责第一册(夏至战国),王文楚(研究室教师)负责第二册(秦、汉)和第八册(清),魏嵩山负责第三册(三国、西晋)和第六册(辽、宋、金),周维衍负责第四册(东晋、十六国、南北朝)和第七册(元),赵永复负责第五册(隋、唐、五代)和第七册(明)。此后谭其骧在审图时发现,王文楚等"颇用功",魏嵩山却"马虎为甚"(见日记),使他不得不一一复核。外单位的人员也陆续开始修订,他们是中国社科院考古研究所的王世民、郑乃武,负责第一册原始社会遗址部分;南京大学的陈得芝,负责第二至第八册蒙古地区;中国社科院考古民族所的邓锐龄,负责第二至第八册西北地区。

10 月间,谭其骧写出《图集》前言初稿,11 月底由高德将前言的打印稿发往有关单位和个人处征求意见。

1982 年 1 月 2 日,经中共中央宣传部部长朱穆之、副部长赵守一和王惠德批准,中宣部向中央书记处送上了一份报告:"中国社会科学院报来《关于公开出版〈中国历史地图集〉的请示报告》,为慎重起见,我们征求了外交部的意见。外交部一九八一年十二月三十日函复,同意社会科学院关于将《中国历史地图集》修改后公开出版的意见,同时建议,该《图集》修改后,样图的审查工作仍由社会科学院主持。我们同意外交部的意见,现送上中国社会科学院《关于公开出版〈中国历史地图集〉的请示报告》,请审批。"

2月8日,中宣部收到中央办公厅的通知,中央领导同志已批示同意。9日,中宣部正式向社科院发函通知此事。

梅益和副院长宦乡阅后,立即批转科研局和历史所。2月15日,谭其骧接到高德来信,得知这一消息,感到无比振奋。他说:"三中全会以后就是不一样,多少年没有解决的问题,现在一下子就彻底解决了。"

为了落实修改和出版等各方面的工作,3月13日在复旦大学召开了有上海市高教局、出版局、印刷公司、中华印刷厂、地图出版社和修订者参加的工作会议。10月24日和26日,又在上海中华地图学社召开了作者、出版、印刷三方会议,根据实际进度,将出齐八册的期限延至1984年底或1985年初,还决定将护封改为纸套。

在5月和6月间,谭其骧集中精力处理《图集》的修订,边审校已修订过的图幅,边解决修订中提出的问题,如将西晋图的标准年代由太康三年(282年)改为太康二年,并写出后记。

天气渐热,考虑到谭其骧家中的工作条件较差,各方面来访又多,影响工作,学校报请杨恺副市长批准,他在6月28日住进衡山宾馆,我作为他的助手陪同。在此后的三个月间,谭其骧先后校订了前言、总编例、第二册(秦、汉)、第五册(隋、唐、五代)、第六册(辽、宋、金)和第一册(原始社会、夏、商、周)的清样,答复地图出版社关于南海诸岛插图的意见,与邓锐龄讨论改定了吐蕃图幅。

7月27日晚,谭其骧在日记中记下了这样一段话:"五代幅梁图画错首都,南汉图、南唐图标错年代,云南图标名长和亦不标年代,皆可笑之至,其他邻区等标错者不一其例,甚矣当初'革命'班子领导下之草率从事也。"

1983年初,第七册(元、明)的修订稿亟待审定。1月24日谭其骧又迁入衡山宾馆,我也随从,至4月1日才结束。在审校元时期全图一(至元十七年)时,谭其骧发现错误甚多,如将江淮省误作江浙,陕西四川行省误作陕西,图上出现了当时根本没有的河南行省,路、府及省界搞错的也不少,为此费时颇多。

8月24日，谭其骧开始审校第八册的修改稿，重点校了新编的光绪总图，并解决了图中涉及的问题。

是年，《图集》公开本第二、三册出版发行。[1] 1984年3月，第一、四册出版发行；1985年1月，第五、六册出版发行。但在校清样的过程中，谭其骧仍不断发现和修改了不妥之处，如补充了隋图淮南江表幅的脱漏，改正了隋唐图中昆山县治定点的错误，将总章二年（669年）总图中的新罗划出唐朝疆域，修改了吐蕃诸部图，第八册加绘1885年台湾省图并附于福建分幅。

"政治错误"种种 出版阻力重重

在《中国历史地图集》内部本出版到公开本发行的过程中，不断有人提出各种意见。对这些意见，无论是否正确，谭其骧和同事们都认真作了研究，凡言之有理又能够反映在图上的，一般都在修订中予以采纳。即使是非专业人员或普通读者的来信，也会受到应有的重视。如1983年5月3日，谭其骧收到浙江舟山地区科协毛德传来信，指出内部本明图中"双屿"位置画得不对，应指今六横、佛渡二岛。谭其骧核对史料后，认为这一意见正确，就写信给负责该册修订的赵永复，采纳了毛德传的建议。1984年6月20日，谭其骧收到高德转来的瀛云萍对唐至清图西域幅的意见，"发现北宋西域图以1001年为准，则西州回鹘应都于龟兹，东部应为瓜沙曹氏即归义军，其他亦有可取处"（日记）；当晚他就写信给负责该册修订的魏嵩山，要他立即与地图出版社联系，看能否再作修改。

但"文化大革命"和长期存在的"左"的影响，使一些人习惯于将一切问题归结为"政治"，所以一旦发现《图集》中的问题或与他们意见不一致的地方，就认为是"政治错误"，甚至是"严重政治错误"，动辄向报社、宣传部反映，引起一些领导的关注，甚至状告到中央。尽管主持修订工作的中国社科院完全支持谭其骧的正确意见，但他还是不得不一次次奉命答复，为此耗费了不少时间和精力。

云南大学方国瑜教授对唐图幅中安南都护府与戎州、姚州边界的画法一直有不同看法，对余湛主持的审图结论持保留态度。1979年6月，他又向外交部作了反映，沈伟良等认为他并没有提出原上报材料以外的证据，感到

应该维持原议。6 月 30 日,沈伟良去看望正在北京开会的谭其骧,要他回上海后给方国瑜复一封信,加以解释。8 月 26 日和第二年的 3 月 28 日,谭其骧两次去信,说明了维持审图结果的理由。1982 年 3 月,方国瑜致函中国社科院领导,再次提出了唐图和清图中有关边界画法的"严重错误"。在接到高德的电话后,谭其骧命我写一书面答复,送社科院备用。与此同时,方国瑜要云南大学领导禁止出版该校负责整理的《中国历史地图集》西南地区的文字资料,说这些资料是"卖国"。

1983 年 12 月,方国瑜在中共云南省委召开的党外人士座谈会上发言,指责《中国历史地图集》存在严重问题。他还表示,如果图上这些错误得不到改正,他死不瞑目。这一发言由宣传部门上报后,刊登于中国新闻社的第 356 期内参上,立即引起了高层的注意。28 日,谭其骧看到地图出版社转来的这份内参,考虑到内参造成的影响,与校领导商议后,决定以复旦大学中国历史地理研究所的名义正式作出答复,命我起草了《所谓〈中国历史地图集〉"若干严重问题"的真相》一文:

> 看了中新社内参 356 期《方国瑜教授认为〈中国历史地图集〉存在若干严重问题》一文,我们不胜惊奇。因为文中所举的"主要错误",有的根本不是事实;有的本来存在不同意见,后经过正常的讨论,由外交部领导同志审定并报中央批准。在这以前,中国社科院曾多次转来方先生的意见,我们每次都作了答复。《图集》的云南部分,主要是由云南大学协助编撰的,参加者除方先生外,还有其他中年同志。在外交部审定边界画法时,云南大学有代表参加,曾详细地转达过方先生的意见。从一九八〇年开始,对《图集》的修订是在中国社科院主持下进行的,修改方案曾上报中宣部,于一九八二年由中央书记处批准。这些情况不仅有关方面完全了解,方先生本人也是清楚的。
>
> 现对方先生提出的几点"主要错误"说明如下:
> 一、关于"三蓬"的归属问题
> 在清代中后期,清政府尚未控制田蓬街。田蓬"原属越南之上蓬地区",中法划界时,我方"拓地纵横约三十里",并由"地方官分别收入册籍"。但当地有"三蓬陪嫁"的传说,谓上、中、下三蓬是广南土司嫁女儿时陪嫁给保东土司(属越南)的,中法划界时才收回上蓬的八寨。方先生认为国家疆域地方土司不能私相授受,没有经过中央政府批准,不能承认既成事实。

但由于清图的标准年代是 1820 年,当时三蓬在越南辖境,且得到清政府实际上的承认。因此,还是将三蓬画在越南一侧。这是在一九七三年由外交部余湛同志主持审定,并报中央批准的。

二、关于台湾的处理问题

一九八〇年修订《图集》的方案确定对台湾的处理办法是:在清康熙之前,台湾用中国各政权、各地区同类色彩,与邻国有明显区别,但与大陆政权也不完全相同,类似中国范围内其他少数民族和政权或地区。这样做的依据是:台湾自古以来是中国的领土,但与大陆处于同一政权统治之下,是从康熙时开始的。方先生所说"在明、清以前的历史图中,台湾与大陆颜色处理不一致,而与相邻国家同为白色",并非事实。而且,修改后的《图集》一、二册已发行,读者可以核对审查。

三、关于汉龙关的故址

对汉龙关故址的今地,学术界并无"公认的"说法,在云南大学几位同志中也有不同意见,《图集》采用了不同于方先生的一种。历史地图当然应该尽量符合历史事实,但在异说并存又无法判定哪一说是绝对正确的情况下,编者采用其中一说,是完全正常的。这在《图集》编绘过程中是常有的事。汉龙关故址的两说均在今缅甸,显然并不涉及边界问题。

四、唐图中今开远市以南界线的画法

这一段界线的画法,在一九七三年外交部审图时有三种意见:一是云南大学其他同志的意见,主要依据唐人樊绰的《蛮书》;二是方先生的意见,界线定在第一说之南;三是我所的意见,主要据张九龄《曲江集》记有开元二十四年的确切界线,离《图集》标准年代仅五年,界线定在第一说之北。方先生称这五年间界线已有改变,却并无史料根据。经过反复讨论,余湛同志决定采用第一说,《图集》即据此上图。

顺便说明一下,当时越南并未独立,这只是唐朝内部安南都护府与戎州都督府两个政区间的界线,不仅不同于今天的中越边界,也有异于此后越南与中国王朝的边界。如果越南方面要节外生枝,必然是枉费心机的。

《中国历史地图集》涉及上下几千年时间、上千万平方公里范围,由于历史情况复杂,缺乏完整系统的史料,加上我们能力有限,必然存在不少错误,的确值得认真探讨研究。上面提到的各点,我们也并不认为目前的处理方法完全正确,不可更改。所以我们赞赏方先生认真、直率的态度,也欢迎学术界继续提出批评意见。但是我们认为没有必要,也不应该把什么都说成是政治错误,把历史时期的边界或中国政权内部的政区界线同今天的国界等同起来。

此文经谭其骧审定,已是 1984 年 1 月 8 日,却传来了方国瑜逝世的消息。对于要不要再作答复,我们犹豫再三,最后决定加上一段附记后仍然寄往中新社、中国社科院和各有关部门:

在起草完这份答复时,惊悉方国瑜先生不幸逝世,深为悲痛。方先生在编绘《图集》过程中作出的贡献以及他对《图集》的负责精神与《图集》共存。严肃认真、实事求是地答复他生前提出的问题,以求得正确的结论,保证《图集》的质量,也是对他最好的纪念。

在方国瑜逝世后的 1984 年 3 月 19 日,谭其骧为唐图定稿。他"终日考虑唐图戎州、安南界问题",反复思考方国瑜的意思有何接受的可能,当天没有作出决定。20 日,他还是否定了方的意见,作出了图上界线不改的决定,并用了两天时间写下理由。

1984 年初,云南郑□□又向外交部写信,反映清图云南幅中三蓬地区的画法。4 月 5 日,谭其骧接到高德来信,花了三天时间写了一封长信,请高德转复外交部。5 月 19 日,高德复函,外交部同意谭其骧意见,清图维持原画法不变。

就是在上海,有的人明明与谭其骧相识,或不时有与他见面的机会,却也要采用背着他向上反映的办法。1981 年 8 月,华东师范大学地理系教授褚□□、讲师洪□□向《文汇报》反映,有必要组织边疆学会,并以《中国历史地图集》上西汉、南北朝、隋、唐图幅将友谊关画在交趾的"严重政治错误"为例。谭其骧得知后,立即写信给邹逸麟、周维衍、王文楚、赵永复等,要他们查明事实。结果非常清楚,他们列举的"史料"毫无根据,充其量只是几种不同说法之一。而且他们根本不提这样的事实:自西汉至唐,"交趾"(或安南)都是中原王朝的一部分,所以这条界线纯属中国内部的政区界,与今天的边界根本无关,岂能与今天的边界完全重合?正因为如此,他对这一反映未予置理。但到 9 月间,谭其骧得知他们的意见已经反映到外交部、国家测绘总局、中国社科院、地图出版社和胡乔木等处。9 月 20 日,他只能据这些意见写了详细的答复,由我复写三份,寄给高德、地图出版社社长沈静芷和国家测绘总局。

艰难的胜利

1986 年 5 月,宦乡向中央报告谭其骧与某部门处理《中国历史地图集》第七、八两册中有关画法的不同意见,要求中央作出决定。5 月下旬,他又在北京召开了国际法学者座谈会,审查元、明图的画法。不久,中央书记处正式讨论了《中国历史地图集》第七、八册中有关台湾和南海的画法问题,虽然也有人提出既然有不同意见就慢慢再出,但最后一致认为要尊重历史事实,尊重专家学者的意见。为了慎重起见,中央要求中国社科院主持召集国内有关专家作一次讨论,以便统一认识。

1986 年 8 月 3 日,由中国社科院院长胡绳主持的讨论会在北京国务院第一招待所举行,出席会议的有中国社会科学院历史研究所所长林甘泉研究员、历史地理研究室主任陈可畏副研究员,近代史研究所所长余绳武研究员,民族研究所所长杜荣坤研究员、邓锐龄研究员,中国科学院地理研究所钮仲勋研究员,北京大学侯仁之教授,中央民族学院历史系贾敬颜教授,厦门大学台湾研究所所长陈碧笙教授、韩振华教授,杭州大学地理系陈桥驿教授,南京大学元史研究所陈得芝教授,云南大学历史系尤中教授,测绘研究所曾世英研究员,外交部条法司司长王厚立(余湛已任他职,沈伟良已退居二线)及高德、谭其骧、周维衍。我作为谭其骧的助手列席,并为会议录音。

会议集中了全国学术界的权威人士、各有关学术机构的负责人或代表,经过一天半的讨论,有时是很激烈的辩论,最后基本取得了一致意见:元、明图中台湾用中国基色中的邻区颜色,与大陆不同;明图增加郑氏台湾图,附于福建幅;元、明、清图南海不画界线,在有关岛屿下注"广东";在第八册后记中说明:《图集》系学者研究成果,不代表政府观点,学术界虽有不同意见,图上只能表示其中一种。

当年 10 月底,谭其骧应日本学术振兴会之邀在大阪大学等校访问讲学。在日本期间,他见到了由原来浙大史地系的学生、台湾中国文化大学程光裕教授和徐圣谟教授编绘的《中国历史地图集》二册,发现他们对元、明台湾的画法与自己的方案相同,南海诸岛也从未画过海上界线。11 月 3 日,他写信给高德,告诉他这一情况。

中国社科院在 10 月就给中央书记处打了报告,只待批复。但 1986 年底中国政坛风云变幻,1987 年 1 月 16 日胡耀邦辞去总书记一职。在这样的形势之下,此事的讨论显然不可能很快列入书记处的议程。但胡绳和胡乔木还是积极争取,在看到高德所写的关于台湾所出《中国历史地图集》介绍的简报后,胡绳给胡乔木写了一个报告,指出关于历史上台湾、南海诸岛的画法实不成其为问题,不会引起现实问题,已不需要再提交到中央书记处会议上讨论;建议或者由中央书记处的领导同志在中国社科院去年 10 月的报告上批示一下,或者委托中国社科院负责,社科院愿意承担责任,不能老使《中国历史地图集》拖着不得出版。胡乔木专门写了一封信给国务院总理以及外交部部长吴学谦和乔石等,表示完全同意胡绳同志意见,并同意按 10 月报告处理。三位书记都圈示同意。至此,一切障碍都已扫除。

高德在 1 月 28 日(农历除夕)写信向谭其骧传达喜讯,谭其骧在 31 日(正月初三)收到来信,感到无比欣慰。2 月 12 日,谭其骧在北京主持《国家历史地图集》编委会扩大会议,当晚就与地图出版社的尹正寿和计伯仁商谈了加紧出版第七、八册的有关事项。3 月上旬,他审定了第八册新增加的郑氏台湾图和清光绪建省后台湾图,修订工作结束。

1987 年 12 月第七册出版发行,1988 年 12 月第八册出版发行。从 1980 年开始修订,历时八年半,公开本终于出齐。1989 年 1 月 23 日,《文汇报》首先发布了这一消息。

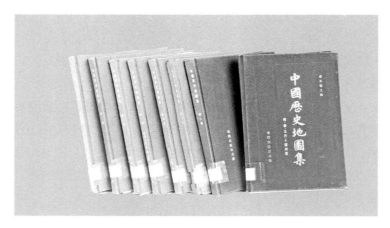

《中国历史地图集》修订本

3 月 13 日上午九时半,中国社会科学院在院部召开庆祝《中国历史地图集》出齐大会,胡乔木、胡绳、余湛、刘导生等,各编绘、制图、印刷、发行单位代表和有关人员,以及专家学者共七八十人出席。谭其骧和复旦大学中国历史地理研究所所长邹逸麟教授专程赴会,我也随同前往。

社科院丁伟志副院长主持会议,胡绳、谭其骧、测绘局副局长和胡乔木先后讲话。在回顾了自 1955 年起的编绘、修订过程后，谭其骧说：

> 在我们庆祝这项重大任务胜利完成的时候，最大的遗憾是，对这部《图集》曾寄予厚望的毛泽东主席和曾经关怀《图集》编绘工作的周恩来总理没有能看到《图集》的出版。最令人痛心的是，主持这项任务达 11 年之久，为组织编绘人员、确定编绘方案付出了大量心血的吴晗同志，在"文化大革命"初起时就遭到"四人帮"残酷迫害，匆匆离开了我们。曾为《图集》作出贡献的白敏、冯家昇、傅乐焕、胡德煌、施一揆等同志在《图集》公开出版前已先后去世；在修订、出版的这几年间，又有韩儒林、尹达、方国瑜、夏鼐、姜君辰、翁独健等同志离开了我们。《图集》凝聚着他们的心血，他们的名字与《图集》共存，并将随着《图集》在国内外的流布，为越来越多的读者所了解和纪念。……
>
> 《中国历史地图集》所要描述的疆域之辽阔、年代之悠久，是世界上任何国家的历史地图所无法比拟的，但编绘的物质条件又相当简陋，远远不及发达国家的水平。全体编绘人员为了国家利益，为了学术研究，为了共同的事业，发扬了无私奉献的精神，在连续几年或十几年的时间里，大多数编绘人员放弃了节假日和业余时间，放弃了个人研究和兴趣爱好，根本没有想到会有署名和领取稿酬的可能，没有工资之外的任何津贴，还要受到各种政治运动的折磨和干扰。编绘人员中有人因遭受打击而身亡，有人因积劳成疾而早逝，也有人戴着政治帽子而坚持工作。今天，参加过编绘的人员大多已年过五十，他们为《中国历史地图集》奉献了一生最宝贵的时光，尽管他们所获得的荣誉和报酬同他们付出的代价是很不相称的，但他们都以能参加这项工作而感到自豪。《中国历史地图集》的编绘虽然已成为过去，但这种奉献精神是永存的。即使将来我国的物质条件大大提高了，知识分子的待遇大大改善了，这种奉献精神还是值得我们发扬的。

历史是公正的，对谭其骧和《中国历史地图集》也是如此。1980 年 4 月 8 日，胡乔木在中国史学会代表大会上的讲话中指出："解放以后，我国史学界做了很多工作，其中最有成绩的工作之一，就是在谭其骧同志和其他同志领导之下编纂的《中国历史地图集》。这项工作还没有最后完成，但它是非常了不起的工作，可以帮助我们了解我国领土的历史。"1986 年，在《图集》的公开本还没有出全的情况下，就被评为上海市哲学社会科学优秀成果特等奖。1994 年,《图集》获中国社会科学院荣誉奖。1995 年,获国家教委社会科学优秀成果一等奖。谭其骧于 1980 年当选为中国科学院学部委员(后改称院士),与他主编《中国历史地图集》的巨大成就是分不开的。

就在庆祝胜利的时刻,谭其骧念念不忘他毕生的追求,他在讲话中说:

> 《中国历史地图集》的完成固然是中国历史地图史上一项空前的成就,但严格说来,还只是一个开端,因为它仅仅是一部以疆域政区为主的普通地图集。要真正称得上完整的历史地图集,就应该包括历史时期任何自然、经济、政治、军事、民族、文化等所有有资料可据又能够用地图表示的地理现象,只有等这部地图集完成了,绘制中国历史地图的事业才能算大功告成,或者说告一段落。在中国社会科学院的主持下,从 1982 年底开始,我们已经着手编绘《中华人民共和国国家历史地图集》,并已完成了一百几十幅地图的初稿和复审,不少参加过《中国历史地图集》编绘的老同志又接受了这项新的任务,也有很多年轻的新同志加入了这支队伍。我们虽有编绘历史地图集的经验,但也碰到了前所未有的新困难和新问题。我已经七十九岁了,作为主编,当然希望在有生之年能看到这部新图集的完成和出版。我将一如既往,贡献自己的绵薄力量。只要党和政府能像当年重视和关怀杨图一样给予必要的条件,只要全体编绘人员能继承和发扬以往的奉献精神,我就有信心克服困难,完成我们的任务。

但报之以热烈掌声的听众和谭其骧本人都不会料到,他的生命已到了最后的三年五个月,而留给他工作的时间只剩下两年半了。

第十二章

从沿革地理到历史地理学

如果说,1935 年《禹贡》半月刊开始用"中国历史地理"(The Chinese Historical Geography)作为该刊的英文译名还不是完全自觉的话,到谭其骧1942 年起在浙江大学开设"中国历史地理"这门课时,他已经在有意识地开创一门新的学科了。但对中国历史地理学这门新学科的理论、学科性质、研究对象、学科体系、研究方法的认识,他也经历了一个由浅入深的过程,是到20 世纪 60 年代才明确的。

历史地理学的研究在中国有悠久的传统,主要表现在沿革地理方面。所谓沿革地理,主要是研究政区的"沿"和"革"。"沿"是政区建置的延续,"革"是政区建置的改变或撤销,这说明这门学问关注的重点是行政区划的设置和演变,在此基础上,也研究疆域的盈缩、地名的考证和一些主要水道的变迁。但历史地理不是沿革地理的延续,而是在沿革地理基础上的发展,这不仅表现在研究范围上的扩展,更体现在研究性质的变化。关于这一点,20 世纪 60 年代初谭其骧在课堂上是这样说的:

> 历史地理学不同于沿革地理,首先是研究的范围不同。历史地理学的研究对象包括自然和人文的各个方面,而沿革地理仅仅包括政区、疆域、都邑、河渠等有限的几个方面,其中政区和疆域又占了大多数。其次是研究方法的不同。沿革地理一般只依靠文献资料,只采用传统的考据方法,而历史地理学不仅依靠文献资料,而且要充分运用相关学科的研究成果;不仅采用传统的历史学研究方法,而且要进行实地考察和科学实验,利用新技术作为研究手段。更重要的是,就研究的深度而言,沿革地理只满足于描述地理现象的变化,而历史地理学要进而研究这些变化的原因和规律。所以,沿革地理是局部的、初级的现象罗列,而历史地理学则是全面的、高级的本质阐述。当然目前中国历史地理学的研究还远远没有达到这样的程度,但作为一门学科的要求就应该如此,这无疑是我们的努力目标。

谭其骧数十年孜孜不倦地求索,使他从沿革地理走向历史地理学,为中国历史地理学奠定了坚实的基础。他的成就丰富了中国历史地理学,也使更多的人看到了这门新兴学科的深厚潜力和辉煌前途。

历史上的中国和中国疆域的界定

从 1955 年主持重编改绘杨守敬《历代舆地图》开始,如何理解和确定历史上的中国及其疆域范围就成了谭其骧和同事们一个无法回避的难题。如果说在编撰论著时还能有所取舍详略的话,绘制地图却不能有丝毫含糊,用什么颜色,界线画在什么地方都得有明确的理论基础和史料根据,也不能随意空缺。从那时候开始,他一直在思考这个问题,并提出过一些自己的想法。1962 年 6 月 7 日,在复旦大学校庆科学报告会上,他作了《历史上的中国范围、王朝疆域及中国与王朝的关系》的报告,7 月 12 日又在上海市历史学会作了同一报告。当时他只准备了一个提纲,会后着手整理,至 8 月 2 日写成了《历史上的中国和中原王朝》一文。但不知什么原因,这篇文章以后没有发表,现在也没有发现原稿。

在编绘《中国历史地图集》的过程中,编绘人员和学术界有关人士发表了各种各样的观点,其中最突出的意见有两种:一是强调以今天的中国领土为历史上中国的疆域,即凡是在今天中国范围内的一切政权和民族的疆域都属于历史上的中国,否则就不算中国;一是以历史上的中原王朝及传统史家承认的地区性政权为历史上的中国。但前者遇到的最大矛盾是,今天中国的领土比 19 世纪 40 年代前的清朝已经减少了一百多万平方公里,其中包括一两千年前就已在中原王朝管辖之下的地区,如今天的朝鲜北部、越南大部、蒙古国全部、黑龙江以北和乌苏里江以东、新疆境外直至中亚巴尔喀什湖之间地区。如果根据这一原则画历史地图,连一幅清朝的疆域图都画不完全,更不用说汉、唐、元这样疆域辽阔的朝代,因为这些朝代的领土都有相当大一部分在今天的国界之外。另一方面,历史上在今天国境之内的一些实际上独立于中原王朝的政权或自治地区又不得不解释为中原王朝的一部分,似乎中国的疆域自古以来就是那么大,两三千年来一成不变。从后一种意见出发,对今天一些边疆地区,为了证明在历史上是中国的一部分,就只能寻找它们对中原王朝的"归属"关系,不管是名义上的臣服还是打着"朝贡"旗号的贸易,甚或是中原统治者和学者一厢情愿的记载,都被列为"历史证据"。如果连这样的证据都找不到,就会感到理不直、气不壮,无法自圆其说。

正因为囿于今天的国界,有的历史学家和一些发行量很大的中国通史类图书居然将历史上中国与今越南地区的关系解释为"国际关系",将东汉初伏波将军马援镇压交趾二徵(徵侧、徵贰姊妹)说成历史上中国对越南的侵略。在这种观念的影响下,周恩来总理访问越南时曾专程去拜祭徵王庙,为东汉"侵略"过越南表示歉意。其实,当时交趾还是东汉疆域的一部分,对二徵的镇压当然是国内问题,充其量只是统治者对少数民族起义的镇压,谈不上侵略。与此同时,一些自以为是出于爱国主义的人长期沿袭了天朝大国的错误概念,把周边国家都认为是历史上中国的一部分。如一位著名的华侨领袖,在提到东南亚一些国家时,就曾说它们以前都是"中国的"。

这两种意见的侧重点和具体内容虽然不同,但都没有摆脱以中原王朝为中心和大汉族主义的影响,不承认历史上中原之外的、非汉族政权的存在及其合理性、重要性,因而不符合中国历史的实际,也不能解决《中国历史地图集》编绘的原则问题。

经过长期、反复的讨论和实践,谭其骧及同事们最终确定的原则是:"十八世纪五十年代清朝完成统一之后,十九世纪四十年代帝国主义入侵以前的中国版图,是几千年来历史发展所形成的中国的范围。历史时期所有在这个范围之内活动的民族,都是中国史上的民族,他们所建立的政权,都是历史上中国的一部分。"同时确定:"有些政权的辖境可能在有些时期一部分在这个范围以内,一部分在这个范围以外,那就以它的政治中心为转移,中心在范围内则作中国政权处理,在范围外则作邻国处理。"(见《中国历史地图集》总编例,《中国历史地图集》第一册,中国地图出版社 1982 年)对清以前的中原王朝超出这一范围的疆域,也根据实际情况,保持其完整性。

在《中国历史地图集》的编绘工作基本完成以后,谭其骧就在多次学术会议上对这一原则作了理论上的阐述。1975 年 5 月,谭其骧与武汉大学历史系唐长孺教授应国家文物局局长王冶秋之邀,陪同他一起去新疆考察文物保护工作。在新疆期间,谭其骧于 5 月 24 日在乌鲁木齐市、6 月 1 日在库车县、6 月 3 日在乌鲁木齐市三次讲了与新疆有关的历史地理问题,主要是结合历史事实,对如何理解新疆是历史上中国疆域的一部分发表了意见。6月 12 日,他在兰州作了《祖国的西北边疆》的报告,也是根据他对历史上的中国的新见解来阐述西北地区在中国边疆中的地位。9 月 10 日,应在河北承德召开的北部边疆省区文物考古工作座谈会的邀请,他在会上作了题为"对历史时期的中国边界和边疆的几点看法"的长篇报告。事先他来不及写出讲稿,事后由会议工作人员整理出记录稿,12 月 30 日寄给他,由他修改后在内部印发。

在承德，他讲了三个方面：历史时期的中国边界，中原王朝的北部边界，各个边疆地区是谁开发的。这篇讲稿依据大量历史事实，结合新发现的文物考古资料，论证了历史时期中国疆域的范围。考虑到会议的主题，讲稿侧重于北部边界。在当时中苏关系的特殊条件下，还较多地驳斥了苏方的有关言论。

在第一部分，他着重阐明了一点，即某一历史时期的中国边界不等于这一时期中原王朝的边界，这是两个不同的概念，不要混为一谈。中国的边界绝不能仅仅指中原王朝的边界，而应该包括边疆其他少数民族建立的政权的边界，其他少数民族所建立的政权，也是中国的一部分。他指出：有人把今天中国境内各个历史时期的政权，除了中原王朝以外，分为两类，一类承认为中国，对另一类就不认为是中国。还有些人认为，一个地区，过去的历史时期曾受中原王朝的管辖，以后建立了独立政权，可以算是中国的一个地方政权、割据政权；要是这个地方从来没有受过中原王朝的管辖，那么这个地方少数民族所建立的政权，就不能算是中国的政权。这些看法的根源都是大汉族主义在作祟，还是认为只有汉族才是中国，中国就等于汉族政权，都是错误的。中国是一个由多民族结合而成的拥有广大人口的国家，是中华民族的各族所共同缔造的。不仅现在的中华人民共和国是由中华民族的各族共同建设的，就是历史时期的中国，也是由各民族共同缔造的。正因为如此，我们应该把中华民族各族人民的祖先都看成中国史上的成员，各民族的历史都是中国史的一部分，各民族所建立的政权都是中国的政权。我们应该把各个历史时期边疆人民所建立的政权，看得犹如中原地区的分裂政权一样。他举例说："汉朝的时候，中国的北界在哪里呢？就是匈奴的北界，一直到达贝加尔湖一带。唐朝时候中国的北界在哪里呢？应该就是突厥、回纥的北界。同样，其他方向也是如此。唐朝时候（中国）的西南边界在哪里呢？应该就是吐蕃的边界、南诏的边界；东北的边界在哪里呢？应该是室韦的边界、靺鞨的边界。"

这篇讲稿首次比较完整地提出了历史时期中国疆域的概念，引起了学术界密切注意，但因涉及敏感的历史边界问题，所以没有正式发表，以后仅在《中国史研究动态》上刊登了摘要。1979 年 11 月 23 日，他在厦门大学历史系向师生作学术报告，谈了两方面的问题，其中一个就是"研究中国历史地理的一个急需解决的问题——如何正确理解历史时期的中国"，用的就是前一个报告中的观点。

1981 年 5 月，在出席了中国科学院学部大会后，谭其骧应老友、中国社会科学院民族研究所所长翁独健教授之邀，在北京香山别墅参加中国民族关系史研究学术座谈会，又就同一主题作了长篇报告。当时，《中国历史地图集》的修订方案已经中央有关方面批准，谭其骧提出的严格遵照历史事实、实事求是地反映中国历史疆域的具体意见得到采纳，所以他不仅更全面地论述了这一原则和有关的史实，还针对长期流行的"左"的思潮，批评了史学界在羁縻州、称臣纳贡、历史上台湾与大陆的关系等问题上的不实之风。报告的记录稿整理出来后，本拟公开发表，但因他对历史上台湾与大陆关系的论述与流行的说法颇有不同，刊物主编不无顾虑，曾提出将这一部分删去的方案，为谭其骧所拒绝。直到 1990 年，创刊不久的《中国边疆史地研究》决定发表这份记录稿，谭其骧命我作校改，又经自己修改后，以"历史上的中国和中国历代疆域"为题发表于该刊 1991 年第一期。

1981 年 5 月 27 日，谭其骧在中国民族关系史研究学术座谈会上作《历史上的中国和中国历代疆域》报告

在这篇报告中，谭其骧已经涉及了历史上的羁縻州，针对"文革"期间的"左"风，他指出："那时历史学界讳言'羁縻州'，'羁縻'两字不许提，硬要把羁縻都督府、羁縻州的'羁縻'两字去掉，要把它看成和正式的行政区划一样。"尽管因报告的重点在历史时期中国与周边国家和地区间的界线，因而他没有在羁縻州问题上多论述，但实际上这也是编绘《中国历史地图集》过程中的一大难题，并且使他在修订本公开出版以后仍然感到不安。他不止一次对我说过："羁縻州的情况千差万别，但大多数不同于正式政区。现在《图集》虽在图后附了几张表格，图面上却与正式政区毫无区别，难免不使人产生误解，似乎中原王朝的直接统治区一直就有那么大。当然，要画出它们

的具体范围或许根本不可能,但总要有所表示。"

这里有必要对"羁縻州"稍作解释。所谓"羁"就是控制、约束,所谓"縻"就是抚慰、拉拢,正反映了统治者对少数民族聚居地区所实行的政策。当中原王朝或汉族政权的军事力量和政治势力已经控制或影响到少数民族聚居地区时,当然都希望能够将它们纳入自己的疆域范围,建立起经常性的行政区域。但少数民族地区大多地广人稀、经济落后,或山高林密、交通不便,或从事游牧、聚散无常,而且有与汉族差异很大的风俗习惯、语言文化,要设置正式行政机构不但需要派驻官吏、军队,进行移民,背上沉重的财政包袱,而且若处置不当,就会引起当地民族反抗。所以从唐朝开始,陆续在边远地区设置了 800 多个羁縻府、州、县,由朝廷根据地域大小、人口多少、地位强弱、影响或重要性等因素,分别授予当地少数民族首领以都督、刺史等官职,听任世袭或按本族习惯推举。这类羁縻政区不向朝廷交纳赋税,上级政府也不向它们派遣官员或干预它们的内部事务,但必须服从所属都护府、边州都督或节镇的管辖,保持对朝廷的忠诚。由于情况千差万别,这些羁縻政区差异很大,有的已相当于近代的民族自治地区,甚至与正式的行政区没有多大区别,有的却只有相当松散的联系,甚至只有一个名义。所以如果将羁縻政区一概当作正式政区处理,无疑会使中原王朝的疆域大大扩展,但这并不符合历史事实。

撰成于 1986 年的《唐代羁縻州述论》一文,首先对《新唐书·地理志》中羁縻州篇作了阐释和补证,指出唐代正州(正式的州)与羁縻州的区别在法制上可能并未作出过明确的规定,所以有些州在《旧唐书·地理志》中是正州,在《新唐书·地理志》中却列为羁縻州。在此基础上,通过对羁縻州的任命、册封、官职、俸禄、征调、进贡等方面的具体分析,认为唐朝在羁縻州与一般未设羁縻州的称臣纳贡的部族或国家之间,并无明确的制度上的区别。至于羁縻州地区是不是在唐朝的版图,或是不是唐朝的领土,情况十分复杂,往往因地域、民族而异,因时间而变,差别甚大,不可一概而论。大致有三种情况:一、一些边州时而由正州降为羁縻州,时而由羁縻州升为正州,这证明唐朝能够任意改革这些州的建置,自应视为在版图之内;二、有些羁縻州自始至终只是一个虚名,应视为唐朝境外的邻邦部族,如靺鞨粟末部及以后的渤海国、靺鞨黑水部、室韦、新罗等;三、有些羁縻州与唐的关系前后有变化,应按实际情况区分何时为唐土,何时不是唐土,如奚、契丹、高丽、突厥、安西四镇(在今新疆及相邻的中亚地区)、松州都督府(在今四川西南部)、剑南道戎州(在今四川南部)等都督府、江南道黔州都督府(在今贵州境内）、岭南道桂、邕二州都督府（在今广西境内）等，但葱岭（今帕米尔高原）以西的羁縻州一般只能视为境外的藩属。

此文本拟直接发表，但因《纪念顾颉刚诞辰九十周年学术论文集》迟迟不能问世，而原来送交的《唐北陲二都护府建置沿革与治所迁移》一文（作于1980年）已收入《长水集》下册，即将出版，所以将此文送编委会替换。但这本论文集直到1990年才由巴蜀书社出版，印数也仅数百册，了解谭其骧观点的学者仍然有限，是十分可惜的。

创立"七大古都"说

1983年，中国青年出版社出版了一本《中国六大古都》，这六大古都就是北京、西安、洛阳、开封、南京、杭州。但就在前一年，谭其骧发表了《中国历史上的七大首都》，提出了"七大古都"说，即在前面六大古都以外加上了河南安阳。

谭其骧思考这个问题已经有很多年了。他曾告诉我，他记得以前讲中国历史上的首都只是提"五大古都"，20世纪40年代后逐渐流行了"六大古都"说，不知道始作俑者是谁；"我怀疑是张晓峰（其昀），他长期在浙江大学，对杭州偏爱。但我一直没有找到证据。"他认为"五大古都"的提法是合理的，从各方面看，北京、西安、洛阳、开封、南京都胜过其他古都，所以不赞成提"六大古都"。但既然"六大古都"说已经流行，而且杭州在中国的古都中也的确具有重要地位，讲课时就不能回避。但他将杭州与其他古都相比，觉得安阳的重要性实在不在杭州之下，所以就将安阳与杭州加上五大古都，称之为七大政治中心。20世纪60年代在给复旦大学历史系历史地理专业学生上课时，谭其骧就采用了这一说法，用于区别当时通行的"六大古都"说。又经过多年考虑，他逐渐形成了"七大古都"的想法，并在20世纪70年代后期的学术报告中正式提出了。1981年，谭其骧以此为题向复旦大学历史系的学生作了一次报告，我作了详细记录。

当年底，华东师范大学的《历史教学问题》多次索稿，谭其骧感到盛情难却，可又苦于抽不出时间来写一篇文章。建议即以"七大古都"为题，由我根据报告记录稿整理出初稿，他改定后发表。第一部分七大首都的建都过程改定后，字数已有数千，编辑觉得可以分期刊登，因此以"中国历史上的七大古都（上）"为题发表于该刊1982年第一期。以后又发了中篇，下篇却始终没有完成。

1987 年 4 月,我随谭其骧去河南安阳,参加该市方志办召开的一个小型论证会。在 20 日的会上,谭其骧对安阳应列为七大古都之一的理由作了进一步论述。1988 年 8 月,中国古都学会在安阳召开年会,一致同意采纳谭其骧的建议,改"六大古都"为"七大古都",将安阳列为七大古都之一。学会还决定编写《中国七大古都》一书,仍由《六大古都》原主编陈桥驿任主编,中国青年出版社出版,并拍摄电视片,在中央电视台和各大电视台播放。

1987 年 4 月,谭其骧赴安阳考察,在邺城遗址题词(左二为谭其骧)

当年 11 月 16 日,在给他的学生、中国社科院历史所史为乐的信中,谭其骧谈了他提出"七大古都"说的一些想法:

安阳论建都之早应比长安、洛阳早,安阳始于商代之殷,而长安则始于周之丰镐,洛阳则始于周之洛邑。惟建都时间之久则安阳自比长安、洛阳、北京等差得多。殷墟 273 年,加上邺都几十年,安阳建都充其量不过三百多年,怎能比得上长安、洛阳?也赶不上北京、南京,仅比开封、杭州长久一些而已。我首创七大古都之说,只是就古而言,不应只计周以后,不计殷代。长安可丰、镐、咸阳、汉唐长安合计,安阳自亦应殷、邺合计。而安阳在隋以前作为重要古都之一,不应因其隋以后之衰落而不计也。

六大古都之说,实由于六大古都为今日北京、南京、西安、洛阳、开封、杭州六大城市之前身。安阳只是一个中等城市,比不上这六大城市,便被忽视或遗忘了。其实既讲古都,自只应问在古代是否为都城,不必问今日是否为大城市也。鄙人之所以要创议改六为七,实意在求实,非标新立异也。

《中国七大古都》一书请谭其骧作序,他利用这个机会,对《中国历史上的七大古都》一文作了简单补充。谭其骧逝世后,我以《序》为主,补入前文(上)(中)部分的内容,改写为《中国历史上的七大首都》,编入《长水集续编》。这与谭其骧要写一篇更完整的论文的愿望肯定不符,但要在一篇文章中比较全面地表达他的看法,舍此也没有别的办法。

正因为如此,谭其骧对"七大古都"说的一些看法并没有完全包括在这篇文章之中。他逝世后,马正林在《陕西师范大学学报(哲学社会科学版)》1993年第二期发表了《论确定中国"大"古都的条件》一文,对安阳列为七大古都之一提出异议。如果谭其骧还健在的话,他一定会乐意回答马正林的驳难的,因为他曾多次对我谈过他的想法,有的正可用以答复马正林。

例如,谭其骧曾指出:"历代统治者择都的条件是多方面的,主要是军事、政治、经济三方面,但在不同的历史条件下的侧重点是不同的,实际并没有十全十美的首都,就是拿当时的标准看也是如此。所以我们今天讨论古都,也应该综合起来看,不能一条条死扣标准。拿杭州与安阳相比,用今天的地位是无法比的,但在历史上安阳的地位至少不在杭州之下。宋高宗选择杭州,而不选更有利于恢复的建康,主要是满足于偏安局面。杭州的优势主要也是经济、文化,包括名胜风景,一定要说军事上、政治上或者地理条件如何如何好是说不通的。不过因为杭州一直是全国闻名的城市,把它列为古都之一就很容易为人们所接受,而安阳就没有这个条件。但我们研究历史地理的人不能这样看,应该综合分析。不赞成安阳列入大古都的意见中主要一条,是安阳与殷、邺不完全在一个地方。如果一定要完全重合,那么周的丰镐、秦咸阳、汉长安与隋大兴、唐长安都不重合,它们之间相差的距离比邺与今天的安阳只多不少,甚至比殷与邺的遗址间的距离还要大。为什么它们可以合起来作为一个古都的发展过程,殷、邺与安阳就不可以呢?邺被杨坚焚毁时,它的居民以及行政机构相州、邺的治所都迁到了安阳,而且以后安阳就改名为邺,直到北宋才归入临漳县,所以安阳与邺是有承继关系的。既然它们有这样的关系,距离也不能算很远,为什么不能把安阳作为殷、邺的后身呢?"

1991年夏,上海古籍出版社约请复旦大学赵永复撰写一本《十大古都》,

他征求谭其骧的意见。由于出版社要出"十大系列",非"十"不可,谭其骧感到很为难,他认为古都的划分只能取若干标准,非以"十"为界不可就比较牵强。他对我说:"古都有不同的等级,不能硬凑数。比如说西安、洛阳、北京是一个等级,加上开封、南京作五大古都是第二个等级,再加上安阳与杭州是第三个等级,但不能随便定一个数正好也是一个等级,非要'十大'就很难办。我提七大古都,就是考虑到安阳与杭州应在同一等级,至少不比杭州差。而且安阳的条件的确要比排在后面的古都好不少。安阳当然不能与西安比,也不如南京,但可以与杭州比。"

如果认真理解谭其骧的意图和观点,我们就不难发现,马正林的一些反对意见其实并没有抓住关键,但进一步讨论无疑会有利于学术界逐步取得共识。不过,在谭其骧提出"七大古都"说后的七八年中马正林并没有提出不同意见,直到1991年才将批驳文章送到《历史地理》要求发表。当时谭其骧已生命垂危,自然无法再对这篇文章作出反应。编辑部有鉴于此,将文章退回,马正林才改投《陕西师范大学学报(哲学社会科学版)》。出现这种缺席争鸣的局面,不能不使人感到遗憾。

历史自然地理研究的硕果

1955年4月9日下午,谭其骧在地图出版社作学术报告,题目是《黄河与运河的变迁》。这引起了地理学界不少人的注意,《地理知识》杂志编辑部派人来作了记录,会后他们将记录稿交谭其骧审订,要求在杂志上发表。人民出版社闻讯后,与谭其骧商议,希望他能写成一部专著,初步商定由三联书店出版,不久还寄来了200元预支稿费。6月14日,谭其骧将讲稿修订完毕,以后又补画了地图,发表于当年第八期和第九期《地理知识》。在这次报告的准备过程中,谭其骧把黄河有史以来的变迁分成唐以前和五代以后二期,指出黄河在前期决徙的次数并不很多,基本上利多害少,后期却决徙频仍,害多于利。发生这种变化的原因,是整个流域内森林、草原的逐渐被破坏,沟渠、支津、湖泊的逐渐被淤塞。但同时他也发现,黄河的灾害不是一贯直线发展的,而是在中间有过一个大曲折;前期的灾害比后期少,在前期本身范围内,灾害也不是一个愈演愈烈的过程。过去研究黄河史的学者,习惯于把各个时期黄河灾害轻重的原因,归于时世的治乱和防治工程的成败,这也与史实不符。乱世未必多灾,治世却常常有决溢泛滥。归于治理工程的成败更不可思议,难道数千年来工程技术是在退步吗?元明清时的贾鲁、潘季驯、靳辅等人主持的治河工程难道反而不如东汉的王景和传说中的大禹吗?对于这些矛盾,当时他还没有找到有说服力的答案。

1957年,在编绘西汉河北地区的地图时,谭其骧发现杨守敬《历代舆地图》中西汉河北水道的画法不符合《汉书·地理志》的记载,而《汉书·地理志》的记载又可以证明《说文》《水经》中有关部分存在错误。将这些史料综合分析,可见西汉时河北平原上的主要河流是分流入海的,还没有像以后那样合流于今天津,形成海河水系。直到公元3世纪初曹操开白沟和平虏渠以后,才逐渐使各条河的下流淤塞,合流入海;这一过程也就是从《汉书·地理志》所记载的状况发展到了《水经注》所记载的状况。适逢复旦大学在5月27日召开校庆学术报告会,谭其骧便将这一探索成果在历史系作了一次题为"海河水系的形成与发展"的报告。当时因时间匆促,来不及写成论文,只在5月20日写了一个报告提纲,附上几篇用文言文写的考证几条水道变迁的笔记,印发给听众,事后还寄发了几十份给有关的科研单位和历史地理学界的同行。由于各方面索取者甚多,以后又加印了两次。此后谭其骧因忙于编图,一直没有时间将提纲写成论文。但这一研究成果已得到广泛运用,治理海河的基本思路,就是通过人工开凿的水道将海河水系众水合流入海变为分流入海。

可是到1983年,中国科学院地理研究所的黄盛璋居然以提纲为主要内容,在《历史研究》第六期发表了《曹操主持开凿的运河及其贡献》,文末还加上了这样一段话:"此文系根据作者多年来文献图籍的搜集,历史地名的考订,路线的恢复与分析,特别是前后几次实地考察访问的结果,试图加以总结,尽可能去粗取精,去伪存真,力求符合实际。"只字不提早在25年前谭其骧已作出这样的研究成果,并且已将报告提纲寄赠给他。其实在20世纪70年代末至80年代初,此人就在多次学术讨论会上散发过同一篇文章,记得题目为《曹操开白沟运河》,大概因为作于"文革"时期,文中还有称曹操为"法家"的地方。我随谭其骧外出开会,就至少收到过两次。虽然一看就知道所用观点即他1957年报告中所讲,谭其骧却毫无意见。因为他一向认为学术乃天下公器,对别人引用他的观点或结论而不注出处,包括未征求他意见就采用了他课堂上讲的内容,他都持宽容态度。记得有一次,有人告诉他,东北某教授的隋唐史即据他以前的讲稿改编,他一笑了之。还有人称,某人某书用的是上谭其骧课时记下的笔记,谭听后却说很好:"教师自己没有时间整理出来,学生能用来写书,不是很好吗?"但此人这段话却引起了谭其骧的

气愤,他在《长水集》的《自序》中写道:

> 学术乃天下之公器,自己有所发现,尽管还没有写成论文正式发表,既然人家急于想知道,利用此项研究成果,我认为不应保密,应该有求必应。自 1957 年至今二十多年,已有许多书刊、论文、历史地图采用了此项研究成果,我从不以此为忤。但想不到去年竟有人(我曾寄赠报告提纲给他)以此为主要内容,写了一篇专文公开发表,文末还说这是他多年钻研的收获,这就不能不使我吃惊了。此人在学术界已有一定地位,不知何以竟无视科学道德一至于此? 宁不可叹!

知道内情的人都为之不平,在谴责此人毫无科学道德的同时,也敦请谭其骧务必把全文写出来。谭其骧考虑到自 1957 年来有关的考古发掘、野外调查和专题研究已发表了不少,而自己实在抽不出时间搜集研究,因而仅就旧稿作了充实改写,于 1984 年 7 月 15 日脱稿,1986 年发表于《历史地理》第四辑。

1957 年夏天,侯仁之主编《中国古代地理名著选读》,特邀谭其骧去青岛,集中一个月的时间撰写其中的《〈汉书·地理志〉选释》。限于篇幅和时间,谭其骧在全志 103 个郡国中选了 6 个郡。在撰写的过程中,他发现不仅在中原地区的今河南河北,就是在西南的云贵高原、西北的河西走廊,《汉书·地理志》中所记载的水道经流都与后世有不同的地方,这就说明全国很多地区的河流在历史时期都不断在发生变化,这应该成为历史地理研究的重要内容,而这正是传统的沿革地理和以往的研究的薄弱环节。此前谭其骧的研究是以政区沿革为主的,从此扩展到了水道变迁等历史自然地理方面。

1958 年,江苏省有 10 个县划归上海市。1959 年起在上海市西部发现了新石器时代的遗址,报刊上不少文章据此批判以前中外学者关于上海成陆历史不过一两千年的说法,认为考古发现证实了上海的历史至少已有五六千年之久。谭其骧认为:1958 年前的上海仅指市区,在冈身以东,而此后的上海包括了 10 个郊县,有大片土地是在冈身以西,二者的范围相差极大,不可混为一谈。在冈身以西发现新石器时代遗址并不能证明冈身以东也有那么长的历史,以往学者的结论并不能轻易否定。因此他根据文献资料,结合考古发现和地理研究成果,论述了上海地区不同时期的成陆过程,先后发表了《关于上海地区的成陆年代》(载《文汇报》1960 年 11 月 15 日)和《再论关于上海地区的成陆年代》(载《文汇报》1961 年 3 月 10 日)。谭其骧指出:这一过程相当复杂,既不能如以往某些学者所认定的是按同一速度每 60 年或 69 年向外延伸一英里,也不能因为西部发现了新石器遗址就不承认大陆的东部成陆于较近的历史时期。

谭其骧的文章刊登后,其他学者又发表了一些不同意见。至 20 世纪 70 年代,上海地区有一些新的考古发现。尽管谭其骧认为他的基本观点无需改变,因为这些论据并不能推翻他的结论,但还是认真地修正了原来论文中某些与新发现不符合之处和原来对文献资料理解不尽合理的部分,于 1973 年写了《上海市大陆部分的海陆变迁和开发过程》一文,发表于《考古》1973 年第一期。该文中将上海大陆部分分为四区,论证了各区的成陆时间、速度的差异、人类各项开发措施对成陆速度的不同影响,也论述了同时发生的某些地点陆地不断沦没于海的现象,使海陆变迁的两个方面都得到了反映。

1982 年,上海社会科学院编辑《上海地方史资料》,要重新发表这些论文,征求谭其骧的意见,为此谭其骧写了长达数千言的后记。在后记中,他坦率地承认了对旧捍海塘塘址考订的失误,纠正了前几篇文章中在这一点上的自相矛盾;对决定上海地区成陆速度的自然因素作了补充,即除了长江所挟带的泥沙量的多少和长江主泓道的南北摆动,还应该考虑气候变化对海平面升降的影响。这对本课题的进一步深入研究无疑是有启发性的。

谭其骧对黄河变迁史的探索终于在 20 世纪 60 年代初找到了新的答案。他从导致黄河决溢改道的地理环境着手,肯定泥沙淤积是关键因素,而黄河泥沙的主要来源是中游泾、渭、北洛河水系流域的黄土高原。在同样的降水条件下,植被保存的好坏会使水土流失量悬殊,因此当地人民土地利用的方式是影响水土流失甚至黄河灾情的主要因素。从历史事实看,秦汉以前,山陕峡谷流域和泾渭北洛河地区人民还是以畜牧、狩猎为主要生产手段,原始植被未受破坏,水土流失轻微。秦始皇、汉武帝大规模向西北边郡移民的结果,导致该地区被不合理开发,牧地、荒地辟为农田,引起水土严重流失。东汉以后,以牧为主的少数民族逐渐迁入该地区,经营农业的汉人日益减少以至基本退出。此后几个世纪中,该地区重新成为牧区或半农半牧区,天然植被得到恢复,水土流失得到控制。显然,这才是东汉以后黄河长期安流的根本原因。1961 年 5 月,谭其骧在复旦大学校庆科学报告会上以此观点作了讲演,1962 年初整理成《何以黄河在东汉以后会出现一个长期安流的局面——从历史上论证黄河中游的土地合理利用是消弭下游水害的决定性因素》一文,发表于《学术月刊》第二期。

在论文最后,谭其骧结合历史经验,谈了黄河中游的土地利用规划,并展望了黄河流域的前景:

> 黄河中游山陕峡谷流域和泾、渭、北洛上游地区这两区,按其自然条件而言,本来是应该农、林、牧兼营的地区。农耕只应该在不容易引起水土流失的平地上精耕细作地进行,不应该扩展到坡地、台地上去,这是地理学家、水利学家、农学家们早就作出的科学结论。我们在上面所讲的历史事实更充分证实了这一点:什么时候的土地利用合乎此原则,那末本区与下游同受其利,反之,则同受其害。因此当前我们建设社会主义新中国,要根治黄河水害,开发黄河水利,繁荣整个流域经济,那就必须对中游这二区的土地利用予以充分的注意,作出缜密合理的安排与规划。否则,不仅当地人民的生活无法改善提高,下游也不可能单单依靠三门峡水库就获得长治久安。因为三门峡水库的库容不是无限的,中游的水土流失问题不解决,要不了一百年,泥沙就会把水库填满。
>
> ……因此健全的方针应该不是消极地单纯地耕地退耕,而是积极地综合地发展农、林、牧,结合着农、林、牧生产的提高和收益的增加,逐步移转或减缩耕地,变土地的不合理利用为合理利用。具体的措施是四化:1.山区园林化。封山育林,同时利用所有荒坡、荒沟、荒地,大量植树种草。这样做不仅可增加林、牧业收入,并且对蓄水保水,调节气候,改良土壤都会发生良好作用。2.沟壑川台化。在沟壑中打坝淤地,制止沟蚀,变荒沟为良田。这样做既能有效地控制水土流失,又为逐步停耕坡地,把耕地从山上坡上转移到沟川准备了条件。3.坡地梯田化。用培地埂的办法,起高垫低,把坡地修成一台台的梯田。4.耕地水利化。打井,挖泉,开渠,修水库,天上水、地面水、地下水一齐抓,节节蓄水,层层灌溉。3、4 二项都是改造现有耕地,提高产量,减少水土流失的有效措施。

可惜在"左"的思想和政策的影响下,这一重要结论和建议非但未受到应有的重视,十年动乱中反而成了他反对"以粮为纲"的罪状。但近年来的大量科学研究和实地调查的结果已经充分肯定了这篇论文的价值,他的建议也已成为正在实施的政策和措施。

1973 年 3 月 20 日,谭其骧收到了老友、中国科学院地理研究所所长黄秉维的来信,请他担任《中国自然地理》历史地理组编委会委员,请复旦大学历史地理研究室承担其中《历史自然地理》分册的主要编撰任务。这是一个列入中国科学院 1973—1980 年重点科学规划的重要项目,由竺可桢副院长任编委会主任,黄秉维、郭敬辉任副主任,将组织二三十个单位协作。全书由 12 个分册组成。3 月 25 日,在征得学校同意后,谭其骧复函黄秉维,同意承担任务,但希望等《中国历史地图集》的编绘工作完成后再开始。12 月下旬,谭其骧在北京参加审图会议期间,和黄秉维、史念海、瞿宁淑等举行了多次会议,拟定了《历史自然地理》的纲目和分工方案,复旦大学将承担历史时期的水系变迁一章的主要部分,即黄河、长江和辽河。1974 年 1 月 12 日,研究室决定由谭其骧先拟出黄河、长江演变的大纲,他在 28 日完成,交研究室讨论。

1973 年 6 月 10 日,竺可桢致信谭其骧,讨论谭其骧对《中国近五千年来气候变迁的初步研究》所提意见,并邀请谭其骧担任《中国自然地理》历史地理组编委会委员

为了弥补实地考察的不足,谭其骧建议利用编撰《历史自然地理》的机会,组织对黄河下游地区和长江中下游地区的调查考察。他还提议先组织一次对澄湖一带的历史地理调查考察,作为试验。7 月 8 日,谭其骧一行 12 人对江苏吴县、吴江、昆山三县(今苏州市吴中区、吴江区、昆山市)太湖以东和东太湖地区进行了一次考察,在八天时间内经车坊、甪直、周庄、同里、吴江、洞庭东山等地,考察了古文化遗址、出土文物、古河道、泥沙淤积、堤岸崩

塌、水利设施,搜集了有关资料。考察结束后,由谭其骧和张修桂合作写出了调查报告。这是谭其骧第一次组织和参加野外考察,但因此后"政治任务"不断,应接不暇,加上《中国历史地图集》的后期工作使他无法脱身,原定的考察计划一推再推。

1977年4月15日,谭其骧到武汉参加长江中下游河道特性及整治规划研究工作成果交流座谈会,会后与张修桂、袁樾方一起先后去湖北洪湖,湖南岳阳、长沙,江西南昌、九江、湖口等地调查考察,历时二十余天。同年6月5日,66岁的谭其骧不顾接连外出的劳累和日渐严重的高血压,与邹逸麟、王文楚、赵永复在郑州、荥阳、安阳、浚县、滑县、濮阳、大名、邯郸、新乡、延津、开封、徐州调查考察,7月10日才回到上海。这两次考察使谭其骧对长江、黄河的变迁增加了大量感性认识,特别是对黄河下游河道变迁及其造成的影响所作的实地调查使他对黄河变迁规律的认识产生了升华,最终构成了关于黄河下游河道变迁的名作。

《历史自然地理》各章的初稿写出后,1976、1977、1978年分别在西安、开封、上海三地举行了累计达四个多月的审稿会议,于1978年初基本完成。全书是由谭其骧、史念海、陈桥驿汇总、修改和定稿的,但就在最后一次审稿会议于华东师范大学结束后三天,谭其骧突发脑血栓,长期住院,所以由陈桥驿完成了定稿的后期工作。这是我国第一部历史自然地理专著,尽管内容还不够全面,已经写到的部分也有畸重畸轻的现象,如水系占全书的73%,而黄河、长江又占水系的63%,沙漠、气候的篇幅极少,但还是填补了长期存在的空白,所以1982年由科学出版社出版后就受到国内外学术界高度重视。谭其骧不仅承担了主编的责任,而且主持了黄河、长江两节的编写,这两节中对黄河、长江历史变迁的重大突破都出自他的思路。此书的完成,也是谭其骧的历史自然地理研究进入成熟期的标志。由于此书的容量有限,他已取得的成果先后以专题论文的方式发表。

西汉以前的文献记载极少,古今学者讲西汉前的黄河故道,都只知道见于《尚书·禹贡》记载的那一条。从司马迁的《史记·河渠书》开始,直到清代研究黄河变迁的名著——胡渭的《禹贡锥指》、现代研究黄河的巨著——岑仲勉的《黄河变迁史》,叙述黄河的历史都是从"《禹贡》大河"开始的,都没有注意到在《山海经》中还隐藏着相当丰富的有关黄河下游河道的具体资料。1975年,谭其骧在研究先秦时代黄河下游河道的位置时,发现了这一秘密。尽管在《山海经》中没有像《禹贡》那样有一节"导河"来记载黄河的具体流路,却在《山经·北次山经》中记录了数十条黄河下游的支流。谭其骧发现，与《汉书·地理志》《水经》及《水经注》中所载的河北水道作比较，这些支流的终点即它们流入黄河的地点不同于后世，所以只要将这些支流的终点连接起来，就可以钩稽出一条经流确凿、远比《禹贡》河水详确的古河道，这就证明了西汉以前的黄河水道绝不止《禹贡》大河这一条。1978年，谭其骧将这一考订过程撰为《〈山经〉河水下游及其支流考》，发表于复刊后的《中华文史论丛》。在《〈长水集〉自序》中，谭其骧说："这是我的一篇得意之作。古今学者讲到汉以前古黄河全都只知道有一条见于《禹贡》的河道，谁也不知道还有其他记载。如今被我从《山经》中找出这么一条经流凿凿可考，远比《禹贡》河水详确得多的大河故道来，怎不令人得意！"

但谭其骧的研究并没有因为得意而止步，他进而考虑另一个重大课题：西汉以前的黄河河道是不是只有已知的几条，也就是说，在西汉以前黄河究竟改道过多少次？前人有两种看法。一种是认为汉以前只发生过一次改道，那就是《汉书·沟洫志》所载王莽时大司空掾王横所引《周谱》中"定王五年河徙"这一次。从东汉的班固、北魏的郦道元、南宋的程大昌，到清代的阎若璩、胡渭都是如此。胡渭的《禹贡锥指》将黄河有史以来至清代的改道归纳为"五大徙"，这是第一次，他认为发生在春秋时周定王五年，即公元前602年。岑仲勉也持此观点，只是将发生的年代改为战国时的贞定王五年（公元前464年）。另一种是认为《周谱》的记载不可信，汉以前黄河根本没有改过道。首先提出这一观点的是清嘉庆、道光年间的学者焦循所著《禹贡郑注释》；史念海《论〈禹贡〉的导河和春秋战国时期的黄河》一文更进一步提出，见于《汉书·武帝纪》元光三年的"河水徙从顿丘，东南流入勃海"，才是历史上的第一次改道。

谭其骧认为，从黄河下游的地形特征分析，黄河在汉以前不可能不改道，《周谱》中的记载只是很多次改道中偶然被保留下来的一次，以上两种看法都不正确。不过，再要在文献记载中寻找当时的黄河故道目前已无可能。谭其骧把目光转向考古发现，果然找到了新的论据。因为迄今为止的考古发掘，从新石器时代直到春秋时期，河北平原中部始终存在着一片极为宽广的空白，其间既没有发现过有关的文化遗址，也没有任何城邑聚落的可靠记载。这片空白直到战国时期才逐渐消失。谭其骧指出：由于这片空白正是河北平原相对低平的地区，在战国中期黄河筑堤之前水道经常在这一带摆动。因为没有河堤的约束，每遇汛期，黄河不免漫溢泛滥，河床渐渐淤高，每隔一段时间就会改道，所以人们不会在这里定居。而在筑堤以后，经常性的泛滥和频繁的改道得到控制，两岸的土地才逐渐开发，大小居民点才会形成。因此谭其骧在《西汉以前的黄河下游河道》一文得出了一系列重要结论：汉以前至少可以上推到新石器时代，黄河下游一直是取道河北平原注入渤海的。黄河下游在战国筑堤以前，决溢改道是屡见不鲜的事，只是因为当时河北平原中部人烟稀少，荒芜寥落，黄河改道对人民生活的影响很小，因而为一般古代文献记载所不及。见于《周谱》记载的周定王五年那一次"河徙"是汉以前唯一被记载下来的一次改道，但绝不能说事实上汉以前只改过这一次道。不能因为胡渭对这次改道的解释不可信，而否定这一记载。黄河下游河道见于先秦文献记载的有《禹贡》河及《山经》河这二条，见于《汉书·地理志》《沟洫志》和《水经注》的西汉河道，既不是"禹之旧迹"，也不是形成于周定王五年的河徙，更不可能迟至汉武帝元光三年黄河在顿丘决口后才形成。《汉书·地理志》所载河道始见于公元前 7 世纪中叶，并且是春秋战国时代长期存在的河道，《禹贡》《山经》二河形成较晚，目前无法决定二者的先后。春秋战国时黄河下游可能有东（《汉书·地理志》河）、西（《禹贡》《山经》河）二股长期并存，迭为干流，而以东股为常。战国筑堤以前，黄河下游曾多次改道，但黄河经流每条河道的确切年代已不可考。约公元前 4 世纪 40 年代，齐与赵、魏各自在河的东西两岸筑堤，从此《禹贡》《山经》河断流，专走《汉书·地理志》河，沿袭至汉代。

为了正确显示历史时期长江流域的地貌和水系的变迁，谭其骧曾与张修桂等一起搜集、整理、研究了大量文献、考古和水文调查资料，对古代的云梦、洞庭湖、鄱阳湖的演变过程得出了与传统说法迥然不同的结论。关于洞庭湖和鄱阳湖的演变由张修桂写成论文，他自己撰写了《云梦与云梦泽》一文。他作出的结论是：古籍中的云梦乃是泛指一个楚王游猎区，包括山、水、湖、平原等多种地貌，范围也极为广阔。云梦泽只是其中一部分，位于大江北岸，主要在江汉之间，与云梦游猎区不可等量齐观。先秦的云梦泽有三部分，但从战国至南朝已先后淤为平原，或被分割为更小的湖泊和陂泽。令人惊喜的是，湖北省的地质工作者通过大量钻探和实地调查得出的结论，与谭其骧不谋而合，即历史上不存在跨大江南北的云梦大泽。

让古代瑰宝重现光彩

1958 年在安徽寿县出土了战国时楚国鄂君启节，节上的铭文说明了当时楚国境内的水陆交通路线，是很有价值的资料。考古学界不少人作了研究考释,但由于没有正确解释节文中的地名,所以无法复原出当时的交通线路。商承祚就其中一些地名函询谭其骧,促使他对节文中的地名和路线作了一番考订,写成了《鄂君启节铭文释地》。以后为答复黄盛璋的驳难,又发表了《再论鄂君启节地理答黄盛璋同志》一文。应该说,节文中涉及的水陆路线至此已大致复原,得到了合理的解释。但谭其骧觉得某些问题仍有进一步修订补充的必要,因此当 1966 年文物出版社通知他准备将两篇论文汇入专集时,他又动手写一篇后记附入集中。文章尚未写完,"文化大革命"就开始了。到 1981 年汇集《长水集》文稿时,连那写好的一半也没有找全。但在谭其骧的遗物中,保存着商承祚的全部来信,从中也可以看出他们当年为研究鄂君启节的热烈讨论和深入探索。

1973 年,长沙马王堆三号汉墓出土了三幅汉文帝时代的帛制地图,其中最重要的一幅是长沙国西南部当时的深平防区和相邻地区的地形图。原图已断裂成 32 大块和一些碎块,经整修拼合为 32 块,文物出版社摄成缩小为原来一半的照片供拼合复原。1974 年 8 月 27 日,谭其骧收到国家文物局金冲及寄来的照片,请他进行研究并撰写论文在《文物》杂志上发表。谭其骧先将照片交给研究室一位教师拼合,但没有拼成;又交给张修桂试拼,取得成功。

10 月 2 日,谭其骧利用国庆假期,开始撰写第一篇研究马王堆地图的论文《二千一百多年前的一幅地图》。在马王堆地图被发现之前,中国地图史学者对西汉地图的评价只能依照西晋地图学家裴秀的说法:汉氏舆地及括地诸杂图"各不设分率,又不考正准望,亦不备载名山大川,虽有粗形,皆不精审,不可依据"。(《禹贡地域图序》,载《晋书·裴秀传》)但在仔细研究了这幅古地图后,谭其骧认为裴秀的说法是完全不可信的。由于"水道画得是否准确,最足以说明地图的精密程度",为了对这幅地图的精确度有一个客观的估价,他花了好几天时间将图上所绘的水道与以后各种地图作了比较,发现图的主区深水流域诸水的屈曲轮廓,"大体都接近于今地图,有些部分几乎没有什么差别,各水支流注入干流的次序,也都符合实际情况","所以总的说来,这幅图的主区部分准确性很高,下这样一个结论,绝非过誉"。但近邻区的水道画得较差,远邻区的水道极其粗讹,精确程度更谈不上。不过这类错误,主要是由于制图者对邻区的地理状况了解不够或不了解所致,这种现象屡见于传世的南宋以来、晚清以前的各种地图。到 10 月 24 日,谭其骧写出初稿;25 日开始抄写,晚上与张修桂作了一番讨论,然后继续抄稿。在抄到关于图的精确度这一段时,他又查了几幅清地图,发现这幅图的主区部分和采用现代测绘技术以前的旧图相比,绝不比任何图差,就连《嘉庆一统志》的永州府图和以《内府舆图》为蓝本的《大清一统舆图》的这一部分，也都不及此图准确。他为之而兴奋，居然不知道手表已停了，一直写到凌晨两点多。第二天他又改写了原文中有关制图学的一节，得出的结论是："它不仅是一幅到今天为止我们所能看到的最古的地图，同时又是一幅足以显示我国制图学早在二千多年前业已达到高度科学水平的地图。"

第二篇《马王堆汉墓出土地图所说明的几个历史地理问题》，是前文的续篇，专谈此图所涉及和说明的历史地理问题：

《史记》《汉书》中对汉初长沙国南界的记载非常简略，对长沙国如何从汉初很大的疆域缩小到西汉末较小的范围的过程也语焉不详，但根据这幅地图所绘，可以确定当时长沙国桂阳县一段的南界，正好弥补了文献资料的不足。将文献记载与地图所显示的情况结合起来，就可大致复原出长沙国整条南界。这条界线既不与五岭重合，也与《汉书·地理志》中桂阳、零陵二郡南界不同，还证实了汉高祖在划界时确实采取了"犬牙相入"的原则。

文章具体考证了长沙国西南边区的八个县治。这八县都见于地图，其中三县不见于《汉书·地理志》，经具体考证，在主区和近邻区的五县中有四县都有补正文献记载、确定故城方位的作用。同时说明在局部地区，秦县的数量未必比汉县少，秦朝对边疆地区的经营相当重视，在非华夏民族聚居区已开始设置县治。文章还对地图上的水道名称作了考证。

谭其骧采用的是由张修桂拼合的地图，论文写成后又由张提出过修改意见。他打算与张联合署名，但研究室负责人周维衍反对，他只得改为单独署名，而在文章中提到张修桂复原的经过。10 月 29 日下午文章寄出后，他与周维衍谈及此事，周维衍连提到张的名字也反对，谭其骧无奈，当晚与张商议，取消了叙述地图复原的第一段，改用一二百字的说明，第二天上午交张和周维衍看过后寄往《文物》杂志出版社。12 月间，《文物》将原文与由《帛书》整理小组拼合的地图寄来，谭其骧又作了一次修改。这两篇论文分别在 1975 年《文物》第二、第六期发表，以后又编入文物出版社的《古地图论文集》和湖南人民出版社 1981 年出版的《马王堆汉墓研究》。

这两篇论文确立了这幅 2100 多年前的古地图的科学价值和历史地理学意义，国际权威的地图学史著作已经采用了谭其骧的结论，重新评价了中国早期的制图学成就。美国明尼苏达大学地理系教授、地图学家徐美龄告诉我，她对中国古地图的兴趣和研究就是从阅读谭其骧这两篇论文开始的。她为《世界测绘史》撰写其中有关中国地图学史部分时，就是按谭其骧的论文评价了马王堆地图和汉以前的制图学成就，并将稿子寄我审阅。

1981 年，为庆祝英国李约瑟博士八十寿辰，上海古籍出版社筹备出版纪念论文集《中国科技史探索》，征稿于谭其骧。鉴于李约瑟对中国科技史的贡献和此书的国际性特点，他决定写一篇阐发《山海经》中《五藏山经》科学价值的长篇论文。

在我国最早的有关地理的著作中，人们对《山海经》一直评价不一。谭其骧认为对《山海经》各部分应该加以区别，其中的《山经》从内容到形式都以叙述山川物产为主，是很有价值的地理书。但《山经》同样掺杂着诡谲荒诞的幻想和臆测，前人注释中的问题也不少，必须去伪存真，才能恢复其本来面目。从 19 世纪末开始，吴承志等中国学者和西方一些汉学家把《山经》所描述的最远处解释得相当遥远，如《西山经》远达今帕米尔高原、阿富汗等地区，《北山经》至于今蒙古和东西伯利亚，《东山经》包括今朝鲜、日本和俄罗斯的远东、库页岛。国外学者甚至提出《东山经》所指为北美及中美洲，如"无皋之山"为加州圣巴巴拉附近二山，而"幼海"则实指圣巴巴拉海峡。谭其骧以为任何解释都不能离开经文本身，重要的是要具体弄清《山经》中每座山所指，相互间的实际方位和里距，因为《山经》中的二十六经，每经从首山后的第二山开始就记载了方向和里距，如能最大限度地复原出其中一部分，其地域范围就可以大致明白了。

这项研究的艰巨程度是无需赘述的，要不，古今中外如此多的《山海经》学者早会有正确结论了。对这一点，读过这篇论文的人是不难理解的。他断断续续写了数月，有几次曾停笔多日，苦于史料太少，找不到起码的证据。4 月 23 日下午，我到他家去，发现他兴致甚高。他告诉我："昨晚搞得很晚，终于解决了一个大问题。"原来对《南山经》首经的十山，仅首山招摇山又见于本书《大荒东经》，以下各山均不见他书记载。如果不能确定招摇山所指，整列山的位置就无法落实。他仔细研究高诱、郭璞、毕沅、全祖望、郝懿行等人的注释，认为招摇山即今广西龙胜县大融江发源处之山。今大融江长仅数十里，南流至灵川县入漓江，但在秦始皇前，即史禄未凿渠沟通湘漓分湘入漓时，大融江被视为漓江源头是很正常的，所以自灵川以下的漓江也会被称为融水。长沙马王堆出土的汉初长沙国西南隅地图也证实了，高诱以招摇山"在桂阳"，是指桂阳县。以桂阳县以北之山为招摇山，以出山之水为西流入海，完全符合汉以前人对这一带的地理知识。这一见解使不少问题迎刃而解，他高兴地对我说："今天看来错误的东西，当时人不一定知道错，反而符合当时人的地理知识。这一发现还可以作为《山经》成书年代的证据。"

这是一个少有的晴朗而凉爽的暮春天气,先师也是少有的勃勃兴致,所以我至今保留着清晰美好的记忆。

在最终完成的《论〈五藏山经〉的地域范围》一文中,他在分析了其中七篇所录 140 座可考定确址的山的基础上,推断《山经》所述的范围大致西起今新疆东南,东抵山东半岛东端,北至内蒙古阴山以北,南达广东南海;不可能如有人所说达到今朝鲜、越南、日本、蒙古、阿富汗和原苏联,更不会如外国某些学者所称远达美洲。他还断定《山经》成书于秦始皇统一六国(公元前 221 年)之后、完全征服南越(公元前 214 年)之前。

近年来不断见到某些人对《山海经》的"惊人发现"和"新见解",不知这些人是否读过这篇《论〈五藏山经〉的地域范围》?是否注意到了谭其骧指出的吴承志等中外学者致误的原因?

开展历史人文地理研究

谭其骧一直认为,历史人文地理应该是中国历史地理研究的一个主要领域,他自己早年的研究就是从政区沿革、人口迁移和民族分布等方面入手的。但从 20 世纪 50 年代开始的一段时期内,由于众所周知的原因,人文地理遭受冷落,历史人文地理也受到影响,加上谭其骧的主要精力转入编图,这方面的研究不得不中断了。

进入 20 世纪 80 年代,尽管他依然忙于国家项目,但只要有可能,都要大力倡导、推动历史人文地理研究的开展。胡乔木曾提出要振兴人文地理,并希望他与费孝通带头写文章。谭其骧很愿意,却因抽不出时间未能写成,但这些年来他对我谈的最多的还是历史人文地理方面的问题。每到一处,他常会讲到当地的风俗、方言、人口的历史变迁和文化区的归属,有什么值得探讨的问题。他还不止一次议论过,为什么东北在经济发展后文化还相对落后,四川明清以前的人口究竟还留下多少,客家人形成于何时,政治中心转移以后文化中心的地位还能保持多久,汉族人口中的少数民族成分及其作用,等等。

1986 年 1 月,复旦大学在上海主办国际中国文化学术讨论会,谭其骧作了题为"中国文化的时代差异和地区差异"的报告,事后又对讲稿作了补充,发表于《复旦学报(社会科学版)》1986 年第二期。在这篇论文中他首先强调,中国文化不应专指中国封建时代的文化,也不等于全部东方文化。中国自古以来就是一个多民族的国家,各民族在完全融合为一体之前,各有本族独特的文化,所以中国文化理应包括历史时期中国各民族的文化。姑以中国文化专指汉族文化,也各有其具体的时代性,同时各个时期也都存在好几个不同的文化区,各区文化不仅有差别,甚至完全不同。

在简要列举了中国文化在六个历史时期的不同特点后,他认为:中国文化一方面随着时代的演进而随时在变,各时代的差异是相当大的,绝不能认为存在着一种几千年来以儒家思想为核心或代表的一成不变的文化;另一方面,五四以前,无论是从孔子以诗书礼乐教三千弟子以来的两千三四百年,还是从汉武帝"罢黜百家,独尊儒术"以来的两千年,还是从宋儒建立理学以来的七八百年,儒家思想始终没有成为任何一个时期唯一的统治思想。他极其深刻地指出:

> 两汉是经学和阴阳、五行、谶讳之学并盛的时代,六朝隋唐则佛道盛而儒学衰,宋以后则佛道思想融入儒教。表面上儒家思想居于统治地位,骨子里则不仅下层社会崇信菩萨神仙远过于对孔夫子的尊敬,就是仕宦人家,一般也都是既要参加文庙的祀典,对至圣先师孔子拜兴如仪,更乐于上佛寺道观,在佛菩萨神仙塑像前烧香磕头祈福。总的说来,控制当时整个社会精神世界的,是菩萨神仙,而不是周公、孔子、孟子。
>
> 除了崇信菩萨神仙之外,还有形形色色数不清的各种迷信,如算命、看相、起课、拆字、堪舆、扶乩、请神、捉鬼,等等,无一不广泛流传,深入人心。甚至如近代史上负盛名的进步思想家魏源,也是一个堪舆迷。他在江苏做官,在镇江找到一块"好地",竟不惜把他已在湖南老家安葬多年的父母骸骨,迢迢千里迁葬过来。我们怎么能说五四以前中国封建社会文化就是孔孟一家的儒家思想呢?

他又以《汉书·地理志》《隋书·地理志》《通典·州郡志》《宋史·地理志》《明宰辅考略》《广志绎》《五杂组》《文武库》《万历野获编》等资料为基础,着重论述了西汉中期至明代中原王朝范围内显著的地区性差异。他的结论是:两千年来既没有一种纵贯各时代的同一文化,更没有一种广被各地区的同一文化。虽然儒家学说一直是两千年来中国文化的一个重要组成部分,却从没有建立起它的一统天下。希望研究中国文化的学者,稍稍改变一下过去那种中国文化长期不变、全国统一的看法。

他说:"我强调中国文化的时代差异和地区差异,不等于我否定中国文化有它的共同性。""中国文化的共同性何在? 这是直接关系到中国文化的前途的关键问题。"正因为如此,他的真知灼见已经超越了历史文化地理,成为对中国文化具有普遍意义的重要观点:

我以为中国在一个国家里,汉族在一个民族里,一贯对待不同文化采取容许共存共荣的态度,不论是统治阶级还是被统治阶级都是如此,因此儒佛道三教得以长期并存,进一步又互相渗透,同时又能接受伊斯兰教、基督教等其他宗教,这就是中国文化的共同性,也就是中国文化的特点。因此,中国(汉族地区)尽管发生过三武之厄,佛教皆不久即复兴;尽管在朝廷上发生过几次佛道之争,却从没有发生过宗教战争;即使最高统治者皇帝非常虔诚地信仰某一种宗教,却从没有强迫过他统治下的任何一民族一地区的人民改变信仰。尽管有一些和尚道士受到统治者备极尊崇的礼遇,也曾参与治政,却从没有搞过政教合一。这种早已形成,长期坚持的兼收并蓄的文化开放传统,使整部中国史只能出现政治上的封建集权大一统,任何时期都做不到思想文化的统一。秦始皇不能,汉武帝不能,唐宗、宋祖、成吉思汗、朱元璋也不可能。这些帝王不是不想做,但做不到。秦汉一统王朝做不到,一到魏晋南北朝时代,专制政权的衰落,使思想文化更得到了自由发展的机会,所以这一政治上的分裂时期,在学术思想上、文学艺术上的活跃与进步,远远超过秦汉。隋唐以一统王朝而能在文化发展上取得丰硕的成果,那是由于输入、吸收、融合了多种周围各族各国的文化之故。中国之所以能长期继续发展,汉族之所以能长期屹立于世界先进民族之林,繁衍为占全国人口大多数的主体民族,对不同文化采取兼收并蓄的开放态度,应该是主要原因之一。中国的封建统治在政治上以专制著称,但从来并不严格限制其臣民的思想文化倾向与宗教信仰。范缜坚持他的神灭论;虔诚的佛教徒萧子良、萧衍以帝王之尊,无可他奈何。就是到了君主专制发展到最高度的明清时代,统治者也只要求应试的士子在试卷上必须按经义代圣贤立言,却并不管你所信仰的到底是圣贤还是神仙,是周公、孔子、孟子、程、朱,还是释迦牟尼、耶稣基督或安拉真主。我认为这正是中国文化的主要优良传统。今后我们必须继续遵循这条道路去推进中国文化在新时代新形势下健全地向前发展。当前我国在经济上实行对外开放对内搞活的政策,理所当然,在文化上也应该采用同样的政策。文化上的对外开放,就是大胆地接受吸收外国的优良文化;对内搞活,就是真正地做到百家争鸣、百花齐放。

他曾计划研究历史时期文化区的界定和演变过程,并且初步拟订了方案,后因辅助人员流动等原因而未能进行。但近几年来历史区域文化的研究方兴未艾,与数年前已不可同日而语,无疑与他的大力倡导有关。

自 1983 年以来,由他指导完成的八篇博士论文都是以历史人文地理为主题的,其中五篇已出版专著,两篇的成果已吸收入我们撰写的六卷本《中国移民史》(福建人民出版社 1997 年)。已出版的几种专著引起了国内外学术界高度重视,被视为具有开拓和示范作用的成果。其中卢云的《汉晋文化地理》是我国第一部历史文化地理著作,既吸收了西方的研究理论和方法,又充分发挥了传统文献考证的长处,填补了这方面的空白。我们在研究和撰写《中国移民史》的过程中,也始终得到谭其骧的指导,1993 年由福建人民出版社出版的 55 万字的《简明中国移民史》的一些章节还曾由他审阅,提出过具体的修改意见。

1990 年初,复旦大学中国历史地理研究所筹备召开以历史人文地理为重点的国际学术讨论会,并庆祝谭其骧八十寿辰暨从事学术活动六十周年。大家希望他能在会议开幕时作一个主题报告,阐述开展历史人文地理研究的意义和前景,他也有这样的打算。不料 6 月中旬他又发病住院,一个多月后才出院。尽管医生要他以休养为主,但实际上他依然忙于工作。这时离会议开幕的时间已不多,考虑到他的精力,我就根据他平时的想法和以往发表过的意见,起草了一份讲稿,由他征求了邹逸麟、周振鹤的意见后改定。11 月 12 日,谭其骧在会议的开幕式上作了题为"积极开展历史人文地理研究"的主题报告。在阐述了积极开展历史人文地理研究的迫切性与必要性后,谭其骧说:"尽管现在可能还为时过早,但我还是要大胆地预言:历史人文地理将是中国历史地理研究领域中最有希望、最繁荣的分支。在中国实现现代化的过程中,历史人文地理研究必将作出自己的贡献,这是其他学科所无法替代的。"

会后不久,《文汇报》《中国历史地理论丛》《复旦学报(社会科学版)》等相继登载了这篇文章。《历史地理》第十辑在会前就约定要刊登此文,但谭其骧觉得不能光提出问题,还应该以自己的积累,对历史人文地理研究提出一些具体的内容,因而决定写一篇《历史人文地理研究发凡与举例》,将此文作为上篇,另外撰写人口、政区、文化各一部分作为下篇。人口部分写完后,

1990 年 11 月 12 日，谭其骧在庆祝谭其骧八十寿辰暨从事学术活动六十周年国际中国历史地理学术讨论会开幕式上作《积极开展历史人文地理研究》的报告

文章已经很长，《历史地理》也急于发稿，就与他商定将政区、文化部分留作下一辑用，以使他有充分的撰写时间。他在这些方面有很多研究心得，平时也常常说起，如能写成，必定会有十分精辟的见解。但疾病夺去了他的工作能力，这篇未完成的文章终成广陵绝响。

谭其骧认为，我们不仅应该注意中国历史文献这个历史人文地理研究的宝库，还要留意发掘古代学者的人文地理研究成就和人文地理学家。但以前人们对古代自然地理方面的成就比较重视，在人文地理方面却注意不够，今后要加以弥补。他早就发现了明代学者王士性对人文地理学的贡献，认为他是一位杰出的人文地理学家，地位不在徐霞客之下。1981 年，王士性的《广志绎》由中华书局点校出版后，他托人买了好几本送人，我也获得一本。他还多次讲过其中值得重视的内容和观点。《万历野获编》中的人文地理资料也受到他的重视，中华书局的重印本出版后，他又购了几部，如今我书架上的一部即他所赐。他还对谢肇淛的《五杂组》不能及时再版，以致一般学者难以读到表示遗憾，要我们多看看。

1985 年 12 月，广西桂林召开纪念徐霞客学术讨论会，谭其骧应邀报告。他说："作为地理学家的徐霞客其人其贡献为世人所知，不能不归功于半个多世纪以前的丁文江先生。要不是丁文江在二十年代整理、重印了徐霞客的游记，画了图，并做了年谱，知道徐霞客的人是很少的，恐怕也就不会引起建国以来对徐的重视。……其实,值得重视、宣扬的文化遗产肯定很多,只是由于像丁文江那样的人太少,以致不少珍贵的东西被长期掩埋在故纸堆中,不为人所知。"因此他利用这个机会,介绍了这位"与徐霞客差不多同时的杰出的地理学家——王士性"。在简要论述了王士性其人其事后,他着重评价了王士性的代表作《广志绎》的价值,介绍了书中有关各地区各方面的若干条精彩记载以及关于广西的记载。讲稿经增补后收入《纪念徐霞客论文集》(广西人民出版社 1987 年)。尽管此书的流布还不广,但谭其骧的观点已引起学术界重视,浙江社科院徐建春、中国科学院自然科学史研究所杨文衡等不断撰文予以介绍和研究,对王士性的研究还被列为浙江省社会科学"八五"规划重点课题。在王士性故乡浙江临海市的支持下,由周振鹤编校的《王士性地理书三种》于 1993 年由上海古籍出版社出版,为王士性研究提供了一个较全面的通行本。谭其骧的遗愿正在实现之中。当王士性作为杰出的人文地理学家的地位得到确立时,相信人们绝不会忘记谭其骧的表彰之功,就像在纪念徐霞客时不会忘记丁文江一样。

"守旧"和创新

谭其骧经常强调:传统的沿革地理不符合现代化的要求,应该发展到历史地理学。但历史地理学离不开沿革地理的基础,任何历史地理学的分支如果离开了行政区划和地名考释的基础,就等于进行现代地理研究而没有一份精确的地图一样。所以他一直非常重视历代政区的研究和历史地名的考释,但又不断开创新的研究领域,使这门传统的学问在现代历史地理研究中得到重视和运用,使历史的经验成为未来行政区划改革的借鉴。

1979 年后,在指导我撰写硕士、博士论文时,因涉及西汉海南岛的人口问题,谭其骧曾多次提到,元帝罢珠崖郡后,西汉在海南岛上不再设有行政区域,直到南朝梁才恢复,所谓东汉、三国又在岛上设治的证据是靠不住的。以后,他又说过:梁陈时大陆政权并未对海南岛用兵,海南岛能重新归于大陆政权,显然是大陆俚(黎)人移殖岛上的结果,起决定性作用的应是冼夫人。可惜史书对这如此重大的事件没有记载清楚,到现在还没有引起大家的重视。政府决定在海南岛建省,促使他摒除杂务,写出了《自汉至唐海南岛历史政治地理——附论梁隋间高凉冼夫人功业及隋唐高凉冯氏地方势力》这篇重要论文,发表于《历史研究》1988 年第五期。

论证洗夫人对海南岛重新归入大陆王朝疆域的前提，是西汉后大陆政权未在岛上设置政区，这正是一些学者所不愿接受的。产生这种分歧的原因既有对史料的不同理解，也有观念上的差异，因为有些人总认为既然大陆政权已在岛上设置过正式政区，何至于会放弃数百年之久？果然，《历史研究》收到了杨武泉的商榷文章，对此文的前半部分的主要观点，即西汉初元三年后至萧梁建置崖州前约六百年间"大陆王朝未在岛上设治，全岛不在王朝版图之内"提出异议，认为西汉晚期至萧齐海南岛不在大陆王朝版图之外。编辑部征求谭其骧意见，他写了《再论海南岛建置沿革——答杨武泉同志驳难》一文作答，两篇针锋相对的文章同时刊登于《历史研究》1989 年第六期。谭其骧以十二点内容逐条回答了杨文的批评，最后"还想说几句关于研究讨论王朝疆域问题应持的原则的话"："长期以来，我国史学界对待这方面的论述往往感情用事较多，实事求是不够。喜欢讲一些王朝极盛时的版图所属，不愿意讲这些大版图能够维持多久。喜欢讲各边区何时加入王朝疆域，不愿意提到这些地区曾经有过一个或几个时期是王朝管不到的化外之地，或转移为另一政权的疆域。总之，凡是今天中国的国土，都要尽可能说成是很古以来就为中原王朝所有，并为历代所有，有了就不再分出去。这种论述与历史实际情况不符。在漫长的历史时期内，中原王朝与边区政权的疆域都不是一成不变的，有时会伸，有时会缩，有时会合，有时会分。历史工作者只应该尽可能实事求是搞清楚各时期各地区的具体变化，而不能感情用事，按自己的心意去处理史料，凭臆解释。"

1989 年 4 月，中南民族学院吕名中教授要我将他所撰《两汉六朝对海南岛的管辖问题》一文转交谭其骧。此文所论包括汉初南越国时代及汉元帝弃珠崖后两部分，考虑到后一部分与杨文大致相同，已在前文答复（当时虽尚未发表，他已嘱我以复印稿寄吕名中），而前一部分前后两篇均未涉及，他于 6 月初复函吕名中，并附《答吕名中论汉初南越国领有海南岛否》一文，指出赵佗南越国的疆域并未包括海南岛，汉取珠崖、儋耳在平南越之后，《三国志·薛综传》语多谬讹，《琼台外纪》中琼州人尚六之说更不足信。这封信以后也收入《长水集续编》。

我国古籍中的"七洲洋"是不是现在的西沙群岛？对此谭其骧一直持怀疑态度。1977 年，他去广州参观了广东省博物馆举办的"南海诸岛展览"后又找了一些资料，肯定了自己的看法，写成《七洲洋不是西沙群岛》一文。因与报刊上的宣传不同，友人们劝他不可发表。1979 年初，《中国史研究》索稿，谭其骧检出此稿寄去。在给编辑部的信中，他说："三中全会号召大家一切要从实际出发,实事求是。我认为过去忽视政治与科学的一致性的作风应予纠正。在过去论述南海诸岛历史的文章中,只问政治不问科学的毛病是大量存在着的,实则在科学上站不住,怎能产生在政治上有利于我的作用? 当然,写专文来批驳这种文章是不必要的,但就中提出若干问题予以澄清,看来今其时矣。"大概是为了谨慎起见,编辑将这篇文章发表在限于国内发行的《中国史研究动态》(1979 年第六期,发表时名为《七洲洋考》)上。但此事还是引起学术界很大反响,《文汇报》曾在一篇报道中作为学者思想解放的例子。夏鼐阅后,致函指出,西方汉学家以古籍中的七洲洋为今西沙群岛并不始于夏之时,而是发端于 1874 年迈厄斯在《中国评论》第三期的文章,而伯希和在其遗著《真腊风土记笺注》的增订本中已改以七洲洋为七洲列岛附近海面,他肯定谭其骧"十八世纪以前华籍中之七洲洋皆非西沙群岛"之说可作定论;但对宋端宗到过的"七洲洋"系"九洲洋"之误,则认为理由仍不够充分。因此,当《宋端宗到过的"七洲洋"考》一文在《中国史研究动态》1980 年第三期发表时,谭其骧与夏鼐先生的讨论信件也作为附件同时刊登。

在整理《长水集》稿时,我与出版社的责任编辑考虑再三,为了保证此书及时出版,最后抽出了这两篇文章,也得到了谭其骧的谅解。谭其骧逝世后,我将此文编入《长水集续编》。虽然晚了十余年,但从不可发表到内部发表,进而公开出版,毕竟是一个进步的过程。

自 20 世纪 80 年代开始,全国各地出现修纂方志热潮,对各地政区沿革和地名考释也提出了新的需求,谭其骧经常接到这方面的要求和邀请。另一方面,由于多数地方史志编纂者并没有受过系统的历史和历史地理专业训练,对历代政区制度的演变过程缺乏正确概念,又盲目信从旧方志的记载,所以在编纂政区沿革或作地名考释时往往错误迭出。在历史地理学界,也存在着轻视这门传统学问的倾向,以为沿革地理已经由那么多学者研究了那么长时间,不再是有很大价值的课题;或者热衷于开辟新的研究领域,不愿从事这方面的工作。因此谭其骧在多次学术会议上反复强调应该重视政区沿革和地名考释的研究,不能掉以轻心,更不能看成可有可无。同时他身体力行,多次作了中国历代政区变迁和古地名考释的报告,并对一些地区作了具体研究。

1982 年 4 月,我随谭其骧去洛阳参加由中国地方志领导小组召开的规划会。会议期间,河南省和洛阳市方志办请他作报告。26 日上午,他讲了"地方志与总志及历代地方行政区划"。记得会场是一个很大的礼堂,听众有千余人,因一些人对历史资料不熟悉,我替他作板书,以便听众记录。洛阳市志办《方志文摘》第四辑刊登了记录稿,但错漏较多,他曾命我作过修改,以后《中国地方志》等刊物先后进行转载。次年,谭其骧为中央广播电视大学语文类专业 1982 级录了"历代行政区划略说"的课程,讲稿收入了由王力等著的《中国古代文化史讲座》(中央广播电视大学出版社 1984 年)。1986 年 9 月至 11 月,应日本学术振兴会之邀访问日本期间,谭其骧作了中国历代政区变迁的报告。此讲稿经修改后,以"中国历代政区概述"为题发表于《文史知识》1987 年第八期。编《长水集续编》时,我以这篇文章为基础,补入了前两篇讲稿中的部分内容。

长期的深入研究,使谭其骧对中国历史政区演变的内在规律有了深刻的认识,他归纳出了三个主要方面。(1)同一种政区,通例都是越划越多、越划越小,到一定程度,它的级别就会降低,其原因主要是经济开发的结果,但也有政治、经济、军事诸方面的因素。(2)汉武帝后二级制就已不适应需要,多级制又不利于政令民情的上下传达,所以两千年来最常用的是三级制,但有时采用虚三级制,有时用实三级制,民国以来的三个阶段则分别采用了不同的虚三级制。(3)历代最高一级行政区往往由吏治监察区或军务管理区转变而来,最高地方行政长官往往由派遣在外的中央官转变而来。他认为政区的这些演变规律,一方面正好说明了中国自秦汉以来长期在中央集权制统治之下,所以中央的使者能以监督的名义侵夺地方官的权力,终于使中央使者成为最高地方长官,原来的地方长官降而成为他的下级或僚属;另一方面,因为由这种方式形成的一级政区辖境、权力过大,所以一到乱世,这种政区的首长很容易成为破坏统一的割据者,犹如东汉末年的州牧刺史,唐安史乱后的节度使和民国的督军、省主席。

从总结历史经验出发,谭其骧一直关注着我国现行行政区划的改革。他认为,现行的行政区划制度是两千多年来中央集权制度下长期演变发展的产物,有其合理的一面,也有其不合理或不适应时代需要的一面,必要的改革是不可避免的。与其花费很大的人力物力做划定省、区界线的工作,不如下决心调整省、区的设置,理顺省、县两级政区的关系,从根本上解决问题。所以他在担任全国人大代表期间曾多次向政府提出建议,以后也经常发表这方面的意见。

1989 年 8 月,为准备在即将召开的行政区划学术讨论会上发言,谭其骧着手研究更改现行行政区划的方案,后因其他工作而搁置。11 月 27 日,他收到会议通知,又开始拟订分省方案。那几天正值冷空气南下,室内整天生火,还感到寒气袭人,但他每天都工作到深夜,终于在 30 日凌晨四点零五分将方案抄清完成。12 月 7 日,他在江苏昆山市召开的中国行政区划学术讨论会上作了《我国行政区划改革设想》的报告。他的建议主要包括:调整现行政区的名称,避免不同等级的政区使用同一名称,如市、区等;划小省区界,将省级政区调整增加至五十个,每个平均约辖四十七个市县,在此基础上取消虚三级制(省、地或市、县),实行二级制(省、县)。

谭其骧还建议将一级政区的名称定为"道",并拟订了一份《全国分道方案》(据 1988 年底中国行政区划)。这份方案没有公开发表,仅提供给有关部门参考。谭其骧完全明白,这一方案不是短时期内可能实施的,但他相信在未来将成为现实。正因为如此,我愿将它抄录下来,公之于众,以便历史检验。

全国分道方案

道名	简称	辖境	驻地	市县数
京畿道	京	北京市、原领八县,保定区六市县[1],廊坊市六市县[2]	北京市	21
京东道	津	天津市、原领五县,唐山市十一市县,秦皇岛市五市县	天津市	22
京南道	冀	石家庄市、区十八市县,衡水区十一市县,沧州市、区十五市县,保定市、区十七市县[3],廊坊市三市县[4]	石家庄市	64
河北道	邺	邢台市、区十八市县,邯郸市、区十五市县,安阳市六市县,濮阳市六市县,新乡市七市县,焦作市七市县,鹤壁市三市县,卫辉市,济源市,辉县市	安阳市	65
河南道	豫	郑州市七市县,开封市六市县,洛阳市十市县,平顶山市六市县,许昌市四市县,漯河市四市县,三门峡市五市县,周口区十市县,驻马店区十市县,义马市,汝州市,禹州市	郑州市	65

---

1 涿州市、容城、定兴、新城、易县、涞水。

2 廊坊市、固安、永清、香河、大厂、三河。

3 除涿州市等六市县以外。

4 霸县、文安、大城。

（续表）

道名	简称	辖境	驻地	市县数
山西道	赵	太原市四市县，阳泉市三市县、朔州市二市县、雁北区十一市县，忻州区十四市县，晋中区八市县[1]，吕梁区十三市县，古交市	太原市	56
河东道	晋	临汾区十七市县，运城区十三市县，长治市十二市县，晋城市五市县，晋中区三市县[2]	临汾市	50
济淄道	齐	济南市五市县，淄博市二市县，德州区十三市县，聊城区八市县，东营市四市县，惠民区八市县	济南市	40
胶莱道	胶	青岛市五市县，烟台市七市县，威海市二市县，潍坊市八市县，临沂区十三市县，胶州市、龙口市、莱州市、莱阳市、荣成市、文登市、青州市、诸城市、莱芜市、新泰市	青岛市	45
徐兖道	徐	徐州市七市县，宿迁市，商丘区九市县，菏泽区十市县，济宁市九市县，曲阜市，泰安市四市县，枣庄市，滕州市	徐州市	43
辽西道	锦	锦州市六市县，朝阳市六市县，北票市、阜新市三市县，张家口市、区十四市区，承德市、区九市县，哲里木盟六市县[3]、赤峰市五市县[4]，锦西市、兴城市	锦州市	52
辽东道	辽	沈阳市三市县，大连市四市县，瓦房店市、鞍山市二市县，海城市，抚顺市四市县，本溪市三市县，丹东市五市县，营口市三市县，盘锦市三市县，辽阳市三市县，铁岭市六市县，开原市、铁法市	沈阳市	40
长白道	吉	原吉林省	长春市	47
松江道	松	哈尔滨市、松花江区十一市县，牡丹江市七市县，佳木斯市、双鸭山市十一市县，七台河市、鸡西市四市县，绥芬河市、阿城市、同江市、富锦市、密山市	哈尔滨市	38

1 　榆次市、昔阳、灵石、祁县、寿阳、介休、太谷、平遥。

2 　榆社、左权、和顺。

3 　不包括扎鲁特、霍林郭勒。

4 　赤峰市、喀喇沁、宁城、敖汉、翁牛特。

道名	简称	辖境	驻地	市县数
黑龙道	黑	齐齐哈尔市十二市县，鹤岗市三市县，大庆市，伊春市二市县，铁力市，绥化区十二市县，黑河区七市县，大兴安岭区四县	齐齐哈尔市	42
兴安道	兴	兴安盟五市县，呼伦贝尔盟十三市县，锡林郭勒盟十二市县，赤峰市五市县[1]，哲里木盟二市县	乌兰浩特市	37
河套道	套	呼和浩特市三市县，包头市三市县，乌海市，乌兰察布盟十五市县，伊克昭盟八市县，巴彦淖尔盟七市县	呼和浩特市	37
太湖道	湖	上海市十市县，常州市四市县，无锡市二市县，苏州市五市县，常熟市，张家港市，江阴市，宜兴市，嘉兴市五市县，湖州市四市县，海宁市	上海市	35
江东道	升	南京市六市县，镇江市四市县，丹阳市，马鞍山市二市县，芜湖市四市县，铜陵市二市县，黄山市五市县，宣城区七市县，池州市四市县	南京市	35
江西道	洪	南昌市五市县，九江市十一市县，新余市二市县，景德镇市三市县，鹰潭市三市县，上饶区十二市县，宜春区十市县，萍乡市	南昌市	47
吉赣道	吉	吉安区十四市县，抚州区十一市县，赣州区十八市县	吉安市	43
淮扬道	扬	扬州市八市县，仪征市，泰州市，兴化市，南通市七市县，淮阴市十市县，淮安市，盐城市七市县，东台市，连云港市四市县，天长县，新沂县	扬州市	43
淮肥道	肥	原安徽省去江南二十四市县及天长、萧、砀山县	合肥市	54
浙江道	浙	原浙江省去嘉湖十市县	杭州市	66

1　林西、巴林左、巴林右、阿鲁科尔沁、克什克腾。

（续表）

道名	简称	辖境	驻地	市县数
江汉道	鄂	武汉市五市县，黄石市二市县，鄂州市，咸宁区七市县，孝感市七市县，随州市，黄冈区九市县，信阳区十市县，荆州区七市县[1]	武汉市	49
荆襄道	襄	荆州区四市县[2]，沙市市，荆门市，宜昌市、区十市县，老河口市，枣阳市，神农架区，郧阳区七市县，鄂西州八市县，襄樊市六市县，南阳区十三市县	襄樊市	53
湘资道	湘	长沙市五市县，株州市五市县，湘潭市二市县，衡阳市七市县，邵阳市十市县，岳阳市六市县，醴陵市，湘乡市，耒阳市，汨罗市，益阳区六市县，娄底区五市县	长沙市	50
沅澧道	沅	常德市七市县，大庸市三市县，津市市，怀化区十二市县，湘西州八市县，黔东南州十六市县，铜仁区五市县[3]	常德市	52
黔中道	黔	原贵州省去黔东南州十六、铜仁区五市县	贵阳市	62
福建道	福	福州市九市县，三明市十市县，永安市，莆田市三市县，南平区十市县，宁德市九市县	福州市	42
潮泉道	潮	厦门市二市县，泉州市八市县，石狮市，漳州市十市县，龙岩区七市县，汕头市九市县，潮州市，梅州市八市县，汕尾市四市县	厦门市	50
南岭道	岭	桂林市、区十三市县，零陵区十一市县，柳州区十一市县，原广东之乳源、连县、连南、阳山等五县	桂林市	40
广东道	粤	原广东省去划入潮泉二十二市县，划入雷琼十一市县、南岭五县	广州市	56
广西道	邕	原广西省去划入南岭十三市县	南宁市	75
雷琼道	琼	原海南省十九市县，湛江市六市县，茂名市五市县	海口市	30

1　仙桃、洪湖、监利、潜江、天门、京山、钟祥。

2　江陵、松滋、公安、石首。

3　铜仁、松桃、万山、玉屏、江口。

道名	简称	辖境	驻地	市县数
陕西道	秦	原陕西省去划入宁夏二十五市县、划入川北二十一市县	西安市	51
宁夏道	夏	原宁夏自治区二十市县，延安区十三市县，榆林区十二市县，庆阳区八市县，平凉区七市县	银川市	60
甘兰道	甘	原甘肃省去划入宁夏十五市县	兰州市	65
青海道	青	原青海省	西宁市	40
北疆道	准	天山以北东起伊吾、巴里坤，西抵伊犁地区	乌鲁木齐市	41
南疆道	维	天山以南东起哈密，西抵塔什库尔干	喀什市	45
西川道	蜀	成都市十二市县，德阳市四市县，绵阳市平武六市县，内江市九市县，乐山市九市县，雅安区八市县，阿坝州三市县，江油市，广汉市，峨眉市，都江堰市	成都市	55
东川道	巴	重庆市十三市县，涪陵区五市县，黔江区五县，万县区十市县，达县区十三市县，遂宁市三市县	重庆市	49
川北道	梁	汉中区十一市县，安康区十市县，广元市五市县，南充区十二市县，平武县，南坪县	汉中市	40
川南道	叙	宜宾区十市县，凉山州十七市县，泸州市六市县，攀枝花市三市县，自贡市三市县，乐山市犍为、沐川、马边、峨边四县	宜宾市	43
滇池道	滇	昆明市九市县，东川市，曲靖区九市县，昭通区十一市县，玉溪区九市县，文山州八县，红河州十三市县，楚雄州楚雄、双柏、元谋、禄丰、武定五市县	昆明市	65
洱海道	洱	大理州十二市县，德宏州六市县，怒江州四县，迪庆州三县，西双版纳州三县，丽江区四县，保山区五市县，思茅区十县，临沧区八县，楚雄州大姚、姚安、南华、牟定、永仁五县	大理市	60
东藏道	康	甘孜州十八县，阿坝州九县，昌都区十五县，林芝区七县	昌都县	49
西藏道	藏	拉萨市八市县，那曲区十县，山南区十二县，日喀则区十八市县，阿里区八县	拉萨市	56

以上四十九道,台湾一道等回归,共五十道。

他曾先后参加过福建福州,河南安阳,江苏如东,浙江海盐、平湖,上海金山、松江等地的地方史志讨论会,就这些地区的政区沿革研究发表过讲话,并就上海市地方志编纂工作提出过不少重要意见。已经编入《长水集续编》的《关于秦闽中郡、汉冶都、冶县问题》《海盐县的建置沿革、县治迁移和辖境变迁》《上海地方史志记述建置沿革中的几个通病》《对编纂第一部上海市志的几点期望》就是其中的一部分。在他为《金山县志》所作评价和为《松江县志》所作的序中,也着重指出了这两部书在建置沿革方面的成绩和意义。

1981 年夏,中国地方史志协会成立大会在山西太原召开。谭其骧在参加国务院学位委员会首次学科评议会期间由北京飞赴太原,于 7 月 25 日作了《地方史志不可偏废 旧志材料不可轻信》的报告。与会学者对他的讲话给予很高评价,但我在会上也听到了一些不同意见,如认为现在修志工作还刚起步,为什么非要讲旧志材料不可轻信?哪种史料没有错?"二十四史"就都可信吗?我把这些话告诉他,他说:"旧方志当然有很多优点,是很重要的资料来源,这些我并不否定,实际上现在这方面的话已经讲得够多了。正因为将要大规模修志,所以就特别要注意正确估价旧方志的价值,不能轻信。否则有些人以为历史部分只要照抄旧方志就行了,结果不知道会搞成什么样子。"会后各地的地方史志刊物纷纷刊登这篇讲话,但只有《江海学刊》1982 年第一期所刊《浅谈地方史和地方志》一文是事先经过他审阅的,以后汇编入中华书局出版的论文集。同年,《红旗》杂志社拟编《历史研究的理论与方法论文集》,征集此稿,谭其骧又作了修订,但以后此稿未被选用而退回。1992 年 6 月,南开大学来新夏教授与日本独协大学齐藤博教授合编《中日地方史志比较研究论文集》,来索此文。当时谭其骧已久病不起,我据此稿整理后寄去,1996 年南开大学出版社出版了该书的中文版。

谭其骧 1981 年前的主要论著已编为《长水集》(上、下册),约 70 万字,1987 年由人民出版社出版。在编绘《图集》过程中,谭其骧写了大量释文,但生前仅整理出《唐北陲二都护府建置沿革和治所迁移——编绘〈中国历史地图集〉札记》《元代的水达达路和开元路》等几篇,尚未发表的释文还有约 30 万字。谭其骧逝世后,我将他 1981 年后的主要论著编为《长水集续编》,约 38 万字,1994 年由人民出版社出版。谭其骧生前还为《中国历史地图集简编》撰写了全部图说,此书已于 1991 年底由中国地图出版社出版,但到发行时他已离开人世。由谭其骧任主编的《中国历史大辞典·历史地理》,近 130

万字,历时十多年,1996 年由上海辞书出版社出版。我应河北教育出版社之约,将他的历史地理论文选编为 40 多万字的《长水粹编》,2000 年出版,2015年由复旦大学出版社再版。2015 年,我主编的《谭其骧全集》由人民出版社出版。我与孟刚选编的《谭其骧历史地理十讲》,2022 年由中华书局出版。我编的《复旦大学历史地理学术经典·谭其骧卷》,2022 年由上海教育出版社出版。

谭其骧的名字已经与中国历史地理学这门学科紧紧地联系在一起,任何一个想学习或研究中国历史地理的人,都将离不开他的著作,都将是他的贡献的受益者。

第十三章

锲而不舍　终身以之

1980 年 4 月 11 日,在中国史学会代表大会上谭其骧被选为理事;在当天召开的首次理事会上,他被选为十五位常务理事之一。同年底,他当选为中国科学院地学部委员,是复旦大学十位学部委员中唯一的文科教授,也是 400 位新当选委员中屈指可数的跨文理两科的学者。如果中国早些恢复社会科学院院士的话,谭其骧完全可能成为"双院士"。他是中国地理学会的发起人之一,长期担任学会理事。1981 年,他被聘为首届国务院学位委员会学科评议组成员,同年首批被批准为博士研究生导师。在他的指导下,周振鹤和我于 1983 年 10 月成为我国首批文科博士。谭其骧于 1982 年被聘为国务院古籍整理出版规划小组成员,1986 年任上海市哲学社会科学联合会副主席。他在其他学术团体的兼职、社会团体中的荣誉职务就更多了。应该承认,在中国的知识分子中,有幸能够获得如此殊荣的人是极少的。一些学者用"国宝"来形容谭其骧,绝非过誉。

谭其骧

一九八〇年当选为

中国科学院院士(学部委员)

院长 方毅

谭其骧 1980 年当选中国科学院学部委员证书

但作为一位知识分子、大学教授、系主任、研究室主任、研究所所长、科研项目主持人、研究生导师、家长、社会的一员,他又免不了有与旁人一样或不一样的种种烦恼。

从"匡谬"到"正误"：对《李白与杜甫》的批评

"文革"期间，郭沫若出版了《李白与杜甫》，谭其骧看后感到该书涉及的历史地理方面错误很多，对郭沫若为了加强自己的论据而不惜曲解史料的做法很不以为然。但在当时的政治气候下，他作为一名"一批二用"的反动学术权威，自然无法公开发表意见。至 1980 年，对《李白与杜甫》虽已有多篇批评文章，但都集中在文学、思想方面，而对其地理方面的错误无人指出。谭其骧认为，尽管郭沫若已经逝世，但这些流传很广的谬误还是应该加以纠正，所以选取几条，写成了《郭著〈李白与杜甫〉地理匡谬》一文。稿子编入《历史地理》第二辑送到出版社后，责任编辑——他的一位学生刘伯涵认为不应该批评郭沫若，几次劝他不要发表。在谭其骧的坚持下，他又劝谭其骧尽量减少批评的成分。谭其骧接受他的建议，将题目中的"匡谬"改为"正误"，又作了不少删削，于 1982 年底发表。但文章发表后，还有人责问他为什么要批评郭老，认为即使郭沫若有错误也不应该写。

其实经过几次删削的《郭著〈李白与杜甫〉地理正误》，所涉及的只是三个具体的地名：

一、碎叶。郭沫若认为唐代有两个碎叶，一个在中亚，即今哈萨克斯坦境内托克马克；一个在焉耆，其城为王方翼于高宗调露元年（679 年）所筑。谭其骧指出，唐朝只有一个碎叶城，即王方翼筑于中亚碎叶城，在今吉尔吉斯斯坦（并不在哈萨克斯坦）境内托克马克。焉耆从未有过碎叶城，但因碎叶城本为安西四镇之一，碎叶城罢后，唐朝以焉耆备四镇。到了北宋，欧阳修误以为碎叶即焉耆，所以在《新唐书》中将碎叶城列在焉耆都督府下。郭沫若没有深究，误信谬说。他又以为李白生于隋末，不可能出生在调露年间才建成的碎叶城。谭其骧指出，这在逻辑上也是说不通的，要是焉耆真建过碎叶城，说筑城前生于此地的人为生于碎叶也未尝不可。

二、条支。李阳冰《草堂集序》称李白先世"中叶非罪，谪居条支"。郭沫若认为碎叶城属于条支都督府，所以不说谪居碎叶而改为条支；又据李白《战城南》中"今年战，葱河道；洗兵条支海上波，放马天山雪中草"断言："诗中条支与葱河（喀什噶尔河）、天山连文，表示其地望相接。""此唐代条支既与葱河、天山等接壤，自当包含碎叶。是则所谓条支海，或条支都督府所辖之海，如非伊塞克湖（热海），当即巴尔喀什湖。因而条支都督府所辖地即今苏联境内的哈萨克一带,是毫无疑问的。"

谭其骧指出,郭沫若的这一论断是极为荒谬的。《草堂集序》中的"条支"和《战城南》中的"条支海"都是文人用典,是文人心目中西方极远地区的代名词,不能指实,郭沫若据此得出的结论实则大误特误。唐朝条支都督府为高宗龙朔元年(661 年)所置安西吐火罗道十六都督府之一,见于《新唐书》的《地理志》《西域传》和《大唐西域记》的记载,郭沫若连正史列传都不查,遽云"旧不详其地望",未免太疏忽。根据上述史料记载,唐朝的条支都督府应在今阿富汗的加兹尼一带,北距碎叶城有数千里之遥,中间隔有阿姆河两岸吐火罗道诸府州和锡尔河北岸的西突厥濛池都护府诸府州,碎叶城怎么可能飞越这许多府州悬属于条支都督府?"今阿富汗的东北境可以说与葱岭相接,在今阿富汗西南境的条支都督府就说不上与葱岭相接,何况葱河在葱岭之东,天山更在葱岭之北,条支怎么可能与葱河、天山相接?即令如郭老所说条支在碎叶一带,南去葱河亦有千里,去天山数百里,也说不上相接。阿富汗西南境去海甚远,哪儿会有什么条支海?伊塞克湖唐时名热海,一名大清池,一名咸海,见《大唐西域记》《经行记》和贾耽《记入四夷道里》;巴尔喀什湖唐时名夷播海,见《新唐书·地理志》北庭大都护府;二湖去条支都督府及古条支国各远达数千里,又怎么可能会叫起条支海来?"因此谭其骧指出:"考证历史时期的地理,自当取证于历史记载。文学作品旨在比兴,但求典雅,不求真实,是作不得史证的。郭老置两《唐书》纪传于无睹,竟想用迷离恍惚,不着边际的一二诗句来解决条支的地望问题,这就难怪会得出如此稀奇古怪的结论来了。"

三、河西。杜甫于天宝末选授河西尉,不就,作有"不作河西尉,凄凉为折腰"的诗句。郭沫若说:"河西县在唐代有两处:一属于云南,蒙自附近,天宝后没入南诏;一属于四川,在宜宾附近。估计杜甫被任为县尉的是后者。"

谭其骧指出:郭沫若的两说是从商务印书馆 1931 年版《中国古今地名大辞典》里抄来的,由于欠仔细,既有抄错的地方,也没有抄全。《大辞典》"河西县"下有三条,第一条作"唐置,故城在今云南河西县东北……今属云南蒙自道"。但民国时蒙自道辖境很大,而河西故治在今通海县西,离蒙自达 330 里,中隔数县,岂能说在蒙自附近?第二条是"见河滨县条",但郭没有去查。第三条是"唐置,今阙,当在四川旧叙州府境"。辞典编者因查不到明确资料,只能姑作推测。因宜宾是旧叙州府的附郭县,郭竟用肯定口气说成"在宜宾附近",跟辞典的原意就不同了。

实际上,郭沫若十分信赖的《中国古今地名大辞典》对唐代的河西县既没有列全,对列出的三个所述沿革、地望又都不确。第一条云南的河西县始置于元,不始于唐。第二条河滨县是唐武德三年(620年)析同州朝邑县所置,贞观元年(627年)省,没有改过名。第三条的河西县本是唐戎州都督府所领宗州的属县,由于戎州都督府的辖境极大,根本不在宜宾附近,而在今云南境内。但宗州、河西县是羁縻州县,即使不被南诏攻陷,其长官也都是由当地少数民族首领充任,不会调杜甫去的。

谭其骧查了新、旧《唐书·地理志》和《元和郡县志》《太平寰宇记》等唐宋总志后发现,唐朝另有两个正县也名河西,并且就在长安以东三四百里之内。一个是武德三年分同州郃阳县所置,乾元三年(760年)改名夏阳县,故址在今陕西郃阳县东南四十里;一个是河中府的附郭县,故址在今山西永济县蒲州镇,但初置于开元八年(720年),同年省,至乾元三年再置。所以杜甫于天宝末年(约755年)被任命的只能是前者,即在今陕西郃阳县东南的河西县尉,离杜甫当时所在地并不远。郭沫若将河西县错定在今四川宜宾一带,又断言杜甫不愿赴任是因为路远,怕艰苦,才不服从分配,宁肯在京师当逍遥派,显然是毫无根据的。

事后谭其骧得知,郭著《李白与杜甫》传到大洋彼岸时,他在燕京大学时的老师洪业先生对此书的牵强附会极为不满,他也发现了"河西县"这个极大的漏洞。1978年洪业在哈佛大学演讲时曾指出,郭沫若"因抄捷径径用《地理(应为地名)辞典》,才以为河西县那么远,其实根据《元和郡县志·关内道》《旧唐书·地理志》等参考书就可知杜甫的时代河西县只离京兆之奉先50公里而已";杜甫拒绝作河西尉,并非"不愿意去穷乡僻壤,挑肥拣瘦"。洪业为此还作诗一首:

> 少陵不作河西尉,总为凄凉恶榜笞。
> 何把近畿移远地,遽挥刀笔肆诛夷。
> 半生卓立辟雍外,一语难将驷马追。
> 奉告先生诗有教,温柔敦厚莫更疑。

读到这首诗后,谭其骧曾对我说:"早知道洪先生已经说过,我就该用他的说法了。好在我们的结论是一致的。"他又说:"郭老是聪明人,有的错是他一时疏忽,有的错恐怕倒是他太聪明了。"

谭其骧一生与郭沫若有过三次文字缘:第一次是郭沫若采用了他对《楚辞》中庐江地望的解释;第二次是谭其骧在对曹操的评价和对蔡文姬及其作

品的考证中提出了与郭沫若不同的看法,郭沫若却没有作出回应;这第三次,却是在郭沫若的身后。不过,即使郭沫若还健在,大概也无法作出反驳的。就是反对谭其骧发表这篇文章的人,对这些"匡谬"的正确性也是没有异议的。

《历史时期渤海湾西岸的大海侵》"剽窃"事件

1981 年,中国社科院历史研究所有人将谭其骧在《辞海·地理分册·历史地理》和为《中国历史大辞典》试写的"九州"条目改为一篇短文,以自己的笔名发表在山西的《地名知识》上。事发后,此人不以为然,说:"那有什么,他自己不是也抄过人家的文章吗?"但当时我并不知道有此一说。

1986 年春,我在芝加哥遇见中国社科院历史研究所马雍的弟弟马楚。闲谈时他说:"别人将资料寄给你们老师看,他抄去发表文章,让人家告到尹达那里去。"我听后大吃一惊,这确实是我闻所未闻的,但我怎么也不能相信,自己的老师还有这样的事。但马楚的消息不是来源于他哥哥,就是从历史研究所传出的,绝不会是他编造的。

回国后,我几次想问谭其骧,但都觉得难以启齿,直到 1991 年初,我预感到再不问恐怕就不会有机会了。那次陪他去北京大学开会,住在勺园,一天晚上我问他,有没有听别人在这方面说过什么。他想了想说:"好像有过。但尹达不让我知道,把信都藏了起来。"他的话似乎证实了马楚的说法不是无稽之谈,但此时马雍、尹达早已逝世,如何了解事实真相呢?

1991 年 10 月谭其骧一病不起后,我觉得不能再拖延了,就先问了邹逸麟,有没有听到过这类说法。他说在 20 世纪 80 年代初听到过,可能是吴应寿说的,也可能是北京传来的。我到北京开会时找到中国社科院历史研究所的朋友,才知道这一说法确实曾流传,并且说得煞有介事:谭其骧 1965 年发表在《人民日报》上的《历史时期渤海湾西岸的大海侵》(以下简称《海侵》)一文是剽窃李世瑜的,为此李曾向有关方面告发,结果谭其骧在人代会小组会上作了检查,《历史研究》发表了李世瑜的文章作为补偿。

我先查了 1965 年后的《历史研究》,上面根本没有发表过李世瑜的文章。而且《海侵》发表于 1965 年 10 月 8 日,三届全国人大一次会议召开于 1964 年底至 1965 年初,以后直到"文革"再没有举行过会议,且不说全国人代会上绝不会处理这类问题,时间先后也完全不符。

我再看发表在《人民日报》上的原文,发现这一说法也不能成立。因为在文章第二部分中"由于近年来考古学界和地理学界许多单位对这一地区进行了多次实地调查、钻探和发掘"一句下注着："见李世瑜：《古代渤海湾西部海岸遗迹及地下文物的初步调查研究》，《考古》1962 年第十二期；王颖：《渤海湾西部贝壳堤与古海岸线问题》，《南京大学学报（自然科学版）》第八卷第三期；天津市文化局考古发掘队：《渤海湾西部古文化遗址调查》，《考古》1965 年第二期。"在文章的第三部分中"近年来在天津、黄骅、宁河一带所发现的几十处古文化遗址，遗址内的文化遗存，或是属于东周和西汉前期的，或是属于唐宋时代的，独不见有西汉晚期至南北朝时期的"几句下注道："见《渤海湾西部古文化遗址调查》。该文作者在提到这一现象时说：'这一现象是否也和海岸线的变迁有关，尚有待进一步研究。'本文就是在这一启发下写成的。"

这说明，谭其骧确实引用了李世瑜、王颖和天津市文化局考古发掘队的调查、发掘资料，但都是他们已经公开发表的，并注明了出处。而除了这些资料外，谭其骧运用的都是文献资料，而且主要是《汉书》、地方志等古籍中的资料，自然谈不上有什么剽窃。而且谭其骧毫不讳言，此文的写作是受到了天津市文化局考古发掘队一文的启发。

但此时谭其骧已不能说话，我一时也没有找到李世瑜，所以总觉得还不够踏实。谭其骧逝世后，我翻阅了他当时的日记，找到了他写此文的前因后果。为了充分显示事实真相，只能将日记中有关内容一一摘录如下：

2.16　……下午到室，天津文化局韩嘉谷来访。

5.4　……晚考虑写渤海湾西岸海岸变迁。

5.5　……晚渤海湾海岸。

5.6　……晚渤海湾海岸。

5.9　星期。……晚渤海海岸。

5.10　……晚确定文题为"西汉时代渤海湾西部的大海侵"。

5.12　……晚渤海海侵。

5.13　……晚渤海海侵。

5.14　……晚海侵。

5.15　……晚海侵。

5.16　星期。……晚海侵。

5.17　……晚海侵。

5.21　……晚海侵。

5.23　星期。……下午、晚海侵。

6.1　……晚海侵。

6.2　……晚海侵。

6.8　……晚海侵。

6.10　……晚海侵。

6.13　星期。……晚海侵。

6.14　……晚海侵。

6.20　星期。……海侵。

6.21　……晚海侵。

6.22　……晚作书,海侵。

6.27　星期。……晚海侵。

6.29　……晚海侵。

7.3　……晚海侵。(谢)揖唐来信催稿。

7.4　星期。……海侵。

7.5　……晚……海侵。

7.6　……晚……海侵。

7.7　……晚海侵。

7.8　……晚海侵。

7.9　……晚海侵。

7.10　……晚海侵。

7.11　星期。海侵一文写毕。

7.13　……晚抄海侵毕。

7.14　……下午头痛未去,校海侵一文,设计附图。

7.21　……下午《人民日报》周某、谢揖唐、周修强来。

7.26　……晚……拟修改海侵一文,不成一字。

8.8　星期。……晚……改海侵一文。仅成三百字。

8.12　……下午……送走渤海湾一文。

10.7　……渤海湾一文此日见报。

11.15　……接任美锷寄来讨论渤海湾海侵文。晚作书复之。

12.1　……接《人民日报》来信,谈及天津考古队事。晚作复。终夜不成眠。

12.2　……上午发出航信。

12.4　……上下午到室,再函《人民日报》。

事实的起因是，1965 年初谭其骧在北京出席第三届全国人大第一次会议时与老友谢兴尧相遇，当时谢负责《人民日报》理论版，正强调要加强学术分量，就约谭其骧写文章。回上海后，谭其骧因忙于编绘杨图，到 5 月 4 日才开始考虑，断断续续写了两个多月，到 7 月 14 日才完成。到北京开会时又作了一些修改，于 8 月 12 日发出。

日记中 10 月 7 日"渤海湾一文此日见报"一句显然是补记时写错了一格。因为 10 月 8 日谭其骧去宜兴，当天他不可能看到在北京出版的《人民日报》，所以这是从宜兴回来后补记的，将应该补在 8 日的话错写到了 7 日一格。

文章见报后，天津市文化局考古发掘队确曾向《人民日报》反映了什么事，所以该报才会给谭其骧来信。他接信后当晚就复信，并在第二天上午用航空信寄出；收到信后"终夜不成眠"；过了两天又给《人民日报》发信。可见，此事既使他不安，又不得不令他重视。

为了进一步弄清事实，我又托谭其骧的博士生、家在天津的靳润成打听到了李世瑜的地址，并找到他，初步了解了情况。我让靳润成告诉他有关的流言，请他说明事实真相。我一度准备将有关事实先行发表，希望他能写一事实经过与我的调查结果一起登出，以正视听。靳润成怕当面没有向李世瑜说清，事后又给他写了一封信，以后收到了李世瑜的回信，表示他根本不知道有这样的事，更没有说过任何话。

我还访问了年已九十的谢兴尧，他早已从《人民日报》退休，他只记得约谭其骧写文章及发表的事实，却不知道有天津考古发掘队去信的事。但从谭其骧的日记看，信件的确不是谢兴尧经手的，否则谭其骧不会不记他的名字，也不会不给他回信。我想托友人查阅《人民日报》读者来信的档案，但被告知四十年前的读者来信早已不存在了。我以为事实已经查清，所以在 1997 年第三期《中国史研究动态》上发表了《关于〈历史时期渤海湾西岸的大海侵〉的一桩公案》一文。

但我忽略了尚未落实的部分，即天津考古发掘队方面究竟向《人民日报》反映了什么，真相究竟为何。果然，文章发表后，编辑部收到了韩嘉谷《〈关于历史时期渤海湾西岸的大海侵的一桩公案〉真相说明》一文，原来将李世瑜当作当事人完全是误传，韩文披露的两封谭其骧致天津考古队的信才真正说明了事实真相（见 1998 年第八期《中国史研究动态》，以下所引均据此文）。

谭其骧 1966 年 1 月 20 日的信：

天津市文化局考古发掘队：

去年十二月接人民日报社理论宣传部来信,承告知:你队给他们去了信,略谓,刊登在十月八日报上的拙作《历史时期渤海湾西岸的大海侵》一文,其基本论点和主要材料是和你队所写的、曾将打印稿寄给我看过的《海湾西岸的考古调查和海岸变迁研究》一文相同的,特要求他们作出适当处理。

我在接信之初,还觉得很奇怪,认为不可能有这样的事。因为据我的回忆,你们那篇初稿是采用传统说法,认为战国以前黄河在渤海湾北岸的碣石附近入海,并以碣石沦海一事作为汉世曾发生海侵的论据的,而这一看法我是完全否定的,怎么可能说我的论点和材料和你们的基本相同呢? 当然,白沙岭一线贝壳堤应形成于战国以前和这一带的文化遗址有中断现象是以你们的调查研究成果为依据的,不过这两点我已在话中注明出处了。此外,去年初韩嘉谷同志过沪见访,他的谈话对我很有启发作用,但嘉谷同志的话大意亦不出后来在《考古》1965年第二期上发表的《渤海岸西岸古文化遗址调查》一文篇末所述一般,我既已在文末脚注里提到这一篇文字与拙文的关系,那末似乎应该没有什么可以责怪的了。

但在将你队那篇打印稿找出来与拙文仔细核对一遍之后,却发现了你们的责难确是基本上符合事实的。为什么会出现这种情况呢? 原因是这样的:

我从1957年写了那篇《海河水系的形成与发展》作为学术报告后,即经常搜集有关资料,做成卡片,以备修改补充该文之用。渤海湾的海岸变迁与海河水系变迁有密切关系,当然也在搜集范围之内。你队那篇打印初稿和后来发表在《考古》上的那篇调查报告,中间有些片段,因而也就被我收入了卡片。1963年下半年开始着手改写该文,因其他工作太忙,时作时辍。韩嘉谷同志来访后,又将其中有关渤海湾变迁部分重写一遍,卡片中取自你队两篇文章里的资料,大约就是在这时大部分被我用上了。但由于卡片是分条摘录的,所以竟没有想到自己的全部看法和你们的基本相同。再者,那时所写成的这部分稿子篇幅要比后来在报上发表的大得多,内容有一半以上是用以驳正前人关于王横所说海侵的解释,关于《禹贡》有关词句的解释,关于《汉书·地理志》中渤海湾西岸水道的解释的,内容有的是你们所没有提到的,有的和你们的看法完全不同,因此还满以为这一整套关于王横所说的海侵的看法,都是自己的独特见解。写完了这部分正拟继续往下写,适《人民日报》来函征稿,因挤不出时间另写拙文,才决定将这部分从全文中抽出改写为一专文应征。因知道报上文章不能太长,不能多谈考据,所以把驳正前人旧说部分删掉了一大半,只留下了一小部分,但这小部分后来也给报社编辑同志删掉了。想不到这样几经改动,截取《海河水系的形成与发展》全文的一段,又将此一段删掉了一大半的结果,剩下来的竟和你队那篇打印稿里的论点相差不远了。改写完成后即匆匆寄出,随即动身赴京开会,以致终于造成了这样的掠人之美的严重错误,并且不经你队揭穿,自己竟意识不到。

当我发现这一情况后,心中感到万分惭愧,本当立即致函你们道歉,适党校组织老教师下乡参观社教运动,一下去四十天,昨天才放假回家过春节,所以直到今天才得动笔写这封信。除将具体情况陈述如上外,理应致以十二万分的歉意,诸希鉴谅,不胜翘企待命之至!

顺致

敬礼

谭其骧

1966 年 1 月 20 日

有了这封信,显然已不需要再作什么说明。我自然不必讳言老师的这篇文章客观上造成的"掠人之美",但通观此事的前因后果,是否属于"剽窃"也不难作出判断了。

有的朋友说,我的文章给谭其骧捅了娄子,否则韩嘉谷就不会发表那两封信,此事也早已过去了。但我认为,与其让流言长久传播,还不如公开事实真相,以对历史负责。我相信,一贯提倡实事求是的谭其骧如九泉有知,必定会赞成我的做法。

"我不会死,我还要好起来继续工作的。"

1977 年 11 月下旬,中国自然地理编委会决定《历史自然地理》分册在上海定稿。原来选定的地点是南汇县,但袁樾方和王守春(中国科学院地理研究所)去后发现条件太差,交通不便。这时,中国科学院地理研究所的郭敬辉、瞿宁淑等已经到达上海,谭其骧与瞿宁淑商量后想改在复旦大学开会,但校方表示无法解决伙食。最后通过华东师范大学的陈吉余联系,决定到华东师大留学生招待所开会。先后参加会议的有杭州大学地理系的陈桥驿,中科院地理研究所的王守春、张丕远、陈吉余,北京大学地理系的侯仁之和复旦大学历史地理研究室的邹逸麟、张修桂等。到1978年1月30日,才结束回家。

这两个月间,由于还有其他工作和活动,谭其骧经常乘公共汽车往返于华东师大和复旦大学之间。他毕竟快满67岁了,繁忙的活动和来回奔波使他感到"疲极"(日记),如12月1日下午参加刘大杰(复旦大学中文系教授)的追悼会;2日下午参加在泰兴路的市政协学习会;11日与吴斐丹(复旦大学经济系教授、九三学社复旦分社副主委)等讨论民主党派工作;12日由学校外事组安排,在国际饭店会见香港《大公报》副总编陈凡;14日下午,他与李锐夫、李春芬、陈涵奎、吴景祥、钱宝钧、谈家桢等参加了由江华主持的座谈会,谈政协今后如何开展工作;25日起多次列席上海市七届人代会;29日下午回校主持北京钢铁学院教授柯俊的报告会;1月10日和11日两天讨论研究室的发展规划;14日去泰兴路参加九三学社的传达会;15日由政协组织去南汇县参观大治河工地;17日参加老友束世澂(华东师大历史系教授)的追悼会;18日和19日以全国人大代表的身份列席市革委会全体会议。此外,他还要接待不少来访以及复信、修改别人的文章等,花去的时间相当可观。但定稿工作也不能耽误,自然更加紧张了。食堂早餐供应时间有限,使他不得不比在家中早起;但他习惯于晚睡,不能不在晚上工作。伙食不能算差,但菜较油腻,又多猪内脏,对患高血压的他就很不利。1977年12月15日天气奇热,谭其骧从下午起患热伤风,到17日尚未痊愈,又转为咳嗽。18日是星期天,他回家,但白天访客不断,晚上李永藩以他长期不在家为由,提出要随他去华东师大住,吵闹到十二点。种种原因使谭其骧心力交瘁,已经到了发病的边缘。不幸的是,他和家人、同事都没有丝毫觉察。

1978年1月31日下午,中共上海市委在锦江小礼堂召开文艺、哲学社会科学工作者座谈会。这是粉碎"四人帮"后上海文教学术界的一次重要会议,由市委宣传部部长车文仪主持,中宣部部长张平化和市委书记彭冲讲了话,复旦大学党委第二书记王零和周谷城、郭绍虞、漆琪生、胡曲园、蔡尚思、谭其骧等教授及借调在党委办公室的历史系教师李华兴参加。会上发言的有吴泽、漆琪生、王个簃、袁雪芬、巴金、孟波、丁善德、秦怡等。由于发言的人多,谭其骧没有机会发言。会后招待看英国、法国两部电影,他对电影没有兴趣,又感到很累,想早点回家休息,但没有车,只能等大家看完后一起走,到家已晚上十一点多了。

2月1日上午,谭其骧一早就到研究室,向全室人员传达了两个月来的工作成果和存在的问题。结束时他已感到非常疲倦,但李华兴来找他,说因他昨天没有发言,请他谈谈参加会议的体会。他不好意思推辞,谈完后已近十一点。他挟着几册新领到的《中国历史地图集》回家,只觉得脚步越来越沉重,刚走进第九宿舍的大门,左腿就不听使唤,手里的地图也拿不住了。旁边有人发现,急忙将他扶回家去,他已说话不清,口角流涎。家人赶紧到谈家桢家打电话叫来校车,将他送往第六人民医院,在急诊处确诊为脑血栓形成。

经抢救,他的病情稍稍稳定,但2月10日发现患了急性阑尾炎。动手术后,17日又出现溃疡,大便出血。24日给他做胆囊造影,发现了空肠瘘,只能停止进食,在小腹左侧插管进营养液。由于每天出血、流液不止,仅靠营养液无法维持,病情日益严重,医生多次会诊,难以确定治疗方案。最后决定动手术,又因他突患肺炎而作罢。3月6日,瑞金医院医师董方仲决定不开刀,用保守疗法,改用鼻饲营养,终于见效。至中旬,肠胃病基本痊愈,刀口愈合。

在他病情险恶的时候,他还念念不忘自己的工作。当他还没有脱离危险,躺在病床上接受输氧、输液时,陈桥驿去看望他。听到陈的话音后,处于半昏迷状态的谭其骧居然用轻微的声音开口说话:"桥驿,请你转告杭州的老朋友们,我不会死,我还要好起来继续工作的。"他正是以自己坚强的毅力战胜疾病,顽强地生存了下来。但由此治疗并发症延误了脑血栓后遗症的治疗,使谭其骧从此半身不遂,左半边肢体的活动能力丧失了一大半。3月底起用针灸治疗,5月3日转至龙华医院,改用中医中药,但收效不大。考虑到今后的工作将大受影响,谭其骧的情绪一度低落,当年10月30日他在给周一良的信中写道:

弟二十余年来始终置身于集体工作中。集体著作不能尽如吾意表达,有时甚至发现显著错误亦不克改正,其间个人读书有得,又绝无时间整理成文。近年《历史地图集》已付印制,今春《中国自然地理·历史地理》编撰写审稿初步结束,方谓今后当可逐步脱身于集体工作之外,尽我余年,从事撰述矣,不意竟于审稿结束后二日,今年二月一日中午,罹此中风恶疾(西医谓之脑血栓形成)。二月中旬又因神经中枢混乱对肠胃失去控制,发生应激性溃疡及空肠瘘,每日大量出血并流失胆汁胃液,至二月下旬三月上旬,病势危急,几乎不起。赖组织重视,大力抢救,三月中旬以后方得逐步转危为安。但以治肠胃出血与治瘫痪有矛盾,方肠胃出血有性命之虞时不得不置瘫痪于不问,迨肠胃愈合,乃转而顾及左半身瘫痪,则为时已晚,故恢复进度相当迟缓。自春徂夏,略为好转,自夏入秋,遂停滞不进。至今左腿踝关节及脚趾不能活动,扶杖而行,仅能走百十步,即不再能举足离地。左臂仅能举起七八十度,不能平举,更无论高举。左手不能紧握,更无论操作。因此生活迫不能自理,赖儿女更番来医院相伴护理。自得病至今已九阅月,仍不知何日始能出院,何日始能部分恢复工作。江南房屋无取暖设备,医院亦不例外,病体畏寒,冬季更不知如何度过。

根据近三四个月进展情况看来,今后若不出现一近乎奇迹的飞跃发展,此生大抵已无行动自如之望。为学虽主要靠头脑,然架上图书不克抽阅,箧中旧稿艰于检理,则欲求有所撰述,其可得乎?足不能登火车飞机,加以生活不能自理,则不可能出游外地。惠书谓"不知何日始克把晤",此事弟已无能为力,只得期待吾兄之南来矣。

弟素性乐观,医院中病友亦颇以此见许。只以迩来数月不见进展,故不免悒悒。自知病中不宜如此,其奈无法开怀何?

以后又转至华东医院,因进一步康复无望而出院,前后在三家医院共住院一年又八个月。不过谭其骧并没有长期悒悒,在病情基本稳定后,他面对现实,努力使自己适应半身不遂条件下的生活和工作。实际上,从1979年他就开始去外地开会,到1991年10月他最后一次发病,他的足迹北至长春,南至中越边界,西至昆明,东至日本列岛,并曾经在我们的扶持下登上长白山天池,乘火车飞机上百次。他不仅依然"有所撰述",并且完成了上百万字的成果,仅编入《长水集续编》的就有38万字。

"你们应该超过我。"

1977年底,谭其骧得知国家将恢复研究生入学考试,已准备招收研究生。1978年招生时,报考者相当踊跃,经初试后,周振鹤(福州大学探矿专业1963年毕业生)、周曙(南京大学历史系1967年毕业生)、杨正泰、顾承甫(杨、顾均为复旦大学历史系历史地理专业1967年毕业生)和我有幸参加复试。7月的一天,我们去龙华医院的病房参加口试,我第一次见到谭其骧。

他原计划招生两名,但考虑到急需人才,考生的基本条件都能合格,就决定将五人全部录取。

中华人民共和国成立后,谭其骧能全力从事教学的时间很少,只招过三位研究生,即钮仲勋、胡菊兴、史为乐。钮仲勋,1953年毕业于复旦大学历史系,1957年成为中国科学院地理研究所的在职研究生,由谭其骧指导。因其间谭其骧返回复旦大学,请北大侯仁之教授代带。1962年毕业。他一直在地理研究所工作,后以研究员退休。胡菊兴,女,1957年毕业于复旦大学历史系,同年录取为研究生,1961年毕业后留研究室工作,后提升为副教授。史为乐,1962年毕业于复旦大学历史系,同年录取为研究生,1965年毕业,分配至中国科学院历史研究所工作,后任该所历史地理研究室研究员。谭其骧长期不能多招研究生的另一个原因,是研究生的招收一直没有实行真正的自由报考,往往需要首先由党组织根据"政治条件"决定,导师没有挑选的余地。所以谭其骧对这次招收的研究生非常重视,希望在晚年找到合适的接班人。

我们在当年10月入学时,谭其骧还住在医院,但他坚持要给我们讲课,第一堂课就是在华东医院的大厅里讲的。由于厅堂高大宽敞,来往人多,声音嘈杂,他讲得很累。从第三次起,才通过在辞书出版社工作的朱芳向出版社借了一间在医院附近的房屋作为课堂。除了上课,他还要接待我们的单独问学,审阅、修改我们的习作。当我写了一篇关于清初地图测绘的文章送到龙华医院他的病房时,他正在接受头针治疗。见到他的头上插着好几根银针时,我放下稿子就告辞了,他却留住我,仔细地问了有关情况。我不忍看着他这样多说话,再次告辞,他又挽留,说:"你别看我头上扎着针,其实没有什么不舒服,反正又不能做其他事,正好跟你谈谈。"

1980年底,我在《历史教学》上看到几条《中国历史大辞典》的试写条目,其中"北京"一条引起了我的兴趣,因为正好我的笔记中记着魏晋南北朝的几条有关地名称"北京"的资料。我对了一下,发现都没有被引用,就去告诉了谭其骧,却不知道"北京"一条就是他写的。他听到后很高兴,要我写成一则札记,说要交给《中国历史大辞典通讯》刊登,以引起大家的重视。《通讯》第二期果然登了这条札记,还同时发表了他给编辑部的信:

《中国历史大辞典通讯》编辑部:

    葛剑雄同志是我的研究生,他近来阅读魏晋南北朝史料,发现了四条关于"北京"的资料,都是我所写的、刊登于《历史教学》1980年第七期上"北京"一条中所没有提到的。他跑来告诉我，我听了很高兴，特意要他写成札记一条，兹随函附上，即以推荐给《通讯》，希能予以刊出。今后"北京"一条定稿时，我准备把这四条资料都收进去。那期《历史教学》上选登了历史地理十五条，现在已有三位同志对我们的辞条内容提了意见，都或多或少能帮助我们提高质量。由此可见，编写辞书在正式定稿之前，先通过某种方式让辞条与读者见面，广泛征求读者意见，确是一个好办法。

敬礼

谭其骧　三月四日

他认为《通讯》是内部刊物，看到的人有限，又让我将札记在《历史地理》上发表，在修订《辞海·地理分册·历史地理》和《中国历史大辞典·历史地理》定稿时，他都在"北京"一条中增加了这四条资料的内容。

我们五人中，周曙因家庭急需照顾中途辍学，回浙江长兴县原单位工作，后任副县长等职；其余四人于1981年毕业。我已于此前一年担任谭其骧的助手，留研究室工作。杨正泰也留室。顾承甫分配去出版社。1982年初首批博士研究生招生，周振鹤被谭其骧招为博士生，我被录取为他的在职博士生。1983年8月，周振鹤与我经教育部批准，提前通过论文答辩，10月获得历史学博士学位，为全国文科首批。

10月19日下午，学校为授予茅诚司名誉博士和我们两人的博士学位，在数学系礼堂举行了隆重的仪式，由学位委员会主席、名誉校长苏步青主持，校长谢希德讲话并颁证，年高德劭的朱东润教授代表教师致贺词，国务院学位委员会的负责人也参加了仪式。当我们从谢希德校长手中接过博士证书后，向坐在台下第一排的导师谭其骧深深鞠躬致谢。仪式结束后，记者为他和我们一起合影留念，这张照片次日刊登在《解放日报》上。那天谭其骧异常兴奋，因为这也是他培养的第一批历史地理专业的博士。1985年恢复职称评定后，周振鹤与我被评为副教授。1991年我们晋升为教授，1993年被批准为博士生导师。

1982年，谭其骧招收吉林大学历史系考古专业毕业生王妙发为硕士研究生，次年又招了本校毕业的郁越祖和卢云（入学后分别由邹逸麟、吴应寿任副导师）。此后他专招博士生，先后被录取的有：王妙发，后改为中日联合培养，去日本大阪大学学习，获东洋史博士学位，后任日本和歌山大学教授，退休后由复旦大学历史地理研究中心聘为教授；卢云，现在美国工作；刘统，

1983 年 10 月 19 日,谭其骧同获博士学位的学生周振鹤(左)、葛剑雄(右) 合影

山东大学历史学硕士,后任中国人民解放军军事科学院大校研究员,退役后由上海交通大学历史系聘为教授,2022 年病逝;王新民(王颋),南京大学历史学硕士,研究所在职生,后任暨南大学教授,2018 年病逝;曹树基,南京农学院农学硕士,后任上海交通大学历史系主任、教授,已退休;吴松弟,本所硕士,研究所在职生,后任本所教授,曾任所长、中国地理学会历史地理专业委员会主任;张伟然,湖南师大地理系研究生毕业,陕西师大历史学硕士,现任本所教授;靳润成,天津师大历史学硕士,获博士学位后去华东师大地理系作博士后研究,出站后回天津师大任教授、校长、天津市教委主任、天津市人大教科文卫办公室主任等。其中吴松弟由我任副导师,张伟然、靳润成由周振鹤任副导师,都是在谭其骧逝世后毕业获学位的。

　　谭其骧对研究生采用启发式教育,除了讲授历史地理要籍如《禹贡》《汉书·地理志》及历代正史地理志外,一般不上什么专业课,但他非常欢迎学生主动提出问题,或与他谈自己的见解,往往一谈就是一两个小时。不管工作多忙,只要有学生来,他总乐意接待。谭其骧常说:"好学生不是教出来的。你们得靠自己学。"这固然是他的自谦,但的确表明了他的观念,因为他认为,对研究生来说,主要是培养能力和见解,而不是一般性的知识传授。他对学生的论文看得很仔细,博士论文一般都有一二十万甚至三四十万字,为此他要耗费大量时间,但他总是说:"我这个老师是很不称职的,平时教得少,只能在论文上把一下关。"有几位博士生的学位论文在完成前都有过重大修改,就是出于他的指导。答辩和发表后证明,他的意见是极其重要的。他不仅看自己指导的研究生的论文,每年还有不少其他导师或其他学校送来的学位论文,他也都如此认真,一篇博士论文都要看一两个星期。有时我看他实在忙,就建议他简单翻翻算了,但他宁可只看其中的一部分,并且在提意见时加以说明,也不愿意草草了事,敷衍应付。如果发现了高质量的论文,他也会及时肯定,大力表扬。本所硕士生胡阿祥的论文送他审阅,他看后认为是研究东晋南朝侨州郡县的重大成果。为了慎重评价,他特意寄给他的好友周一良教授。周一良给予高度评价,他认为这篇论文达到了北大博士论文的水平。

他最关心的是学生如何超过自己,所以每次听到与他不同的意见,或对他的论著提出批评,总是加以鼓励。张伟然当谭其骧学生不久,曾与他谈到自己对洞庭湖演变过程的一些看法与张修桂发表的论文有所不同。事后张伟然得知这篇论文就是谭其骧的观点时,颇有些紧张,问我有没有关系。我告诉他,只要言之有理,就是直接反对他的观点也没有什么关系;要是提错了,他也会指出你的问题所在,我们与他在学术问题上的争论是常有的。谭其骧说:"我当然应该超过钱大昕、王国维,你们更应该超过我,要不,学术怎么能进步?"

对学生提出的问题,谭其骧经常用书信的方式答复,你劝他:"写信太花时间了,还不如打个电话找他们来,当面说一下省事。"他说:"学校里过来路远,他们的时间也花不起,还是我写吧。"他一生中的最后一封信就是写给博士生靳润成的,是为了答复他的论文大纲:

润成同学:

惠书收悉,简答如下:

拙撰《释明代都司卫所制度》系三十多岁时所作,此后即未尝再事钻研,恐内容不免有差错疏漏,绝不可奉为准绳。你在使用核对过程中,如发现问题,请随时予以指出见告。该文只讲到都司卫所的统隶关系,完全不接触制度的具体情况,这是由于我取材只限于《兵志》《地理志》之故。现在你翻阅全部《明实录》,正可搜集制度方面的材料,把这方面的制度讲清楚。

《明史·地理志》将卫所分成有实土、无实土两种。实际所谓实土卫所指的是设置于不设州县处所的卫所,无实土卫所则指设于有州县处。前者因无州县,故即称其为某某卫、某某所,后者即以某州某县称其地,因其地绝大多数土地人口皆属于某州某县也。但有一小部分土地人口是属于卫所的。如今之上海吴淞江以南,明世置松江府领华亭、上海、青浦三县,另有金山卫、南汇所、青村所置于华亭、上海境内,故此一卫二所便不作为实土卫所,但此一卫二所下还辖有隶于卫所的军士及其所垦土地,并非真正无土。不过这种卫所确是搞不清楚的,当时应有册籍,但不见于《明史》《明会要》,估计《明实录》里也不会有这种材料。地方志里有的可能有些记载,也不会完备,有的可能也不予记载。所以要搞清楚某一个卫所所管的土地的范围,看来绝不可能,我们还是只能分成其地有无州县两种,有州县则其地之卫所即作为无实土,无州县处则其卫所作为有实土。但边区很可能有些处所既有州县又有相当地域属于卫所,明见于记载,希望也能有所交代,做到州县与卫所并见。

一般的无实土卫所,也请你在地图上将卫所的治所点出,据此即可以正确地画出各都司、行都司、留守司、直隶都督府的范围。

明代都、布、按三司的辖区虽然大体相同,但有出入之处也不少。我们要求你能画出一幅各布政司、按察司、都司的正确辖区范围来,让读者能从这幅图上看清三司的各自辖境。明代的疆域简称为两京、十三布政司,实际有一部分疆域不属于十三布政司,而属于二十一都司、行都司、留守司。州县与卫所又各有直隶区两个,而境界又各有出入。这是需要搞清楚的,这是可以办到的。

督抚以搞清设置废罢分并及辖区变迁为主要目的,但你在看到有关督抚职掌的记载时,亦应记下来。

行省变三司的下限当然是洪武九年(改行省为布政使司)、十三年(罢中书省以所领州县直隶六部),这应该没有什么疑问。

在培养计划中所谓"中国历史政区地理",我向来惯称为"中国历代政区"或"历代行政区划",究竟用"历史"好还是用"历代"好,我吃不准,似可大家讨论一下再确定。

研究历代政区的具体内容,应括(该)不仅指历代正规的通行于内地的州、郡、县、道、府、省等,还得包括设于边区的特殊政区如镇、戍,羁縻府、州、县,清代的将军、办事大臣辖区等;不仅指统治编户的州县,还得包括统治军户的,如六朝镇戍、明代的卫所等;不仅指由朝廷任命的地方官管辖的区域如州县等,还包括由当地酋豪世袭、朝廷只畀以名义的区域如羁縻州、羁縻卫所、清代的盟旗等。

目标有三个问题,"1.由行省制向三司辖区的演变""3.明卫所辖区的演变",卫所辖区是搞不清的,已如上述。要请你搞的是都司一级的辖区的演变,即两直隶区、十六都司、五行都司、二留守司的辖区。三司本包括都司,故3与1有重复。要搞清楚全部卫所辖境肯定不可能,但可能会有少数几个有卫志传世的卫可以搞清楚,搞一二个这样的,写出来作为明代卫所情况的例子,很有意思,赞成你搞。复旦图书馆有康熙《天津卫志》,康熙去明不远,可能保留有明代资料,不妨试试看。

谭其骧　10.14

明知不可为而为之:编绘《国家历史地图集》

1982 年,当《中国历史地图集》刚开始出版,不少后期工作还有待完成时,一项新的更艰巨的任务又摆在谭其骧的面前:由全国政协委员提案、经国务院批准,国家决定恢复 20 世纪 60 年代初中止的《中华人民共和国国家地图集》的编绘工作;其中《国家历史地图集》的主办单位中国社会科学院提名由他担任总编辑,主持编绘。当时他已年过七十,不少友人劝他不要再承担这样大的集体项目,历史系杨宽教授直截了当地对他说:"我的经验就是不参加集体项目,这些年才能写出几部书来。我劝你不要再揽这样的事,把来不及写的文章写出来。"但他还是毅然受命。

1982 年 12 月 14 日,国家历史地图集编委会第一次会议在中国社会科学院近代史研究所三楼会议室举行。社科院副院长张友渔任编委会主任,谭其骧、侯仁之、史念海、夏鼐、翁独健等任副主任,谭其骧兼任总编辑。谭其骧提出了编纂方案,会议初步确定了图组的设置和工作计划。此后,几乎每年都要举行一次编委扩大会议,并陆续完成了一批图稿。

但工作开始以后,就遇到了在编绘《中国历史地图集》时从未有过的困难。

首先是经费奇缺。国家只拨发了少量经费,随着物价的上涨,更显得杯水车薪,难以为继。不仅分到各个图组的经费极少,连支付绘图费都不够,就是他这位总编辑能使用的也相当有限。为了节省经费,他到北京开会和审稿时经常住在近代史所招待所的一间平房内。白天电话常打不出去,晚上总机下班,电话又接不进来。每天只有晚上供应几个小时热水,而此时一般都来客不断,等客人走后热水早已断绝。食堂供应时间也很短,有一次金冲及和另一位客人来看他，刚坐下食堂就来催他去吃饭，因他行走不便，出门去饭馆更难，只能下逐客令。金冲及是熟人，就陪他去食堂，等他吃完后再谈，另一位客人只得告辞。他一位亲戚、民盟中央副主席叶笃义来看他，不禁大吃一惊："你怎么住在这样的地方？你们做这样重要的工作，不能找一个好一点的地方吗？"

《国家历史地图集》的编绘人员虽然几乎包括了国内各主要单位和历史地理学界的大部分同行，但大家同时承担的科研和教学任务很多，国家重点项目也不少，不可能集中精力于这一项。《国家历史地图集》涉及历史自然和人文地理的各个分支，许多图组很难找到可以利用的成果，在国内外也都没有先例可循，前期研究的任务很重。这与当年编绘《中国历史地图集》时要人有人，要钱有钱，一路绿灯，编绘内容又集中在疆域政区，他以四五十岁的盛年驾轻就熟的情况实在不可同日而语。但谭其骧还是拟订了图组和大部分图目，审订了各种工作条例和文件，主持了历次编委会和工作会议，审阅了大多数已完成的图幅。特别是在保持和提高图幅的质量方面，他总是认真考虑、反复推敲、竭尽全力。

1988 年 1 月 26 日，谭其骧参加国家历史地图集编委会会议（前排右二为谭其骧）

1990 年 4 月 5 日至 7 日，谭其骧最后一次在北京主持《国家历史地图集》的工作会议，常常显得精力不济，所以我与中国社科院科研局的高德（时任国家历史地图集编委会秘书长）商定，下一次会议时不再请他到北京去，我们可以随时用电话请示。他得知后对我说："从1982年以来，编委会副主任中已经走了夏鼐、翁独健，我也不会等到《图集》出全的，但希望能看到第一册。"他还不止一次对我说过："现在大家对《中国历史地图集》的评价那么高，老实说这是因为以前没有。但这毕竟只有疆域政区，称历史地图集是名不符实的，只有《国家历史地图集》搞出来了才能算数。这件事情完成了，我这一辈子也就不白活了。"我深知，他把编绘出一本足以反映我国历史自然地理和人文地理研究成果的、世界第一流的巨型地图集当作他一生的最终追求，作为他对祖国、对学术的最后奉献，明知不可为而为之，一切困难和个人的利益早已置之度外了。

谭其骧在重病卧床的十个月间，已经无法说话或写字。每当我们向他提到《国家历史地图集》或给他看高德的来信时，他常常号啕大哭，不能自已。我将图集编委会主任张友渔同志逝世的消息告诉他时，他更是久久不能平静。只是在我从北京回来，告诉他《国家历史地图集》第一册的图幅已大致完成，可以转入设计时，他才露出欣慰的笑容。弥留之际，我对着他耳朵大声说："你放心，我们一定把《图集》编出来。"我不知道他究竟能不能听到，但我相信这一定是他最愿意听到的话。

可以告慰谭其骧的是，经过种种曲折，《国家历史地图集》的经费终于有了着落，在全体编绘人员的努力下，三册中的第一册已经于2005年出版。我于2018年接受中国社科院的聘任，担任第二、三册的执行主编。目前第二册已经完成设计，交付制印出版。第三册已完成图幅编稿，进入设计。这部有一千余幅地图，四开本、三巨册的《国家历史地图集》将在近年出全。

超越死亡

那是在1988年2月1日，谭其骧在北京开完了《国家历史地图集》工作会议，利用一天的空闲时间访友。上午十点，我陪他到了后拐棒胡同周有光家。周有光和夫人张允和热情款待，张允和还抱怨谭其骧不早一点通知，好让她有个准备，现在弄不出什么菜吃，实际上午餐时几款精美的菜肴使大家吃得津津有味。他们是相识三十多年的老朋友，我也已随谭其骧去过周家很多次，所以他们谈得很自在。

谭其骧告诉他们，今天是他脑血栓发病十周年，大难不死，还能来访友，很高兴；还说："今天到你这个寿星家来，也好图个吉利，多活几年。"周有光听后哈哈大笑,说:"你错了,我只有 3 岁。"面对我们的惊奇,他徐徐道来:"我过了 80 岁生日,就宣布旧的周有光死了,我已经获得了新生,新的周有光只有 3 岁。所以别人过了 80 岁就在担心还能活几年,在数日子,我过了 80 却从头算起,这些年都是额外得来的,还能不高兴吗?"随后,他兴致勃勃地给我们看海外一本杂志封面上他和张允和的大幅合影;还在一台电脑文字处理机上作操作表演,边打出一串串词组,边解释使用汉语拼音输入的好处;他的言语、动作和思维真使人难以与一位 83 岁的老人联系起来。

归途车上,谭其骧十分感慨,说:"周先生真了不得,不但身体好,心境也不同于一般人,肯定能活 100 岁。不过,要像他那样算法,我也已经赚了 10 岁了。"当时,还差 24 天他就满 77 岁了。

1988 年 7 月 26 日,我随谭其骧去北京出席中国史学会代表大会,住在京西宾馆 351 室。当天和 27 日,他午睡都没有入眠,外出开会早上又不能晚起,晚上却无法早睡,所以感到很疲倦。但他兴致仍然很高,有客人来访就聊得很高兴。28 日,他早上七点就起身了,八时半参加全体会议,十点半参加第二小组的讨论,当天的会议至下午近六点结束。回房间后,文物局文献研究室的景爱在等他,请他为一项基金申请签字。晚饭后在室内填写大会选票,七点去投票,然后到三楼会议室参加主席团会议,十多分钟就结束了。回室后,白寿彝来访。他们已多年不见,见白寿彝已不良于行,谭其骧不胜感慨。白寿彝说:"明年是建国四十周年,我们都是 75 岁以上的老人了,我想约老人合出一本论文集。不是不要年轻人,他们以后机会多得很。"谭其骧说他的主意很好,只是自己太忙,恐怕不一定能完成。谈了一会,白寿彝在助手搀扶下缓缓离去。谭其骧说:"那年(1981 年 5 月)在香山别墅开民族关系史会,我已用拐杖了,白先生多精神。可是岁月不饶人,还是周一良说得是:老健不足恃。"(这是周一良给他的一封信上引用的几句古语之一,另三事是春寒、秋热、君宠。)正说着,洪廷彦和郦家驹来了,不久周振鹤也来了。谈到十点,洪、郦先告退。周也要走,谭其骧说:"早了也睡不着,可以再坐一会。"近十一点周振鹤走后,他在沙发上休息。我见他颇有倦意,劝他早点睡,他说还是做完功课吧,所谓功课就是每天的日记、睡前的一套自编的健身动作、吃安眠药。其他事情我可以代办,这三样却无能为力。他的药品种很多,不同的情况有不同的吃法,所以从来就是他自己从各种瓶中、包中配全,我的任务就是备好开水。

吃完安眠药,已经快十二点,他说昨天没有洗澡,还是洗个澡吧。见他坚持,我就作好准备,让他尽快入浴。平时他出入浴盆时,都是由我一手拉住他患病的左手，一手托在他右边腰上，他自己用健康的右手拉住浴盆旁的扶手慢慢坐下或站起。可是那天洗完澡，我刚将他扶起，他的右脚就打滑，站立不稳，我立即跳入盆中，双手抱住他后腰，又用左脚将他的左脚顶出浴盆，好不容易才使他跨到地上。我说："你先上床，我把毛巾传出来擦身。"他说："洗把脸再出去吧。"才走到脸盆前，他的脚向前滑去，人向后倾倒，我一把将他抱住，不知哪里来的力量，将他抱进房间，放在床上。这时，他的脚还垂在床外，我却再也没有气力挪动他的身体了，就拉过一把椅子将他的双脚搁上。

我知道这次会议配备着中央文献研究室的保健医生和急救药品，马上拨通了电话。放下电话，我奔到走廊上，见三楼会议室还有灯光，原来是姜义华等人在计票，见我惊呼，立即赶来。这时谭其骧已完全失去知觉，医生打了急救针后，他开始说胡话，我只听到他重复着几个含糊不清的词语。医生说最好不要让他昏睡，我们不停地呼唤他，但他还是毫无反应。后来又说胡话了，过了一会我听见他叫他媳妇的名字，又说："葛剑雄怎么还不来？"我马上答应，但他又睡着了。这时救护车已到，大家拥着担架上电梯，送往解放军301医院。

在去医院途中，他似乎有了一些知觉，问我现在在什么地方，我说刚才你不大舒服，我们送你去医院检查一下。在急诊室，他慢慢清醒过来，但一点不知道刚才发生的事情。医生做了检查，没有发现明显的后遗症，而脑部的检查一时又无法做，看一时没有危险，就开了一些药，建议先回宾馆休息。听了他的病史介绍后，医生严肃地对他说："老同志，不能再这样工作下去了。要不你连现在的情况都保不住啊！"

回到房间已凌晨两点多，他很快入睡了，我却怎么也睡不着，深恐因自己不能及时发现新情况而耽误大事。四点钟后，我见他呼吸均匀，睡得很安详，才上床睡觉。早上他对前一夜发生的事基本没有什么印象，只依稀记得到医院后的事。我与在场的人约定，为了不给他造成心理影响，不要把事情说得过于严重，只说是由于洗澡引起头晕，等回上海作详细检查后再说。他则认为是由于安眠药吃早了，因为平时都是先洗澡，再吃药，吃完药就睡觉了。上午十点医生来打针后，他就又去听大会报告。金冲及等人见后，再三劝阻，他才回房间休息。

我们原定在这次会后直接去哈尔滨，参加在黑河召开的《东北历史地理》审稿会和黑龙江地区的考察。这是一个他很关心的项目，因为从开始到完成初稿，他已作过多次指导，他一直认为，东北地区历史地理研究的空白应该尽早填补。他与项目主持人、辽宁省社科院历史研究所的孙进己还有过一段特殊的交往。孙进己虽然长期享受"右派"待遇,对历史地理和民族史的研究却不改初衷。粉碎"四人帮"后,他调入辽宁省社科院,在谭其骧的指导下组织了一批东北学者,开展了一系列的东北历史地理研究工作,并获得国家社会科学基金的资助。因此谭其骧坚持要按原计划在会后去哈尔滨,我们只能以买不到车票为由使他返回上海。

回上海后,我即经沈阳去哈尔滨,将他的意见带给审稿会,行前将在北京发生的事情原原本本告诉了他的子女,要他们立即安排作检查。8月9日,原定下午三点去八五医院进行血液检验,但到了时间学校的车没来。打电话给汽车间、校长办公室,还是没有车来,汽车间接电话的人甚至说"复旦大学的老教授又不止你一个,派不出车又有什么办法"。10日上午用出租汽车公司的"特约用车卡"叫来出租车去医院,医生当场就说他的血凝度高,每年要住院休养一个多月。回家时又叫不到车,只能挤上56路公交车。

8月10日上午,得知他验血的多项结果都超过正常指标,下午就带他去华东医院做核磁共振检查。医生发现除了右脑有陈旧性血栓外,左脑也有5毫米血栓,要他立即住院。这说明,那天晚上,死神的确曾经逼近过他。经过三个疗程,到9月19日他才出院。

1990年6月16日下午,谭其骧感到两脚无力,六点钟送走客人后,走路已相当困难,吃晚饭时右手几乎握不住筷子。晚饭后家人送他去华东医院检查,值班医生检查后说没有什么问题,但回来后他发现连握笔都已十分困难。他改而看书,到凌晨二时三刻睡觉。第二天上午他看到昨晚写的字,自己都辨认不出,步履也更艰难。下午又去华东医院,医生见状立即将他送进病房。第二天,我们闻讯赶去,只见他原来健全的右侧也已麻痹,右手无法握笔,连翻身都不能自主。我将一支圆珠笔夹在他手上,请他签了个名,他写不成字形。走出病房门后,我与邹逸麟都感到了事态的严重性。19日病情继续加重,我问医生还有什么可能,他说什么事都可能发生,现在没有脱离危险期。

他自己却没有那么悲观,坚持每天记日记,尽管开始几天写的连字都分不清。6月29日,他开始用筷子吃饭,以便使右手得到锻炼,并在护工的帮助下起床走路。7月4日,他自己用皮围车帮助走到了走廊另一头的护士室。7月28日,医生同意他出院,但要他在家里休息一两个月,并提醒千万不能第三次中风;还给他规定了五条:一、不能被动吸烟;二、血压应保持正常,勿高勿低;三、体重不能再增加;四、不能睡得太晚;五、工作不能劳累。8

月 25 日,医生又查出他有糖尿病,要他不吃糖。但他的糖尿病并没有控制住,以后成为他临终前并发症的一种。

当时他写字和走路仍很困难,我们都担心他还能不能出席将要在 11 月份举行的庆祝谭其骧八十寿辰暨从事学术活动六十周年国际中国历史地理学术讨论会,他却信心十足地说:"我不能坐在轮椅上进会场。"奇迹终于出现了,他不仅自己走上了开幕式的讲台,而且顺利地宣读了主题报告。

在 16 日的闭幕式上,谭其骧要求在散会前发言。根据会议规定,临时报名发言,不得超过十分钟,掌握闹钟的研究生问我到时要不要打铃,我说照样打。谭其骧说:这次会议的论文中有不少好文章,可以改正《中国历史地图集》中的错误,希望大家对《图集》多提意见,也为《国家历史地图集》的编绘提供素材。他还举了几个例子。他的话音刚落,铃声恰好响起,会场上爆发出异常热烈的掌声,大家不仅在赞扬他虚怀若谷、对事业极端负责的精神,也为他驾驭自如的讲演能力、清晰的思维和条理所折服。但我心里明白,虽然他又一次拒绝了死神,却已经付出了太多代价。

1991 年 6 月 23 日,我随谭其骧乘九时二十分的飞机去北京,参加中国科学院学部增选新委员的大会,住在京西宾馆新楼 507 室。前一天晚上他十二点半睡觉,这是比较早的,却终夜没有入眠。吃完午饭已经较晚,他想午睡,又没有睡着。当晚没有客人来,他为《安阳社会科学》杂志起草了一份题词,说要早点睡,十一点过后开始坐在写字台前记日记、吃药。我坐在床边等他,他说马上就好,过了一会再叫他,却没有答复,一看,他竟坐在椅子上睡着了。我叫他,摇他,都不见动静,知道情况不妙,一边抱住他身体,防止倒下,一边拨通电话召来医生。会议领导和医生立即赶到,大家抬着他放在床上,情况与 1988 年那一次相似,但没有说胡话。送到 301 医院后,他又醒了。我自然比上一次更紧张,我知道自己完全没有能力帮他抵御死神,连发现预兆的能力也没有。但即使发现了,又能做什么呢? 医生不早就发出警告了吗? 但能使他完全休息吗?

第二天,科学院张玉台秘书长等与他商量,要不要提前回去休息。考虑到这次提名和投票至关重要,他没有同意,他们只能要我随时注意,小心照顾。6 月 30 日晚上回到上海后,他似乎不愿意谈论那天晚上的事。友人与学生们不时劝他珍惜身体,细水长流,他对我说:"我何尝不知道休息? 不知道保命? 但活着不工作,或者不能工作,又有什么意思?"工作早已成了他生命中不可或缺的一部分,成了他不可取代的或许是唯一的乐趣。他心里是清楚的,留给他的时间已经不多了。他曾坦然地与我谈到死亡,说:"我不像

1991 年 6 月 24 日,谭其骧与中国科学院地学部学部委员合影(前排右二为谭其骧)

周有光,是活不到 90 岁的。我不会等到《国家历史地图集》出版,但希望多活几年,看到第一册出版。"

经常在他身边的我感到他的精力和体力都明显地衰退了,那天晚上的事更使我产生了一种不祥的预感,他还有多少能力驱赶日益逼近的死神? 我不敢多想,但又不敢不想。我曾经与他的大女儿谈过,她问我能不能方便时问一下他对身后的安排,我也有这样的想法,但得找到合适的时机。

于是我加紧了《长水集续编》的整理选编,在 9 月间打印出了一个目录请他审定。10 月初,谭其骧打电话给我,问我哪一天可以在上午去他家,并说白天家里没有人,中午可以在他家吃饭,这样可以有时间谈些事。因为白天交通拥挤,从复旦大学往返淮海中路他家往往得花好几个小时,我一般是晚上去的。我意识到他肯定有重要的事要我办,就约定了时间。7 日上午九点多我到他家时,一向晚起的他已经端坐在客厅的沙发上。果然,他郑重地向我交代了捐资 2 万元,作为设立一项资助历史地理研究的基金的首批捐款,委托邹逸麟与我管理;他要求我们务必对捐款的来源保密。他还谈了对身后事的安排,包括骨灰撒海的意愿。他说:"我告诉过他们(子女们),我死了以后将骨灰撒在海里,她(李永藩)的也一起撒掉。"我尽力用理智克制情感,认真记下他的嘱咐,并请示了一些细节问题。

その実在两年前谭其骧就与我谈过，想捐一笔钱资助历史地理研究。他说："看到现在中青年做研究这样困难，《历史地理》出版一拖再拖，我很不安。我没有什么积蓄，但还能拿一点出来。你替我想个办法，怎样捐出去帮助大家。"我知道他因长期主持集体项目，个人论著不多，稿酬有限，而他病后家中开销颇大，1981 年李永藩也中风瘫痪，直到 1985 年去世，护理、保健和保姆的费用一直是不小的负担。所以我几次劝他把钱留下，以待不时之需。但这次他却说："我的时间不会多了，等我走了，恐怕你不一定办得成。""我知道这点钱做不了什么事，如果我不死，以后还可以捐，你们也替我想想办法扩大基金。"我自然没有任何不接受的理由了。他拿出一个存折，让我去淮海路储蓄所取出，又加上原暨南大学学生、香港大学高级讲师章群去年作为寿礼赠他的一笔钱，合计 7000 元，作为第一笔捐款。

午饭以后，他拿出《续编》目录稿，告诉我已想了几个栏目。我看到在《秦关中北边长城》一条后面写着"四毋斋丛考"，旁边的空处还写着"方志论丛"。他说可以将补白一类编在一起，名为"四毋斋丛考"，取孔子"毋意、毋必、毋固、毋我"（《论语·子罕》）之意。又说："这几年有关方志的文章倒有好几篇，可以编为'方志论丛'或'地方史志论丛'。""有几篇文章是不是可以合为'悼念故旧'，但这个名称不大好，你帮我再想想。""集子的名字也不一定再用《长水集》，可以换一个，但我一时还想不出，以后再说吧。"

还讨论的一个问题，就是《续编》要不要收他在编绘《中国历史地图集》过程中所写的考释文字。原来在编绘工作基本结束后，研究室已经将大家写的释文一起汇编装订了，除供同人因工作需要查阅外，还准备进一步整理出版。1981 年我刚当他助手时，就已经开始抄录他所写的释文，以便他修改增补后可收入《续集》。但考虑到如果将他所写的释文单独整理，先行发表，必定会影响其他释文的顺利出版，他就要我停止抄录。尽管所里的整理计划因种种原因未能实行，那天他还是要我不要急于将释文收入，先与所长邹逸麟商量一下。

几天后，我根据他的意愿起草了一份"捐资意愿书"以及邹逸麟与我的"接受委托书"，将它们同修改后的《续编》目录一起邮寄给他。18 日十二点多，他打电话到所里来找赵永复，正好由我接到，告诉他可以由我转告。在谈完其他事后，我问他信收到没有，他说："收到了，你什么时候来我就签字。目录也没有什么意见，就这样编吧。"我与他约定第二天（星期六）晚上去取回这两份文书和目录，并与博士生王振忠一起去听取他对王的博士论文的意见。可万万没有想到，就在放下电话不久，他在餐桌上突发脑溢血倒下，从此直到次年 8 月 28 日去世,再也没有能够说过一句话,写过一个字,这次电话成了他对我的最后嘱咐。

从他留下的日记中,我看到了他最后几天的工作记录:

10 月 13 日是星期天,上午他接待了曲友陈宏亮,抄录了明清谢氏籍贯,这是为了为河南谢氏研究会写一篇短文。下午午睡后所里教师满志敏来访。晚上写信答复博士生靳润成,未写完,至三点三刻。

14 日,白天将信写完。晚上写信给他北京的弟弟,至二点三刻。

15 日,白天翻书,晚上九点客人走后看了一会电视,记古人名字,至三点。

16 日,下午接待上海市地方志办公室的何惠明。查《元和姓纂》和《通志·氏族略》,发现对谢城的故址有山东宁阳一说,而《左传·昭公七年》又载谢息是孟孙氏臣。晚上又看了些积下的报刊,至三点。

17 日,白天查找《两汉不列传人名韵编》,晚上对《青田县志》提意见,至三点。

他的日记至此永远结束了。

18 日中午给我打完电话,他一个人坐在餐桌旁吃午饭,这时已经一点过了。到一点半他突然从座椅上向右侧倒在地上,保姆慌忙拉他起来,但拉不动,赶紧叫来对门楼上的邻居帮助,才将他扶到沙发上,同时打电话叫来他的子女,叫救护车送至华东医院。这天是星期五,医院下午政治学习,医生护士大多外出看电影。值班护士询问后说他是摔倒的,应该送外科;但又有人说他是脑血栓的老病人,应该送神经科;在走廊里等了近半小时,还没有医生出来。他的小女儿给我打电话,我正在参加政治学习。总支书记牟元珪从九楼奔下来,说谭先生女儿来电话,谭先生已昏迷不醒。我到总支办公室拿起电话,传来她女儿的哭诉:"爹爹已经完全昏迷,现在在华东医院走廊,没有人管。"这时电话中传来一位女士的声音:"谁说没有人管的。"原来此时正好白杨等名流来看病,见此情景指责值班护士不负责任,谭其骧随即被送进急诊室抢救。

我打电话到校长办公室,没有人接,我意识到正是政治学习时间,办公室不会对外办公。于是我骑车到行政楼前,校办果然大门紧闭。我高声打门,惊动了在二楼开会的校办人员,立即调来汽车,要我快去医院。等在校门口的牟元珪和邹逸麟一同上车,到医院时约四点,谭其骧刚做完核磁共振检查被推回病房,完全不省人事。我们得知,经常为谭其骧治病的医生们已经赶到。不久医生召他的子女和我们去办公室,告诉我们已确诊为脑溢血,发出了病危通知。上海市政协主席、复旦大学顾问谢希德院士每天来医院照料久病的丈夫曹天钦院士,闻讯后到病房看望,并找了医院院长,请他们全力抢救。

他住的是一间三人病房,另外两位是久病的中风病人,伴有痴呆,经常大叫大嚷。他的病床面窗,而窗外就是锅炉房,机声轰鸣声日夜不绝于耳。我们要求医院换一间单人病房,但院方也有难处:来此住院的都是局级干部和为数不多的老年知名知识分子,大家都是照顾对象,医院病房又紧张,照顾了这个,不能不照顾那个。几天后此事反映到市委书记吴邦国那里,在他的干预下,医院才将谭其骧换到朝北的一间单间。以后,对他的治疗和护理费用方面的问题,吴邦国又作了批示:"对有特殊贡献的谭教授应予特殊照顾,特事特办,以充分体现党的知识分子政策,体现尊重知识、尊重人才。有的同志可能担心攀比问题,但学术和贡献上又有哪位可与之攀比呢?"市委副书记陈铁迪也作了指示。

最危险的两星期过去了,尽管谭其骧又一次延长了生命,但除了病情比较稳定以外,没有出现任何好转。他有时能睁开眼睛,眼珠也能转动,脸上似有表情,但不会说话,左手和两脚不能动,只有右手还能作幅度不大的运动,能握紧并有一定的力气。他原来是脑血栓,为了防止脑血管堵塞,要采取疏通的办法;但这次出现的是脑溢血,为了使破损的血管愈合,却要采取堵的办法。医生很难找到两者兼顾的治疗方案。至于功能的恢复,医生明确表示已经没有希望。

但谭其骧还是顽强地生存着,病情渐渐稳定下来,一些功能居然慢慢恢复了:他开始听他爱听的昆曲录音,有时护工以为他睡着了,把录音机关掉,他嘴里就会发出啊啊的声音,重新打开后才平静下来。熟人来了,他会紧紧拉住人家的手不肯放开,常常激动得号啕大哭,在平静下来后脸上也会出现笑容。他不能说话,但对我们问他的事有时也能微微点头或摇头,来表示他的意见。最使我们感到宽慰的是,在他精力较好时,已开始用原来瘫痪的左手夹着报纸阅读了。这使我产生了一线希望,这次或许他又能战胜死神了。

听到他的病情后,周有光在电话中对我说:"告诉他,这是自然规律,要坦然处之。"我附着他的耳朵,将周有光的话告诉他。或许他听到了,或许他根本没有听懂,或许他已没有接受能力,但即使这样,周有光对生死的达观态度在几年前已经给了他深刻的印象。或许正是支持他与死神抗争的潜在意识,会使他坦然迎接死神的到来。

1992年3月,护工开始喂他喝一些酸奶和蛋糊,他白天醒的时间越来越多,不像以前基本都是半睡半醒。在4月间,他先后看了吕东明(他在浙大时的学生和助手、离休干部)、张遵骝(中国社科院近代史研究所)和侯仁之的来信,也看了一些报刊上的文章,但右手和右脚越来越僵直,肌肉萎缩,复原无望。有一次我将一支笔夹在他的右手中,拉着他的手在纸上画,才画了几下,他的手就松开了,并且再也不愿意握笔。医生的病情报告也始终没有令人乐观的迹象。

5月初,华东医院组织了一次会诊,医生们的看法是他年事已高,又是多次发病,恢复是没有希望的,能维持现状就不错了,所以没有提出什么具体的治疗方案,只开了一种药,因为是进口的,一时无货,没能用上。医生检查时发现他咽喉部位仍无知觉,恐进食时不慎进入气管发生意外,要求停止对他喂食,全部依靠鼻饲。

在春夏之交,医生的估计似乎显得过于悲观了。有一次他拿着报纸看了很久,显得很兴奋,护工以为他看完了,要将报纸拿掉,他不肯,并且继续盯着报纸的一角,原来上面登着他的老友谈家桢访问我国台湾的消息。记得在一次闲谈中他曾经说:"别人要我访问美国,我不想去,不会说英语,大家都不方便,去干什么?但我国台湾是应该去的,我想今后也会有机会。"怪不得他看到这条消息会如此激动。以前他看报纸,我们还不知道他究竟看懂了没有,这次使我们相信,他的确是在看,而且看懂了。白天他有很长时间坐在轮椅上,还让护工推着到院子里转,在医院门口他看着外面的马路久久不肯回来。

但奇迹没有再出现。到了8月初,他连续体温偏高,用药后也降不下来,肺炎、糖尿病等多种疾病并发;开始时还能看看报纸,不几天就精力衰竭,整天昏睡,呼吸也出现困难。大约在22日晚上,我接到他病危的电话,请人报告了市委副书记陈至立。等我赶到医院时,医院已接到陈至立的电话指示,医生们正在全力抢救,但他们说,现在能做的只是延长他几天的生命。

8月26日晚上,他已经进入弥留阶段,嘴巴半张着,随着呼吸不断发出令人心碎的吼声,对别人的呼叫已没有什么反应。离开病房时,我意识到这很可能就是永诀,就对着他的耳朵,大声说着:"先生,你放心,地图集的事,其他的事,我们都会做好的。"

28日零时刚过,他的长子德睿打来电话,我立即骑车赶去。一点一刻我走进病房,见谭其骧静静地躺在床上,困扰了他十个月的输液管、输氧管已经撤除,弥留的痛苦已经解脱。在零时四十五分,他走完了人生的最后一步。

半小时后,周振鹤也赶来了。三点过后,他的遗体被白布包裹着送上灵车。我们推着灵车穿过寂静的院子,送他远行,他的长子德睿率领大家向他鞠躬告别。随着铁门砰的一声,便人天永隔了。

一年后的 8 月 28 日,我们在他的遗像和骨灰盒前献上一束金黄的菊花。第二天,他的子女护送他和李永藩的骨灰坛登上海轮。当到达长江口外的东海时,骨灰在夜色中被撒入大海。没有哀乐,没有仪式,没有传媒,没有外人,只有来自青藏高原、汇聚了半个中国的长江之水和连接着全球的东海之波,正敞开巨大的胸怀迎接这位中华民族的优秀儿子、我的老师,迎接他的回归,迎接他的永生。

谭其骧逝世了,但他超越了死亡。谭其骧离开了世界,但悠悠长水汇入了浩淼大海,他与大自然共存。谭其骧没有留下骨灰,但他的贡献长留人间。当后人翻阅《中国历史地图集》和未来的《国家历史地图集》时,当人们阅读《长水集》《长水集续编》和他的其他论著时,当中国历史地理学驰名于世界时,又有谁能忘记这个名字?

他与我永别了,但他永远在我的心中。

清宣统三年(1911 年),1 岁

正月二十六日(公历 2 月 25 日)出生于奉天(今沈阳市)皇姑屯火车站站长宿舍。父谭新润,时任皇姑屯火车站站长。谭其骧于子行四,按谭氏排行取名其骧,以"虎步龙骧"之义,字季龙;因生于奉天,号奉甫。

民国元年(1912 年),2 岁

谭新润因病去职南归,举家迁回浙江嘉兴原籍,住城内芝桥街 24 号。

民国四年(1915 年),5 岁

春,由姑母谭家璜带往浙江海盐,寄养于姑父冯季侯家绮园。

民国七年(1918 年),8 岁

春,返回嘉兴家中,入谭氏义庄私立慎远小学。

民国十年(1921 年),11 岁

跳班进入嘉兴县立第一高等小学。

民国十二年(1923 年),13 岁

秋,高小毕业,考入基督教会所办秀州中学。

民国十三年(1924 年),14 岁

经考试,直接读高中一年级。

民国十五年(1926 年),16 岁

因不满校方对进步学生的压制,与同学多人同盟退学。秋,考入由中共主办的上海大学社会学系,不久加入中国共产主义青年团,从事宣传等革命活动。

民国十六年(1927 年),17 岁

春,参加上海工人第三次武装起义及胜利后的革命活动。"四一二事变"后,上海大学被封,流浪在外,为蒋介石宪兵所捕,一周后由大哥保释。寻找组织未果,从此脱离。

秋,考入国立暨南大学中文系。

民国十七年(1928 年),18 岁

秋季开学,转外文系,两周后转入历史社会学系,主修历史。

民国十九年（1930 年），20 岁

夏，毕业于暨南大学，论文为《中国移民史要》，指导教师潘光旦。

9 月，入燕京大学研究院，师从顾颉刚。

民国二十年（1931 年），21 岁

9 月，旁听顾颉刚《尚书》研究课程，其间对顾颉刚所持西汉十三州部说法提出质疑，师生往复争论，解决了重大学术难题。顾颉刚将通信作为讲义附录印发全班，并加按语。

年底，完成毕业论文《中国内地移民史·湖南篇》，期末通过答辩。

民国二十一年（1932 年），22 岁

经从伯谭新嘉推荐，任国立北平图书馆馆员，负责汇编馆藏方志目录。

2 月，经邓之诚推荐，在辅仁大学历史系开中国地理沿革史课。

6 月，《中国内地移民史·湖南篇》刊于《史学年报》（燕京大学历史系主办），是公开发表的第一篇学术论文。

8 月，顾颉刚奔丧南归，代开北京大学史学系中国古代地理沿革史课。

民国二十二年（1933 年），23 岁

南京中央大学《方志月刊》转载《中国内地移民史·湖南篇》，改名《湖南人由来考》。

民国二十三年（1934 年），24 岁

2 月 4 日，顾颉刚邀合编《禹贡》半月刊，3 月 1 日创刊，为二主编之一，并协助顾颉刚筹备禹贡学会。

年初于《国闻周报》发表《辽代"东蒙""南满"境内之民族杂处——满蒙民族史之一页》。

6 月，《晋永嘉丧乱后之民族迁徙》《新莽职方考》同时发表于《燕京学报》第十五期。《近代湖南人中之蛮族血统》发表于《史学年报》。

先后在辅仁大学代邓之诚开魏晋南北朝史和隋唐五代史课。

民国二十四年（1935 年），25 岁

年初辞去北平图书馆馆员。

秋，赴广州任学海书院导师，主讲《汉书》及《三通》研究。于《禹贡》发表《粤东初民考》。

民国二十五年（1936 年），26 岁

1 月 20 日（农历十二月二十六），与李永藩于北平中央饭店举行婚礼。

5 月 24 日，禹贡学会于燕京大学举行成立大会，当选为七位理事之一。

夏，陈济棠反蒋失败，学海书院被封。暑假后留北平，于燕京大学、北京大学任兼任讲师。

民国二十六年(1937 年),27 岁

3 月,于清华大学社会学系开近代中国社会研究课。"七七事变"爆发,暂避天津。

9 月,仍回燕京大学任教,并于清华大学开中国地理课。

民国二十九年(1940 年),30 岁

应浙江大学之聘,2 月 19 日离北平赴天津,由海道经上海、香港、越南海防,又由滇越铁路至昆明,3 月 27 日至贵州青岩浙江大学分校报到,任副教授,开一年级中国通史公共课。

12 月 14 日,李永藩携子女抵贵州遵义。

民国三十年(1941 年),31 岁

1 月,去湄潭县永兴场分校任教。

民国三十一年(1942 年),32 岁

秋,提升为教授,调回遵义校本部,教史地系断代史和中国历史地理。

民国三十二年(1943 年),33 岁

指导的第一位研究生王爱云毕业。

民国三十三年(1944 年),34 岁

在遵义陆军步兵学校将官班兼课。

秋,研究生文焕然入学。

民国三十五年(1946 年),36 岁

9 月 2 日,合家随浙江大学复员车队离遵义,经贵阳、贵定、黄平、镇远、玉屏、邵阳、湘乡、长沙,于 13 日至汉口。24 日乘船离武昌,26 日至南京。10 月中旬至杭州报到,在史地系开中国历史地理与魏晋南北朝史课。

民国三十六年(1947 年),37 岁

1 月,应杭州《东南日报》之邀,主编该报"历史与传说"专栏,每周四刊登,共出 5 期。秋季起,在上海暨南大学历史系兼任"专职教授"。

10 月 4 日,《浙江省历代行政区域——兼论浙江各地区的开发过程》发表于《东南日报》。

11 月 30 日,应浙江省教育会等单位之邀,于浙江民众教育馆作讲演,后整理为《杭州都市发展之经过》一文,1948 年 3 月 5 日发表于杭州《东南日报》。

12 月,《秦郡新考》发表于《浙江学报》第二卷第一期。

指导的研究生文焕然毕业。

民国三十七年(1948年),38岁

秋,招第三位研究生吴应寿。

1949年,39岁

5月3日杭州解放。上海解放后暨南大学停办,文学院并入复旦大学,历史系主任周予同发出聘书,因故未能应聘。中共接管浙江大学,历史系停办,与其他11人留校学习马列主义。

1950年,40岁

夏,浙江大学决定不再恢复历史系,应复旦大学历史系之聘,迁居上海。

1951年,41岁

参加土改,于10月下旬至淮北,先后参加五河县乔集村、灵璧县西叶村工作组,任西叶村工作组组长。

参加九三学社。

1952年,42岁

1月24日,结束土改返回上海。

2月下旬起在复旦大学参加思想改造运动,第二阶段担任小组长,7月29日运动结束。

1954年,44岁

秋,毛泽东问及吴晗查阅历史地名的工具书,吴晗推荐了杨守敬《历代舆地图》,并建议将此图加以改进,得到毛泽东赞成。

11月2日,"标点《资治通鉴》及改编杨守敬《历代舆地图》委员会"成立,由吴晗、范文澜领衔,决定聘谭其骧赴京主持改编杨图。

1955年,45岁

2月11日赴京,住地图出版社,开始重编改绘工作。4月,迁至历史二所宿舍。

3月上旬起,在中国科学院历史研究所参加批判胡风和肃反运动。

4月9日下午,于地图出版社作学术报告《黄河与运河的变迁》,发表于当年《地理知识》第八、九期。

1956年,46岁

1月起,参与中国科学院地学部、地理研究所和历史研究所制订有关历史地理、地学史、科学史远景规划。6月14日下午,科学规划会议结束,于中南海怀仁堂参加与毛泽东、朱德、周恩来、郭沫若等合影。

2月16日,历史二所成立学术委员会,受聘为委员。

7月,参加科学院、高教部教学大纲审查会。

8月18日返回上海,10月12日再次赴京工作。

被评为二级教授,迁入第九宿舍新建教授楼。

1957年,47岁

1月9日,在中国科学院历史研究所作历史地理概论报告。

1月12日离京返上海。范文澜改任顾问,杨图委员会由吴晗与尹达主持。21日起在上海北苏州路设工作室并开始编绘工作,参加者有章巽、邹逸麟、王文楚和三位绘图员。

5月27日,于复旦大学校庆学术报告会期间作《海河水系的形成与发展》报告,事后报告提纲流传甚广,全文至1986年方发表于《历史地理》第四辑。

是年,先后在中科院地理研究所和复旦大学历史系招收研究生钮仲勋、胡菊兴。

1958年,48岁

10月,在历史系接受对资产阶级学术思想的批判,至12月底结束。

1959年,49年

3月31日,与郭沫若商榷的《论曹操》一文发表于《文汇报》。

《蔡文姬的生平及其作品》发表于《学术月刊》第九期。

1960年,50岁

5月14日,出席上海市教育、文化、卫生、体育、新闻方面的社会主义建设先进单位和先进工作者大会(简称上海市文教"群英会"),与其他7人被评为上海市高等学校先进工作者,与其他2人被选为出席全国文教"群英会"代表。6月1日至17日,赴京出席全国文教"群英会"。

6月24日至7月10日,参加上海市政协召开的知识分子座谈会("神仙会")。

《关于上海地区的成陆年代》发表于11月15日《文汇报》。

1961年,51岁

《再论关于上海地区的成陆年代》发表于3月10日《文汇报》。

夏,指导的研究生胡菊兴毕业。

1962年,52岁

《何以黄河在东汉以后会出现一个长期安流的局面——从历史上论证黄河中游的土地合理利用是消弭下游水害的决定性因素》一文发表于《学术月刊》第二期。

5月2日,历史系党总支召开座谈会,对1958年的学术批判表示歉意。

11月1日,奉命至岳阳路招待所为叶群讲历史地理课,6日、9日、11日、14日、24日各讲课一次。

指导的研究生钮仲勋毕业。

1963年,53岁

1月28日,参加民主党派和知名人士座谈会,周恩来总理讲话,鼓励知识分子同心同德过"五关"(思想、政治、生活、家属、社会)。

10月26日至11月16日,赴京出席中国科学院哲学社会科学部扩大会议。

1964年,54岁

9月,以民主党派身份,被选为第三届全国人民代表大会代表。12月17日至1965年1月4日,赴京出席三届全国人大一次会议。

11月17日至12月6日,下乡参加社会主义教育运动。10日至14日,市政协组织了解城市"五反"形势,参观斗争"不法资本家""反党反社会主义分子"大会。

1965年,55岁

4月3日,在九三学社复旦大学支部作"洗手"检查("面上社会主义教育运动"一部分)。

夏,指导的研究生史为乐毕业。

11月2日,收到文汇报社印发的姚文元《评新编历史剧〈海瑞罢官〉》未刊稿。4日,文汇报社总编辑陈虞孙召集听取意见。10日,《文汇报》发表姚文元文章,中午与陈守实、蒋天枢、田汝康等宴请由北京返回广州途经上海的梁方仲教授(吴晗友人,在京时曾见到吴)。

12月11日,由校统战部安排,至朱行镇参加"四清"运动和劳动,至1966年1月17日结束。

12月31日下午,出席文汇报社召开的座谈吴晗《关于〈海瑞罢官〉的自我批判》一文,发表意见。

1966年,56岁

1月7日,《文汇报》以"上海学术界部分人士座谈吴晗《关于〈海瑞罢官〉的自我批判》"为题发表座谈会发言,至"文革"中皆成批判"罪证"。

3月23日,于《文汇报》发表《漫谈"清官"与"好官"》一文,当日日记云:"编辑部所撰提要,既未送来给我看过,又歪曲原意,不知是何居心?"5月6日,写成《关于〈漫谈"清官"与"好官"〉一文的说明》寄《文汇报》,未刊登。

1969 年,59 岁

5 月 15 日,《图集》编绘工作恢复,作为具体工作人员参加。

1971 年,61 岁

5 月,毛泽东批示传达,奉命参加"二十四史"校点,负责审定。

12 月 31 日,奉命参加接待荷兰阿姆斯特丹大学一教授夫妇。此后经常接受此类"政治任务"。

1973 年,63 岁

1 月,被任命为复旦大学历史系革命委员会副主任。

1 月 3 日起,奉命为毛泽东注释古文,负责为历史类文章审定"把关"。至 1975 年底结束。

《上海市大陆部分的海陆变迁和开发过程》一文发表于《考古》第一期。

6 月 21 日起,奉命为周恩来特批美国留学生李中清(James Lee,诺贝尔奖得主李政道之子)上中国通史课,至 7 月 26 日结束,共 6 次,每次约 3 小时。

9 月 11 日起,在北京参加外交部《图集》审稿会。周恩来总理委托余湛主持。12 月 30 日返回上海。

12 月下旬,于北京参加《中国自然地理·历史自然地理》第一册编委会会议,确定纲目和分工方案。

1974 年,64 岁

2 月 5 日到北京,继续参加审稿会。21 日因家事请假回上海,4 月 4 日返京继续与会。6 月 20 日会议结束后返回。

7 月 8 日,率 11 位同人去江苏吴县、吴江、昆山三县对太湖以东和东太湖地区作 8 天考察。

12 月 27 日起,参加上海出席四届全国人大一次会议代表团的学习。

1975 年,65 岁

1 月 12 日凌晨,随上海代表团到达北京,出席四届全国人大一次会议,1 月 25 日返回上海。

5—6 月,随国家文物局局长王冶秋视察新疆、甘肃,其间在库车、乌鲁木齐、兰州作学术报告。

9 月 10 日,在北部边疆省区文物考古工作座谈会上作《对历史时期的中国边界和边疆的几点看法》长篇报告。

下半年,《中国历史地图集》第八册(清时期)开始内部发行。其余各册内部本此后陆续出版发行。

1976 年,66 岁

9 月 5 日,参加复旦大学出访罗马尼亚布加勒斯特和克鲁日大学代表团赴京。因毛泽东逝世,推迟至 22 日离京。23 日起访问克鲁日大学,30 日起访问布加勒斯特大学。10 月 2 日返回北京,8 日回上海。

1977 年,67 岁

4 月 15 日,至武汉出席长江中下游河道特性及整治规划研究工作成果交流座谈会,会后至湖北洪湖,湖南岳阳、长沙,江西南昌、九江、湖口等地作20 余天调查考察。

5 月 24 日至 27 日,去南京大学协商对《图集》隋唐西北边界画法,未解决分歧,决定上报外交部。8 月 2 日至 20 日在北京参加外交部召开的会议,余湛裁定《图集》隋唐西北边界采用南京大学意见。

6 月 5 日,至郑州、荥阳、安阳、浚县、滑县、濮阳、大名、邯郸、新乡、延津、开封、徐州作调查考察,7 月 10 日回上海。

11 月下旬至 12 月 30 日,于华东师大参加《中国自然地理·历史自然地理》定稿会。

12 月底,在上海市第七届人代会上当选为第五届全国人大代表。

1978 年,68 岁

2 月 1 日上午,突发脑血栓,2 月 10 日又于医院患急性阑尾炎,经救治脱险,但从此半身不遂,左侧肢体行动不便。

10 月,所招研究生五人入学。

《中国历史地图集》第七册(元明时期)出版,至此内部本出全。

1979 年,69 岁

《七洲洋考》发表于《中国史研究动态》第六期,论证史籍所见七洲洋非西沙群岛。

1980 年,70 岁

1 月,受复旦大学党委之命,以个人名义致函中共中央总书记胡耀邦、政治局委员方毅,要求公开出版《中国历史地图集》。此信批转中宣部后,于 4月批示中国社会科学院执行。4 月 13 日,常务副院长梅益召集会议,决定由谭其骧主持修订后公开出版。

4 月 11 日,在中国史学会代表大会上当选为中国史学会理事,又为理事会推举为常务理事。

11 月,当选为中国科学院地学部委员。

1981 年,71 岁

2 月,所草《中国历史地图集》修改方案由中国社科院审定上报,由胡耀邦、胡乔木批示批准。

5 月,赴京参加中国科学院学部委员大会。

6 月,开始主持复旦大学承担的《中国历史地图集》修订工作。

被聘为首届国务院学位委员会学科评议组历史组成员,7 月赴京参加首次会议,被评定为历史学历史地理专业博士生导师。

至太原出席中国地方史志协会成立大会,7 月 15 日作《地方史志不可偏废 旧志材料不可轻信》报告。

1982 年,72 岁

2 月,中国社科院关于公开出版《中国历史地图集》的报告经中共中央领导批准。

3 月,招收周振鹤、葛剑雄为博士研究生。

经教育部批准,复旦大学设立中国历史地理研究所。6 月 4 日举行正式成立大会,被任命为所长,仍兼历史系主任。

12 月 14 日,国家历史地图集编委会第一次会议于北京举行,受任编委会副主任兼总编纂,开始主持编务。

于《历史教学问题》发表《中国历史上的七大首都》,正式提出“七大古都”说。

被聘为国务院古籍整理出版规划小组成员。

1983 年,73 岁

6 月 29 日,加入中国共产党。

8 月,所指导的周振鹤、葛剑雄经教育部批准提前毕业,通过论文答辩,于 10 月获博士学位,为全国文科首批。

是年,《中国历史地图集》公开本第二、三册出版发行。

1984 年,74 岁

3 月,《中国历史地图集》公开本第一、四册出版发行。

4 月 30 日下午,作为复旦大学教师代表会见来访的美国总统罗纳德·里根,并出席欢迎报告会,会上复旦大学向里根赠送《中国历史地图集》。

1985 年,75 岁

1 月,《中国历史地图集》公开本第五、六册出版发行。

4 月 5 日,夫人李永藩因病去世。

4 月,应邀赴贵州讲学,重访遵义、湄潭永兴场浙大旧地,至昆明主持《肇域志》整理工作会议。

12 月,至桂林参加纪念徐霞客学术讨论会,所作报告高度评价明代人文地理学家王士性及其《广志绎》。

1986 年,76 岁

1 月,复旦大学主办国际中国文化学术讨论会,作题为"中国文化的时代差异和地区差异"的报告。

8 月 3 日,至北京参加由胡绳主持的全国性专家会议,讨论《图集》对台湾与南海的画法,取得一致意见。

10 月,应日本学术振兴会之邀,去大阪大学等单位访问讲学两月。不再担任复旦大学中国历史地理研究所所长。

当选为上海市哲学社会科学学会联合会副主席。

《唐代羁縻州述论》完成,因故至 1990 年方发表。

1987 年,77 岁

1 月,中共中央书记处领导圈阅同意胡乔木关于《图集》出版的意见。

7 月,个人论文集《长水集》上、下册由人民出版社出版。

12 月,《中国历史地图集》公开本第七册出版发行。

复旦大学中国历史地理研究所的"历史地理学"被确定为国家重点学科。

1988 年,78 岁

7 月 26 日,至京出席中国史学会代表大会,28 日深夜发病,送医院急救脱险。

《自汉至唐海南岛历史政治地理——附论梁隋间高凉洗夫人功业及隋唐高凉冯氏地方势力》发表于《历史研究》第五期。

《中国历史地图集》公开本第八册出版发行。至此,公开本全部出齐。

1989 年,79 岁

3 月 13 日,至北京参加中国社科院庆祝《中国历史地图集》出齐大会,胡乔木、胡绳、余湛等出席,丁伟志主持。

12 月 7 日,至江苏昆山市出席中国行政区划学术讨论会,作《我国行政区划改革设想》的报告,建议将中国划为 50 省,并统一政区名称。

12 月 21 日下午,应邀参加在复旦大学召开的儒家思想与未来社会国际学术讨论会闭幕式,发表即席讲话。

1990 年,80 岁

4 月 5 日至 7 日,于北京最后一次主持国家历史地图集编委会会议。

6月16日晚发病住院,至7月28日出院。

11月12—16日,复旦大学主办庆祝谭其骧八十寿辰暨从事学术活动六十周年国际中国历史地理学术讨论会,于开幕式作主题报告《积极开展历史人文地理研究》。

1991年,81岁

6月23日,赴京出席中国科学院学部委员大会,当晚发病,送医院急救脱险。

10月7日上午,在家向葛剑雄口述遗嘱,捐资2万元筹设基金。

10月18日中午,于家中发病,送华东医院急救,从此住院治疗。

所主编《简明中国历史地图集》由中国地图出版社出版,其中的"图说"基本自撰。

1992年,82岁

8月28日零时四十五分病逝于上海华东医院。

谱后

1993年,逝世后1年

8月29日,骨灰撒入大海。

1994年,逝世后2年

《长水集续编》(葛剑雄编)由人民出版社出版。

《中国历史地图集》获中国社科院荣誉奖。

1995年,逝世后3年

《中国历史地图集》获国家教委优秀人文社科成果一等奖。

1996年,逝世后4年

2月,复旦大学召开纪念谭其骧八十五周年诞辰国际中国历史地理讨论会,首届"谭其骧禹贡奖"颁发。

所主编《中国历史大辞典·历史地理》由上海辞书出版社出版。

1999年,逝世后7年

复旦大学历史地理研究中心成立,被教育部批准为全国重点研究基地,为全国首批。

2000年,逝世后8年

《长水粹编》由河北教育出版社出版。

2011年,逝世后19年

复旦大学隆重纪念谭其骧一百周年诞辰。全国人大常委会副委员长陈至立,全国人大常委会副委员长、九三学社中央主席韩启德等题词,"谭其骧文库"在中国历史地理研究所设立。

2012 年,逝世后 20 年

《中华人民共和国国家历史地图集》第一册由中国地图出版社出版。2014 年获第三届中国出版政府奖图书奖。

2015 年,逝世后 23 年

《谭其骧全集》(葛剑雄编)由人民出版社出版。

2021 年,逝世后 29 年

暨南大学毕业论文手稿《中国移民史要》影印和释文由复旦大学出版社出版。

复旦大学隆重纪念谭其骧 110 周年诞辰。5 月 25 日至 6 月 8 日于光华楼志和堂举办纪念谭其骧院士 110 周年诞辰文献展。

2022 年,逝世后 30 年

《谭其骧历史地理十讲》(葛剑雄、孟刚选编)由中华书局出版。

《复旦大学历史地理学术经典·谭其骧卷》(葛剑雄编)由上海教育出版社出版。

图书在版编目（CIP）数据

谭其骧学术传记 / 葛剑雄著. —— 上海：上海教育
出版社, 2025. 6. —— (中国顶尖学科). —— ISBN 978-7-
5720-3564-7

I. K825.8

中国国家版本馆CIP数据核字第20254LG318号

责任编辑　董龙凯　隋淑光

封面设计　陆　弦

谭其骧学术传记
葛剑雄　著

出版发行　上海教育出版社有限公司
官　　网　www.seph.com.cn
地　　址　上海市闵行区号景路159弄C座
邮　　编　201101
印　　刷　上海盛通时代印刷有限公司
开　　本　700×1000　1/16　印张 20.75　插页 5
字　　数　352 千字
版　　次　2025年6月第1版
印　　次　2025年6月第1次印刷
书　　号　ISBN 978-7-5720-3564-7/K·0040
定　　价　128.00 元

如发现质量问题，读者可向本社调换　电话：021-64373213